아동안전관리

강인숙 · 오윤란 · 황인주 · 손명희

창지사

머리말

『아동안전관리』는 예비 영유아교사와 학부모에게 영유아의 안전과 관련된 지식 및 기술을 갖추어 영유아 생활 주변의 각종 위험 요소를 점검하고 사전에 안전사고를 예방하도록 하며 또한 안전사고 발생 후의 처리 능력을 증진하는 데 도움을 주고자 제작되었다. 따라서 본서는 유아교육과, 아동학과, 보육학과, 사회복지학과, 간호학과 등에서 관련 교과 운영 시 아동안전관리 교재로 활용될 수 있을 것으로 기대한다.

특히 유치원 안전교육의 근간이 되는 '유치원 7대 안전교육'(생활안전, 교통안전, 폭력 예방 및 신변 보호, 약물 및 사이버 중독 예방, 재난안전, 직업안전, 응급처치)과 어린이집 안전교육의 근간이 되는 「아동복지법」에 제시된 안전교육 내용(성폭력 및 아동학대 예방교육, 실종·유괴의 예방·방지교육, 감염병 및 약물의 오용 남용 예방 등 보건위생관리교육, 재난 대비 안전교육, 교통 안전교육)을 모두 다루고자 하였다.

1장은 영유아 '안전관리의 이해'로 각종 안전사고의 원인, 현황을 살펴보고 안전교육과 예방대책을 알아보았다. 2장은 '영유아교육기관 실내외 시설 안전관리'로 시설 안전관리의 중요성을 알아보고 안전관리에 만전을 기하도록 하였고, 3장은 '교통 안전교육'으로 아무리 강조해도 지나치지 않는 교통안전과 그 예방책에 대하여 알아보았다. 4장에서는 최근 우리나라에서도 미세먼지와의 전쟁이라 일컬을 만큼 우리 인체에 영향을 미치고 있는 '미세먼지 안전교육'에 대하여 알아보았으며, 5장에서는 '화재 및 재난 안전교육'을, 6장에서는 '감염병 및 약물오남용 안전교육'에 대하여, 7장에서는 '아동학대 및 예방교육'을 다루었다. 또한 8장에서는 스마트폰 중독 예방과 관련하여 '미디어 안전교육'을 알아보았고, 이어서 9장부터 14장까지는 '식품 안전교육', '실종예방 및 유괴, 현장학습 안전교육', '놀이 안전교육', '응급처치교육', '안전사고처리'와 끝으로 '2019 개정 누리과정'을 포함해 국가수준 공통교육과정에서의 안전교육을 알아보았다.

유아교육기관은 영유아의 교육을 담당하는 곳이지만 안전이 전제되지 않는다면 그 기능을 온전히 수행할 수 없으므로 유아교육시설에서의 안전관리는 단순히 보호라는 개념에서 벗어나 질적인 교육을 위해 반드시 선행되어야 한다. 따라서 영유아들의 발달 특징을 고려하여 안전한 물리적 환경을 조성하고 지속적으로 관리하는 것이 중요하다. 또한 안전교육을 통해 영유아 스스로 자신의 안전을 위해 필요한 지식과 기술 및 태도를 길러 주어야 한다.

본서 『아동안전관리』의 집필진은 유아교육 현장에서 이러한 안전관리의 필요성에 공감하며 바쁜 일정에도 불구하고 불철주야로 노력하여 집필을 완성하였다. 다시 한번 집필진과 본서를 편찬해 주신 창지사 관계자 여러분에게 감사드리며, 앞으로 이 책이 예비 영유아교사와 학부모에게 안전사고 예방과 안전교육을 하는 데 도움이 되길 바란다.

2020년 2월

집필진 일동

차 례

Chapter 1

안전관리의 이해

1. 안전관리의 개념과 필요성

유아교육시설의 기능은 그 무엇보다 아동이 안전하게 머무는 가운데 에듀케어(educare) 서비스를 제공하며 보호자로서의 그 기능을 담당하는 데 있다. 따라서 그 무엇보다도 안전관리에 대한 제반사항이 최우선시 되어야 한다. 다시 말해 유아교육시설의 안전관리는 영유아들의 발달 특징을 고려하여 질병, 상해, 사망 등을 미연에 방지할 수 있는 안전시설과 교육 환경을 갖추어야 하며 유아들 스스로 사망, 재난, 안전사고 등의 불의의 사고를 예방하는 데 필요한 태도와 지식 및 그 기술을 길러 주어야 한다. 또한 안전관리는 물론 유아교육시설에서 안전사고가 발생하였을 때 그 사고를 신속, 정확하게 대처할 수 있는 사고처리와 사후관리까지 포함하고 있다. 이러한 유아교육시설의 안전관리에서는 화재방지시설, 비상재해시설, 비상재해교육훈련, 공기 질 관리, 미세먼지 대응 등 다양한 안전검사를 통하여 영유아들이 항상 안전을 유지하고 유아교육시설의 원활한 운영을 위한 안전관리가 필요하다.

1) 안전관리 원칙

보건복지부(2019)의 '보육사업안내' 내용을 토대로 유아교육기관에서의 안전관리에 대한 원칙을 살펴보면 다음과 같다.

- 유아교육기관장 등 교직원은 업무를 수행함에 있어 영유아의 생명·안전 보호 및 위험 방지를 위하여 주의의무를 다하여야 한다.
- 유아교육기관장은 교직원 및 부모와 함께 영유아의 안전사고 예방을 위해 성실하게 노력하고 안전교육을 실시하여야 한다.
- 유아교육기관은 인근 소방서, 경찰서 및 가스, 유류 등의 안전 상태를 점검하는 유관기관에 의해 정기점검을 실시하고 비상연락 체계를 구축해야 하며, 자체적으로 정기적인 시설 안전점검을 실시하고 기록·관리하여야 한다.

- 유아교육기관 및 교직원은 영유아의 실내외 활동 시 안전을 위해 영유아를 보호·감독해야 하며 원장은 영유아에 대한 물리적 환경과 인적 환경에 대한 안전 확보를 위해 시설 및 환경을 조성하고 관리해야 한다.
- 유아교육기관 내 CCTV 등을 설치·운영하여 영유아 안전을 도모할 수 있다.

※ 현행법상 어린이집은 CCTV 설치가 의무화되어 있으며 대부분의 유치원에서도 CCTV를 설치·운영하고 있다.

2. 안전사고의 원인

안전사고의 원인으로는 크게 인적, 물리적, 환경적 요인을 들 수 있다. 따라서 안전사고 예방을 위해 영유아에 대한 보호와 감독을 철저히 하고 안전교육을 실시하여야 한다. 영유아 시기는 발달 특성상 신체 균형 유지 능력이나 운동 기능이 미숙한 상태이다. 환경에 대한 호기심이나 주변 사물에 관심이 많고 탐구하려는 충동이 강한 반면, 신체 기능의 발달이 저조하므로 위험에 노출되기 쉽다. 또한 위험 상황에 대한 지식이나 결과를 예측하는 판단 능력도 부족하다. 다시 말해 영유아의 안전은 주변의 의미 있는 성인이나 보육자가 안전한 환경을 마련하고 사고의 발생 원인을 제거하거나 개선하려 할 때 보장되는 것이며, 영유아에게 주변의 위험과 대처 방법을 알려 주고 지도함으로써 그 기능을 습득할 수 있다. 그러므로 영유아기에 일과 속에서 자연스럽게 안전에 대한 지식과 태도를 길러 줌으로써 보다 안전한 행동과 태도가 습관화되어 사고 발생률을 줄일 수 있다. 이를 위해 보호자들이 스스로 안전관리의 중요성을 깨닫고 실천하며 노력을 기울이는 것이 필요하며, 무엇보다 영유아 스스로 자신의 안전을 지킬수 있는 기술과 능력을 가지도록 도와주어야 한다.

3. 안전사고 현황

행정안전부(2018)의 어린이 놀이시설 안전사고 현황을 살펴보면 다음과 같다.

1) 어린이 놀이시설 안전사고 현황

[표 1-1] 어린이 놀이시설 안전사고 현황

구분	분석 결과 (요약)
성별	• 남자 어린이(56.1%)가 여자 어린이(43.9%)보다 약 1.6배 많음
연령대	• 활동량이 많은 학령기(만 7~14세) 아동(79.6%)이 미취학 아동보다 많음
설치 장소	• 사고 발생은 학교(51.0%), 주택단지(30.8%), 유치원(9.4%) 순으로, 전체 시설 대비 사고는 공공도서관과 학교*에서 가장 많이 발생함 *공공도서관(3.4%), 학교(2.3%), 놀이제공영업소(0.4%), 유치원(0.3%), 주택단지(0.2%), 도시공원(0.2%) 순
발생 시간	• 사고 시간은 12~13시(16.1%)가 가장 많았고, 다음으로 10~11시 (12.6%), 17~18시 (11.5%) 순으로 나타남
사고 지역	• 안전사고가 가장 많이 발생한 지역은 경기도(52.8%)로 나타났고, 지역별 시설 개소 수 대비 사고 발생률이 가장 높은 지역은 세종 (1.7%)으로 조사됨
놀이기구	• 사고가 가장 많이 발생한 놀이기구는 조합놀이대(35.3%), 건너는 기구(21.3%), 오르는 기구(14.3%), 그네(8.7%), 흔들놀이기구(8.0%) 순이며, 바닥재(모래, 고무매트, 포설)에서 사고(3.1%)도 확인됨
사고 원인	• 주요 사고 원인은 이용자 부주의(98.7%)로 인해서 대부분의 사고가 발생되었으며, 시설물 결함(1.0%), 기타(0.3%) 순으로 나타남
사고 유형	• 사고 유형은 추락(74.1%)이 가장 높았고, 다음으로 충돌(11.2%)과 넘어짐(9.1%), 접질림(2.1%), 미끄러짐(1.7%) 등의 순으로 나타나 추락이 놀이시설 사고의 가장 흔한 형태로 파악됨
손상 내용	• 손상 유형은 골절(80.6%)이 가장 높은 비율을 차지하였고, 치아 손상(5.1%), 베인 상처/열상(2.7%), 신경/근육/힘줄 손상(2.0%), 타박상/좌상/부종(1.4%), 삠/염좌 (1.4%) 등의 순으로 나타남

출처: 행정안전부(2018).

2) 연령별 사고 건수와 평균 사고율

2016년도부터 2018년 2월까지 어린이집안전공제회로 보상 접수된 총 19,509건의 사고를 연령별로 살펴보면 다음과 같다.

[표 1-2] 연령별 사고 건수 및 평균 사고율 (단위: 건, %)

구 분	계	0세	1세	2세	3세	4세	5세	6세 이상
사고 건수	19,509	326	1,726	5,410	4,004	3,057	4,776	210
비율	100	1.7	8.8	27.7	20.5	15.7	24.5	1.1

출처: 보건복지부, 어린이집안전공제회, 중앙육아종합지원센터(2018).

3) 안전사고 유형과 연령별 특성

연령별 발달 특성에 따른 안전사고 현황을 6개 유형별로 분류하여 분석해 본 결과는 다음과 같다.

[표 1-3] 안전사고별 유형군과 사고 건수

<table>
<tr><th>구 분</th><th>1군</th><th>2군</th><th>3군</th><th>4군</th><th>5군</th><th>6군(기타)</th></tr>
<tr><td rowspan="2">세 부
사고 유형</td><td rowspan="2">넘어짐
떨어짐
미끄러짐</td><td rowspan="2">물체에
부딪힘
사람에
부딪힘</td><td rowspan="2">꼬집음/
할퀌 긁힘</td><td rowspan="2">화상</td><td>이물질 삼킴
(삽입)/
흡입 물림</td><td>끼임, 눌림</td></tr>
<tr><td>음식물 섭취</td><td>당김, 찔림,
베임, 기타</td></tr>
<tr><td>사고 건수</td><td>6,295건</td><td>5,876건</td><td>1,583건</td><td>442건</td><td>871건</td><td>3,812건</td></tr>
</table>

출처: 보건복지부, 어린이집안전공제회, 중앙육아종합지원센터(2018).

4) 안전 취약계층의 지원 체계 강화

행정안전부의 2019년 제4차 국가안전관리 기본계획 중 포용적 안전관리에 의하면 재난에 취약한 노인, 어린이 등 안전 취약계층의 생활안전과 재난 시 안전 확보를 위한 지원 체계를 강화하고, 다음과 같이 취약계층 사망자 저감 목표를 설정하였다. 안전 취약계층의 지원 계획으로는 안전 취약계층 지원을 위한 법·제도 정비, 안전 취약계층 보호를 위한 인프라 확대, 안전 취약계층 맞춤형 안전교육 강화, 안전 취약계층 보호를 위한 기술개발을 계획하여 추진하고 있다.

[표 1-4] 취약계층 사망자 저감 목표 (단위: 명)

연도	'18년	'20년	'21년	'22년	'23년	'24년	목표('18→'24년)
노인	1,682	1,295	1,104	901	811	726	△956(56.8%↓)
어린이	34	26	22	18	16	14	△20(58.8%↓)

4. 안전교육

영유아 스스로가 자신의 안전을 보호할 수 있는 능력과 기술을 가지도록 교육해야 하며 유아교육기관장은 비상시 대응 계획을 세워, 소방 대피, 지진 대피, 폭설 대비 훈련을 포함한 다양한 유형의 재난 대비 훈련을 실시하여야 한다. 유아교육기관의 안전 연간교육계획안의 예시를 살펴보면 다음과 같다.

[표 1-5] 안전 연간교육계획안 예시(5~7세)

월	영역 및 안전지도 내용		
3월	교통안전	1주	안전한 등하원길
	성폭력 · 아동학대	2주	남자와 여자의 몸은 달라요.
	생활안전	3주	놀잇감을 안전하게 가지고 놀아요.
	실종 유괴 예방 방지	4주	낯선 사람에 대해 알기
	소방안전	대피 훈련 주	불이야! 불!
4월	생활안전	1주	놀이기구를 안전하게 사용해요.
	교통안전	2주	안전띠는 나를 지켜줘요!
	재난 대비-미세먼지	3주	미세먼지가 무엇인가요?
	실종 유괴 예방 방지	4주	아무나 따라가지 않아요.
	소방안전	대피 훈련 주	앗! 뜨거워 화상 !

월	영역 및 안전지도 내용		
5월	감염병 및 약물 오·남용 예방	1주	약 복용은 반드시 어른의 도움이 필요해요!
	교통안전	2주	안전하게 횡단보도를 건너요.
	생활안전	3주	교실에서 안전하게 활동해요.
	성폭력 · 아동학대	4주	좋은 느낌 나쁜 느낌들을 알아요.
	실종 유괴 예방 방지	5주	멈추기 생각하기 도와주세요.
	생활안전	대피 훈련 주	안전하게 대피해요 !
6월	감염병 및 약물 오·남용 예방	1주	약은 정해진 약과 정해진 시간에 먹어요.
	교통안전	2주	골목길에서의 안전
	재난 대비	3주	미세먼지는 눈에 잘 안 보여요!
	생활안전	4주	복도와 계단에서의 안전
	소방안전	대피 훈련 주	119에 신고해요.
7월	실종 유괴 예방 방지	1주	싫어요! 안 돼요! 도와주세요!
	감염병 및 약물 오·남용 예방	2주	약물 종류에 대해서 알아요.
	교통안전	3주	나를 지켜주는 보호 장구
	생활안전	4주	물놀이 안전수칙을 지켜요.
	재난 대비	5주	장마-비가 많이 와서 물이 넘쳐요.
	소방안전	대피 훈련 주	소화기로 불을 꺼요
8월	성폭력 · 아동학대	1주	싫은 기분 감정을 말을 해요.
	감염병 및 약물 오·남용 예방	2주	식중독과 배탈
	교통안전	3주	비 오는 날 안전
	재난 대비	4주	미세먼지는 위험해요 – 대처 행동
	소방안전	대피 훈련 주	소방안전송
9월	실종 유괴 예방 방지	1주	모르는 사람 따라가지 않아요.
	감염병 및 약물 오·남용 예방	2주	위험한 식품첨가물
	교통안전	3주	교통안전 표지판을 알아요.
	생활안전	4주	안전하게 바깥놀이해요.
	소방안전	대피 훈련 주	소중한 불, 위험한 불

월	영역 및 안전지도 내용		
9월	실종 유괴 예방 방지	1주	모르는 사람 따라가지 않아요.
	감염병 및 약물 오·남용 예방	2주	위험한 식품첨가물
	교통안전	3주	교통안전 표지판을 알아요.
	생활안전	4주	안전하게 바깥놀이해요.
	소방안전	대피 훈련 주	소중한 불, 위험한 불
10월	인터넷 중독 및 해소	1주	인터넷 예절을 알아요.
	생활안전	2주	승강기,자동 계단을 안전하게 사용해요.
	교통안전	3주	대중교통을 안전하게 이용해요.
	재난 대비	4주	땅이 흔들려요. – 지진대피 요령
	실종 유괴 예방 방지	5주	문을 함부로 열어 주면 안 돼요!
	소방안전	대피 훈련 주	옷에 불이 붙을 수 있어요.
11월	감염병 및 약물 오·남용 예방	1주	몸에 이로운 음식과 해로운 음식
	교통안전	2주	인도와 차도에 대해 알아요.
	재난 대비	3주	미세먼지를 안전하게 대비해요.
	성폭력 · 아동학대	4주	아동권리를 지켜요.
	소방안전	대피 훈련 주	안전하게 대피해요 II
12월	교통안전	1주	신호등을 보고 건너요.
	감염병 및 약물 오·남용 예방	2주	하얀 담배 연기 속 나쁜 비밀
	생활안전	3주	겨울철 안전한 놀이
	재난 대비	4주	폭설과 한파를 대비해요.
	소방안전	대피 훈련 주	킁킁 가스 냄새
1월	실종 유괴 예방 방지	1주	혼자 집에 가는 길
	감염병 및 약물 오·남용 예방	2주	음식의 유통기한과 보관법
	교통안전	3주	눈 오는 날 안전한 보행법
	성폭력 · 아동학대	4주	소중한 내 몸을 깨끗하게 보호해요.
	생활안전	5주	안전한 장소에서 놀이해요.
	소방안전	대피 훈련 주	앗! 뜨거워 화상 II

월	영역 및 안전지도 내용		
2월	감염병 및 약물 오·남용 예방	1주	술은 우리 몸을 건조하게 해요.
	생활안전	2주	공공장소에서 규칙을 지켜요.
	교통안전	3주	고마운 교통경찰관
	인터넷 중독 및 해소	4주	스마트폰 중독의 위험성
	소방안전	대피 훈련 주	생활 속 소방안전점검

※ 2019 개정 누리과정에 따라 영유아의 연령 및 개인차를 존중하며 놀이에 대한 흥미와 관심 주제에 따라 연간 계획 내용을 융통성 있게 조절 및 적용할 수 있다.

5. 안전사고 예방대책

영유아들의 안전사고는 언제 어디서 어떻게 일어날지 예측할 수가 없다. 따라서 영유아들의 발달 특징을 고려하여 미연에 안전사고 예방대책을 마련하고 안전에 만전을 기울여야 한다. 또한 영유아 스스로 안전하게 스스로를 보호할 수 있도록 생활과 일과 운영 속에서 매일매일 반복적으로 안전교육이 함께 이루어져야 할 것이다. 보건복지부(2019)의 '보육사업안내'에서 제시한 안전사고 예방대책은 아래와 같다.

1) 비상연락 체계 구축

- 유아교육기관장은 안전사고에 대응하기 위하여 인근 소방서, 경찰서 및 가스, 유류 등의 안전 상태를 점검하는 유관기관 등과 비상연락 체계를 구축하여야 하며 응급 상황 발생 시 역할 분담 체계를 수립하여 신속히 응대하도록 한다.

2) 사고 보고 체계 확립

- 유아교육기관장은 사고에 대비하여 부모(가정), 시·군·구와의 비상연락망을 확보하여야 하며 시·군·구에서는 유아교육기관에서 발생한 중대사고, 아동학대, 사망사고 및 언론취재 등 중요 사항의 경우 시·도와 보건복지부, 교육부에 즉시 보고하여 사고통계를 관리할 수 있도록 한다.

3) 유아교육기관 자체 안전점검

- 기관장은 자체 통합 안전점검 계획을 수립하여 매월 초 안전점검을 실시하고 화재, 상해 등 위험 발생 요인을 사전에 제거토록 한다.

4) 안전관리책임관 제도 운영

- 안전관리책임관 제도를 두어 유아교육기관의 안전관리에 관한 총괄적 관리 감독 및 사고 발생 시 효과적인 대응을 위해 안전관리책임관을 지정하며, 기관장이 안전관리책임관 역할을 수행한다.
  ※ 소방안전관리자 선임 미해당 시설의 경우 안전관리책임관을 별도로 지정하여 운영토록 한다.
- 안전관리책임관의 역할: 안전관리책임관의 주요 역할로는 직면할 수 있는 재난, 재해에 대해 비상대응 계획 수립과 비상대응훈련 계획 수립 및 실시, 비상연락망 수립 및 관내 안전관리기관과의 연락 체계를 수립하고 연계한다. 또한 기관 내 안전관리시설 유지관리를 담당하며 비상 상황 및 재해 발생 시 인명과 재산 피해의 최소화를 위한 대응활동 전개 및 기관의 비상대응 계획을 가동·운영한다. 또한 비상 상황 및 재해 발생 후 재해 발생 전 상황으로 기관 운영이 되돌아갈 수 있도록 복구 절차를 총괄한다.

Chapter 2

영유아교육기관 실내외 시설 안전관리

1. 영유아교육기관 실내외 시설·설비 안전관리의 필요성

영유아들은 영유아교육기관의 실내외 시설에서 하루 일과를 보내며 다양한 활동을 한다. 특히 영유아들의 안전한 교육활동 환경을 위해 실내외 시설은 우선적으로 안전을 바탕으로 철저하게 관리되어야 한다. 교육시설은 물리적 환경뿐만 아니라 영유아교육기관 내의 안전한 설비를 포함한다.

안전사고 발생 장소인 교육시설 대부분이 유치원과 어린이집의 실내이다. 영유아교육기관 내에서 발생하는 사고는 대부분 시설의 결함이나 관리 소홀의 경우가 많다. 따라서 교사들은 사고 요인을 사전에 제거해야 한다. 또한 시설·설비를 계획 할 때 영유아들의 연령, 신체발달에 따른 안전기준을 고려하여 제작·설치해야 한다. 영유아교육기관의 사고는 실내 시설에서 가장 많이 발생하므로 영유아의 발달 특성을 인지하고 우선적으로 안전을 고려한 안전한 실내 시설 환경을 조성해야 한다.

2. 영유아교육기관 실내 시설 안전관리

1) 출입구와 현관

(1) 위치와 크기

많은 영유아가 동시에 등·하원을 할 수 있도록 충분한 공간이 마련되어 있어야 한다. 교통이 빈번한 도로, 건널목 가까이 있으면 안전하지 않다. 현관에 문턱이나 돌출부가 없어야 한다. 영유아가 매일 등원과 하원을 하는 현관에서의 안전지도는 차례로 질서를 지키며 신발을 신고 벗도록 해야 한다.

(2) 문의 형태

자동문보다 수동문이 바람직하고 여닫이문보다 미닫이문이 바람직하다. 여닫이문인 경우 한쪽 방향(바깥쪽)으로만 열리는 문이어야 한다.

현관문의 재질은 무겁지 않은 문으로 설치한다. 유리를 사용한다면 충격에 강한 두꺼운 안전유리나 특수유리를 사용한다.

이때 손 끼임 방지를 위한 안전 고무바와 같은 장치와 속도 늦춤 장치가 있어야 하며 잠금장치, 문 열림 지지대 도어스토퍼가 있어야 한다.

2) 통로와 계단

(1) 통로

통로는 충분한 공간이 있어야 하고 미끄럽지 않은 바닥 재료를 사용하여야 한다. 통로는 시야가 밝고 명확하여야 한다. 또한 비상구나 대피 경로가 명확히 표시되어 있어야 한다.

(2) 계단

계단 한 개의 높이는 9~13cm 정도가 적당하며 폭은 25cm가 적당하다. 조명은 밝게 하며 미끄럽지 않은 표면 처리를 한다. 계단이 시작되는 지점부터 끝나는 지점까지 난간을 설치한다. 영유아의 허리보다 높은 난간 손잡이를 양쪽에 설치한다. 난간 살의 간격은 영유아의 머리나 몸이 빠져나가지 못하도록 9cm 이내로 설치한다. 계단에 안전문을 설치하여 영아들이 계단에서 떨어지는 것을 방지한다.

3) 교실(보육실, 활동실)

교실은 교육활동과 놀이가 이루어지는 공간이므로 놀이를 위해 제공되는 자료들의 안전성이 우선 고려되어져야 한다. 영역별 인원수의 제한, 영역 간 통로 제시, 불안정한 교구의 고정, 모서리나 날카로운 부분이 없도록 안전을 최우선으로 고려해야 하며 또한 영유아가 여유롭게 활동할 수 있는 공간으로 교사가 영유아를 한눈에 볼 수 있도록 배치해야 한다. 교실의 문은 여닫을 때 손이 끼는 사고가 나지 않도록 손끼임 안전장치를 설치하고 창문에는 안전창을 설치하여 추락을 방지한다. 영아반의 경우에는 안전울타리를 영아가 열지 못하도록 하며 창문에 블라인드가 있는 경우 끈이 손에 닿지 않도록 한다. 교실 바닥은 문턱이나 장애물에 걸려 넘어지지 않도록 낮추거나 제거하고, 바닥은 탄력성이 좋은 재질로 설치하고 미끄럼을 방지할 수 있도록 안전매트나 카펫를 깔아 놓는다. 바닥 난방을 설치하고 교실의 벽지와 커튼, 블라인드는 방염 재질로 설치해야 하며 교실에는 소화기를 반드시 설치한다. 교실 내의 콘센트는 안전장치를 설치하고 사용하지 않는 콘센트는 안전덮개를 설치해야 한다.

4) 놀이실–침대

(1) 놀이실

놀이실은 1층에 설치하는 것이 원칙이고 불가피한 사유로 2층 이상에 설치할 경우에는 안전사고에 대비한 시설을 갖추어야 한다.

(2) 침대

침대는 한 쪽 난간의 높이를 조절할 수 있어야 한다. 난간 살의 높이는 영아 키의 3/4 이상이여야 하며 난간 살의 간격이 6cm 이하여야 한다. 침대 안에 베개, 공갈 젖꼭지, 봉제 완구 등을 넣지 않는다. 매트리스는 침대에 꼭 맞아야 한다. 침대는 창문 근처에 두지 않는다.

5) 목욕실 및 화장실

안전사고의 위험성이 높은 영역으로, 바닥이 미끄럽지 않도록 하고 물이 고이지 않도록 한다. 영유아에게 위험한 소독제, 샴푸, 비누 등의 보관은 유아의 손이 닿지 않도록 철저히 한다.

(1) 세면대

영유아의 키에 맞도록 설치하고, 받침대를 사용할 경우 미끄러질 수 있으니 유의하며 김 서림 방지용 안전유리를 사용한다.

(2) 욕조

손잡이를 부착하여 미끄러지는 사고를 방지한다. 욕조에 설치된 수도꼭지에 영유아의 머리가 부딪칠 수 있으므로 욕조 안에 영유아를 혼자 두지 않도록 하며 욕조 안의 물은 항상 비워 두도록 한다.

(3) 온수

화상을 방지하기 위해서 온수 온도를 35℃ 이하로 해야 한다. 영유아는 35℃의 물에서 3도 화상을 입는 데 3초 밖에 안 걸릴 정도로 피부가 얇아 화상을 입기 쉽고 화상의 정도도 깊다. 영유아가 온수 조절을 하지 못하도록 해야 한다.

(4) 화장실

화장실에서는 바닥이 미끄러워 넘어지지 않도록 물기를 제거해 주고 미끄럼 방지용 매트를 깔아 주는 것이 좋다. 유아용 세면대의 높이는 50cm가 적당하며 손을 씻는 온수는 뜨겁지 않도록 일정한 온도를 유지한다. 변기의 높이는 바닥으로부터 30cm로 유아의 신체 크기에 적절해야 한다. 화장실은 교실과 동일한 층의 인접한 공간에 설치해야 한다.

화장실 문은 영유아가 혼자 여닫을 수 있어야 하고 세제나 락스 등 위험한 물건은 유아의 손이 닿지 않는 곳에 보관해야 한다.

6) 창문

창문의 크기는 바닥 면적의 10% 이상은 되어야 한다. 창문의 높이는 보통 50~70cm가 좋지만 안전 면에서는 70~80cm가 더 좋다. 창문의 높이가 낮을 경우 창이 완전히 열리지 않도록(15cm 이상은 열리지 않도록) 한다. 창문의 유리는 투명하거나 투시 가능한 것이어야 한다. 창문이 너무 투명하면 부딪칠 수 있으므로 스티커를 붙어 유리를 인식하도록 한다. 창문의 재질은 안전유리나 플라스틱 유리를 사용한다. 창문 근처에 영유아의 시선을 끄는 물건을 두지 않으며, 딛고 올라갈 수 있는 가구 등을 두지 않도록 한다.

7) 바닥, 벽, 천장

바닥재, 벽지, 커튼 등은 방음, 방염성이 있는 것을 사용한다. 실내 바닥은 문턱이나 돌출 부위가 없어야 하고, 미끄럽지 않은 바닥 재료를 사용하고 미끄러울 우려가 있는 경우 고무매트를 깐다. 카펫을 깔 경우 미끄럼 방지가 되지만 오히려 걸려 넘어질 수가 있다. 바닥이 나무인 경우 갈라진 부분이나 튀어나온 가시를 잘 살펴보도록 한다. 바닥에 압정이나 못 등이 떨어져 있지 않도록 한다. 벽은 무독성 페인트로 칠한다. 벽에 무거운 물건을 걸지 않는다.

8) 주방(조리실)

조리실은 영유아의 급식을 준비하는 곳이므로 청결하게 관리해야 한다. 따라서 출입구에는 안전문을 설치하여 영유아가 출입하지 않도록 통제해야 한다.

조리실은 반드시 소화기를 설치하고 가스레인지에는 가스 안전장치로 자동가스 누설 차단장치를 설치하고 항시 점검한다. 그릇은 항상 청결하게 자외선 소독기에 별도 보관하며 뚜껑이 있는 쓰레기통을 사용해야 한다. 두 달에 한번 정기적으로 소독을 실시하여 해충이 생기지 않도록 관리한다. 조리원은 위생모와 위생복, 마스크를 착용하여 청결한 상태로 조리 준비를 한다.

3. 영유아교육기관 실외 시설·설비 안전관리

1) 실외 놀이터와 공간

실외 놀이터는 어린이들이 즐겁고 안전하게 놀 수 있도록 여러 놀이기구를 갖추어 놓은 시설을 의미한다. 영유아교육기관의 놀이시설은 영유아 놀이를 촉진하고 아동에게 있어서 생활의 본질이며 성장발달에 도움을 주는 놀이 행위와 체험을 다양하게 할 수 있는 기회의 공간이기도 하다. 안전한 실외 환경은 사용하는 유아의 연령, 경험, 능력, 선호도를 고려하여 요구를 충족시켜야 하며 건강과 안전을 유지할 수 있어야 한다. 영유아들에게 놀이는 또래 친구들과의 다양한 상호작용을 할 수 있는 장소이면서 상상의 놀이터이므로 매우 중요하다고 할 수 있다. 그러나 영유아는 발달 특성상 위험한 것에 대한 대처 능력이 부족하기 때문에 실외 놀이터에서 추락이나 넘어지는 안전사고가 많이 발생한다. 그러므로 실외 놀이터에서 영유아가 다치지 않고 자유로운 활동을 할 수 있도록 시설을 안전하게 설계하고 관리해야 한다.

(1) 실외 시설 바닥

① 실외 시설의 바닥은 충격을 흡수하는 재질로 한다. 콘크리트 바닥으로 할 경우 기초를 잘 다진 후에 콘크리트를 부어야 하며 비가 올 때 미끄럽지 않도록 빗살무늬를 넣는 것이 좋다.

② 벽돌이나 타일로 바닥을 처리할 때에는 벽돌이나 타일 사이의 연결 부분에 영유아의 발이 걸리지 않도록 설치한다.

③ 자갈 바닥의 경우 자갈 바닥 위에서는 자전거를 타지 않도록 한다. 나무 바닥의 경우 탄력은 좋지만 비가 오면 미끌어질 우려가 있고 나무가 썩거나 뒤틀어질 수 있다.

④ 모래 놀이터의 경우 모래의 입자가 너무 크지 않도록 한다. 영유아의 눈에 들어가면 심각한 상해를 입힐 수 있다.

2) 실외 시설: 출입문, 울타리, 통로

(1) 실외 출입문

교사의 감독이 소홀한 틈을 타서 영유아가 바깥으로 나가지 않도록 실외 출입문은 성인만이 열고 닫을 수 있을 정도의 높이로 설치한다.

(2) 울타리

울타리는 유아들이 오를 수 없도록 계단이나 돌출부 없이 적어도 120cm 이상의 높이로 해야 한다. 실내 공간 내부에도 그네 영역이나 제거하기 힘든 위험물이 있을 경우 울타리를 설치할 필요가 있다.

(3) 통로

통로는 영유아들이 충분히 비켜 지나갈 수 있을 정도의 폭으로 한다. 세발자전거나 장난감 자동차가 다니는 통로의 교차로에는 정지선을 그어 놓아 일단 멈추도록 하고 충돌사고를 방지한다.

3) 놀이기구

(1) 고정식 대근육활동 놀이기구

① 영유아의 대근육 발달을 위한 놀이기구로, 그네, 미끄럼틀, 정글짐, 회전놀이기구, 공중놀이기구, 흔들놀이기구, 오르는 기구, 건너는 기구, 또는 이를 두 가지 이상 결합한 조합놀이대 등을 말한다.

② 2종 이상의 대근육활동 놀이기구를 결합한 조합놀이대는 2종 이상 설치로 간주하며, 아동의 안전을 위하여 영아용과 유아용으로 각각 구분하여 설치하는 것을 원칙으로 한다.

※ 예: 미끄럼틀+건너는 기구를 결합한 조합놀이대는 2종 설치로 인정한다.

(2) 이동식 대근육활동 놀이기구

① 영유아의 대근육 발달을 위한 놀이기구 중 이동 가능하거나 실내용으로 제작한 놀이기구를 말한다.

② 놀이집, 안전 사다리, 삼각대, 뜀틀, 평균대, 점핑 바운서, 구르기용 매트, 헌 타이어, 대형 블록류, 이동식 농구대 등이다.

4. 영유아교육기관 놀이시설 기준

1) 실외 놀이터

- 모래밭 등 안전한 바닥 위에 대근육활동 놀이기구 1종 이상, 총 3종 이상의 놀이기구를 설치해야 한다. 직장 어린이집은 예외로 실내 놀이터(지하는 제외)를 인정한다.
- 실외 놀이터의 설치 근거: 놀이터는 「영유아보육법」, 「어린이 놀이시설 안전관리법」, 「품질경영 및 공산품 안전관리법」, 「환경보건법」 등에서 정한 기준을 준수하여 설치해야 한다. 정원 50인 이상의 어린이집은 영유아 1인당 3.5㎡ 이상 규모의 옥외 놀이터 설치를 원칙으로 하되, 정원 규모별 면적기준은 달리 적용할 수 있다.

2) 실내 놀이터

- 놀이 공간에는 유아 연령에 맞는 놀이기구 또는 놀이도구를 갖추도록 해야 하는데, 신체활동이 이루어지기 위한 놀이기구를 필수적으로 확보하고 흙 동산이나 나무 놀이집 등 자연을 이용한 놀이도구가 권장된다. 특히 유아 연령을 고려한 필수 5종(미끄럼틀, 그네 등)을 설치하거나 또는 발달 단계를 고려한 10종 이상의 신체놀이도구를 갖추는 것도 권장된다. 그러나 놀이기구를 설치하여 뛰어놀 공간이 부족한 경우가 많으므로 흙 동산이나 나무 놀이집 등 자연물을 이용한 놀이가 잘 이루어질 수 있도록 공간을 구성하는 것이 필요하다.
- 안전과 관련하여 놀이기구는 반드시 유아가 추락 또는 신체 일부가 끼이거나 빠지는 위험이 없도록 설계되어야 한다. 이를 위해 놀이기구는 행정안전부 장관이 고시하는 시설기준 및 기술기준에 적합하게 설치한다. 놀이기구와 놀이도구 관리대장을 만들고 정기적으로 안전점검을 실시해야 한다.

[표 2-1] 유치원 놀이터 및 옥상 등의 적정 기준 제안

	필수기준	권장기준
놀이터	• 모래놀이, 물놀이 공간, 급배수 시설 구비 • 놀이터 외부 침입 방지용 울타리, 담 설치 • 추락 가능성 기구 아래 충격 방지장치 구비 • 놀이터 안전점검	• 정원, 텃밭 공간을 실외 공간 총 면적의 1/10 이상 • 승용물(자전거, 자동차 등) 타는 길을 마련 • 놀이터 내 정적인 휴식 공간 마련 • 발달에 적합한 신체놀이기구 마련
옥상/테라스	• 옥상은 놀이터, 수영장 활용 가능 • 5층 이상의 복합건물에서는 옥상활용 금지 • 대형 놀이기구 설치 금지 • 1.5m 이상 난간 • 난간 동자 간격 10cm 미만	• 옥상은 추락 방지 안전시설 마련
수영장	• 「체육시설 설치 운영에 관한 법률」의 안전·위생기준 준수	• 물놀이 설비 깊이 60cm 이하 설치

출처: 육아정책연구소(2014).

3) 어린이 놀이시설 설치 검사기준

- 적용 범위: 「어린이 놀이시설 안전관리법」 제12조 제1항 규정에 따라 적용한다.

(1) 이 기준은 놀이시설 및 기구에 의해 발생되는 안전사고를 미연에 방지하기 위해 충족되어야 할 기술적 측면의 최저기준을 제시한 것으로, 놀이시설에서의 사용자 안전은 기구의 목적에 부합되는 적합한 놀이행동을 했을 때 보장될 수 있다. 따라서 사용자의 오용이나 과실로 인한 사고가 일어날 수 있으며 안전사고가 전혀 일어나지 않는다는 것을 보장하는 것은 아니다.

(2) 36개월 미만의 영유아는 놀이시설 사용 시 성인이 동반하여 영유아의 안전을 도모하는 것을 전제로 한다.

4) 유아교육기관 실외 놀이시설(놀이터)의 위치와 크기

(1) 위치

유아교육기관의 실외 놀이터는 2, 3세와 4, 5, 6세 유아를 위한 놀이터로 분리하여 위치하게 하는 것이 가장 좋다. 놀이터 설치 기본 원칙에서 유아교육기관 중 어린이집의 지하층(1층 아래 있는 층)에는 놀이터 설치를 할 수 없다.

우선 유아교육기관의 건물 앞쪽, 밝고 햇볕이 잘 비치는 건물의 남쪽 편에 놀이터가 위치하는 것이 좋고 놀이기구들을 옮기기 쉽고 유아가 자유로이 드나들 수 있도록 실내 공간과 가깝게 위치하는 것이 좋다.

놀이터의 출입문은 아동들이 드나들기 쉽고 출입구의 길은 평편하거나 약간 비스듬하면서 시멘트나 아스팔트를 깔아 흙이나 모래가 실내에 들어오지 않게 해야 한다. 또한 주변에 분진, 폭발, 화재 위험이 없는 안전한 위치에 놀이터를 설치해야 하고 배수 처리가 잘되는 위치에 놀이터가 위치하는 것이 좋다.

초등학교 병설 유치원의 경우 초등학교 운동장과는 구분되는 공간에 실외 놀이터가 있어야 안전하다.

그리고 업무용시설 밀집 지역 등 일정 지역 전체를 옥외 놀이터 부지로 확보하기 어려운 특수성이 인정되는 경우에 한하여 대체 놀이터를 인정하여 주는데 대체 놀이터의 위치는 유아교육기관과 가까운 인근 놀이터, 옥내 놀이터이다.

실외 놀이터

(2) 크기

유아교육기관의 실외 놀이터는 실내보다 더 넓은 공간이 요구되며, 이용 가능한 공간이 충분해야 유아들의 학습 경험을 촉진시킬 수 있다. 실외 놀이터의 크기는 유아의 연령과 유아의 인원수에 따른 충분한 공간에 맞게 설치되어야 한다.

시설물 간의 거리를 일정 간격으로 유지하여 유아들 간의 충돌을 피할 수 있어야 하며 유아들끼리 부딪치지 않도록 개방된 공간이 있어야 한다.

그리고 실외 놀이터 주위에는 경계를 표시하는 울타리가 있어야 유아들의 행동이 자유롭고, 외부의 방해를 받지 않는 실외 놀이터의 환경이 이루어질 수 있으며 전체 공간의 1/2~1/3 정도는 시설물을 설치하지 않고 비워 두는 공간을 마련해야 한다. 원아 정원 40명까지는 100평 이상을 기준으로 하고 40명을 초과할 때는 그 초과하는 원아 1인에 대하여 1평 이상씩을 가산한다. 다만, 특수한 사정이 있을 때에는 그 기준 평수를 60평 이상으로 할 수 있다.

옥외 놀이터 부지가 부족한 경우 대체 놀이터의 면적을 합산하여 인가한다. 옥외 놀이터에 대체하여 설치하는 옥내 놀이터의 면적은 1인당 4.29㎡를 기준으로 산정하는 어린이집 면적에서 제외한다.

보육 정원 50명 이상인 어린이집(12개월 미만 영아 전담시설 제외)은 정원 45%를 기준으로 영유아 1명당 3.5㎡ 이상의 규모로 설치하는 것을 원칙으로 한다.

다만, 보건복지부장관이 어린이집 규모(정원)에 따라 같은 시간대에 놀이활동에 참여하는 최대 영유아 수 및 면적의 기준을 정하는 경우에는 그 기준에 따라 놀이터를 설치할 수 있다. 정원 또는 텃밭 공간을 실외 공간 총 면적의 1/10 이상 마련할 필요가 있다.

놀이터의 면적은 놀이터 설치의 기본 원칙에 따라 설치한 바닥 면적에 한하여 인정하며, 고정식 놀이기구가 설치된 부분에 대하여는 「어린이 놀이시설 안전관리법」의 설치검사로 인정받은 면적을 인정한다.

[표 2-2] 실외 놀이터 정원과 그에 따른 놀이터 면적

정원	놀이터 면적 산정 기준	면적
50~99명	총 정원 × 45% × 3.5㎡	78~ 155㎡
100~129명	100명 × 45% × 3.5㎡	157㎡
130~159명	130명 × 40% × 3.5㎡	182㎡
160~199명	160명 × 40% × 3.5㎡	224㎡
200~249명	200명 × 35% × 3.5㎡	245㎡
250~300명	250명 × 35% × 3.5㎡	306㎡

출처: 보건복지부(2020).

5) 모래놀이시설

「환경보건법 시행령」 제16조 어린이 활동 공간 환경안전관리기준에 따라 어린이 놀이시설 바닥재 모래의 소독기준은 기생충란이 검출되지 않도록 관리해야 한다.

- 어린이 활동 공간에 대한 환경안전관리기준: 어린이 활동 공간의 바닥에 사용된 모래 등 토양은 다음 각 기준을 모두 충족하여야 한다.

(1) 모래 등 토양에 함유된 납, 카드뮴, 6가 크롬, 수은 및 비소는 환경부령으로 정하는 기준에 적합해야 한다.
(2) 기생충란이 검출되지 않아야 한다.
(3) 어린이 놀이터의 모래 안전관리 강화 방안 마련이 필요하다.

어린이 놀이터에 설치되어 있는 시설은 「어린이 놀이시설 안전관리법」에 따라, 설치검사 및 정기검사가 의무화되어 있으나, 모래의 경우 「환경보건법」에 따라, 놀이터 신축·증축·수선 시에만 확인검사를 실시하고 있어 안전성 검증이 미흡한 실

정이다. 반려동물과 함께 출입하고 배설물 관리를 제대로 하지 않으면, 개·고양이 회충, 대장균 등 모래가 오염되어 어린이 건강을 위협할 수 있으므로 반려동물 보호자의 위생관리 노력도 필요하다.

6) 동식물시설

- 동물은 전염병 예방접종을 하고 정기적으로 건강검진을 받는다.
- 동물을 기르는 영역은 햇빛이나 바람을 막아 줄 수 있는 건조한 곳에 설치한다.
- 유아의 감염 또는 알레르기 반응을 일으키지 않는 동물을 기른다.
- 배설물은 영유아의 손이 닿지 않도록 청결하게 관리하며 정기적으로 사육장을 소독한다.
- 영유아가 동물을 함부로 만지지 않도록 지도한다.
- 신체 자극이나 호흡 곤란 및 중독 등 신체에 해를 끼칠 수 있는 식물은 바로 제거하거나 영유아의 손이 닿지 않는 곳에 옮겨 심는다.

Chapter 3

교통 안전교육

유치원과 어린이집에 취원하는 영유아는 어린 시기부터 등·하원 교통수단으로 자동차를 이용해야 하고 가족 단위의 바깥활동, 쇼핑, 여행 등의 빈번한 교통 이동 수단의 증가로 인해 영유아의 교통사고율이 증가하고 있다.

교통 안전교육은 교통사고를 미연에 방지하기 위하여 교통안전에 관한 합리적인 지식, 태도, 능력을 형성하려는 의도적이고 체계적인 교육을 하는 것이다. 5~6세 연령이 되면 유아의 발달 특성상 주변의 사물이나 환경에 대한 호기심이 높고 탐구하려는 충동이 강한 반면, 아직 신체 기능의 발달은 미숙하다. 또 활동량이 증가하게 되는데 이때 놀이시설을 이용하다가 부상을 당하거나 사고가 일어날 수 있는 위험한 상황에서 판단 능력이 부족하고 대처 능력이 부족하기 때문에 사고의 가능성이 높아지게 된다. 이는 교통사고 발생에서도 예외일 수는 없다. 대부분 집과 통학로 주변에서 어린이들의 부주의에 의한 무단 횡단 등으로 교통사고가 자주 발생한다. 어린이는 교통 상황에 대한 이해와 순간적인 판단이 떨어지고 모방성이 뛰어나며, 속도와 거리 추정 능력이 미흡하기 때문에 평소 가정과 학교에서 지속적인 교육을 통하여 기본적인 행동 원칙이 하나의 습관으로 형성되어져야 잘못된 판단에 의한 실수를 예방할 수 있다. 그러므로 유아의 교통교육 현장에서는 간헐적이고 부분적인 교통교육보다는 지속적이고 체계적인 교육 방법으로 다루어야 한다. 또한 지식 위주의 교육보다는 오히려 실천 행동교육이 강조되어야 하고 어린이 발달 특성상 이론이나 지식보다는 시청각 자료나 모의시설물을 이용하여 이론과 실습교육을 병행하여 실시하는 것이 효과적일 것이다. 어릴 때부터 교통 안전교육을 체계적으로 실시하여 성인으로 자라면서 사회 전반에 걸쳐 더 나은 교통질서와 교통 환경을 조성하는 데 이바지하도록 해야 할 것이다. 이와 같이 교통 안전교육은 필요한 지식과 태도를 익히게 하여 교통사고를 미연에 방지하고 교통사고의 위험에서 벗어날 수 있게 한다. 영유아기에 자신과 타인의 생명을 존중하고, 안전하고 건강한 생활을 영위할 수 있도록 교통안전에 대한 실천적 태도를 형성하게 하는 것은 매우 중요하다.

1. 교통 안전교육의 개념과 필요성

1) 교통 안전교육의 개념

교통 안전교육이란 유아들을 대상으로 교통생활을 하는 데 있어 안전을 위협하는 여러 가지 환경적 요소로부터 유아의 안전한 생활의 유지 및 확보를 목적으로 한다. 또한 교통안전에 관련된 지식을 습득하고 안전을 지키려는 태도를 형성시켜 자발적인 자기 보호와 타인의 피해를 최소화시키며, 안전을 위해 필요한 기능, 태도를 익혀 습관화할 수 있도록 교육하는 것을 의미한다.

2) 교통 안전교육의 필요성

교통 안전교육은 영유아로 하여금 교통사고로부터 자신의 몸을 지킬 수 있는 태도, 지식, 기능을 익히게 하는 것이다. 영유아기는 발달 특성상 복잡해진 교통환경과 교통 상황을 이해할 수 있는 능력이 부족하고, 눈높이가 낮아 시야가 제한적이다. 속도와 거리에 대한 개념이 정확하지 못하고 상황 판단 능력과 예측 능력이 부족하기 때문에 성인보다 교통사고가 많이 발생하며 피해도 성인에 비해 매우 크다. 또한 영유아 이후의 삶에 매우 중대한 영향을 줄 수 있으므로 이를 예방할 수 있는 습관을 길러 주는 것은 매우 중요하다. 교통 안전교육은 교통사고 위험 요소로부터 어린이가 스스로 위험을 인식하고 그 위험에 대처할 수 있는 능력을 키우는 역할뿐만 아니라 성인이 되어 운전자가 교통 규칙을 준수하는 운전자로서 사회적 책임으로 이어지므로 어린이를 위한 교통 안전교육의 역할은 중요하다. 특히 교통 안전교육은 어렸을 때부터 시작되어야만 교통안전 습관이 올바르게 형성될 수 있다. 나아가 교통안전에 관한 지식과 올바른 가치관 형성과 체계적인 실천적 태도를 형성할 수 있는 교육이 실시되어야 한다. 교통안전의 사회적 책임을 다하는 성인이 되는 기초를 형성해 주므로 보다 적극적이고 체계적인 유아 교통 안전교육이 필요하다.

2. 교통 안전사고 현황

우리나라 전체 교통사고 발생 추세는 최근 증감을 반복하고 있으나 아직도 OECD 국가 중에서 높은 편이라고 한다. 2018년 전체 교통사고 사망자는 3,781명으로 1976년(3,860명) 이후 처음으로 3,000명대로 집계되었다. 2018년 발생사고 건수는 217,148건으로 교통사고 건수가 2017년(216,335건)과 비교하여 0.4%(813건) 증가하였으며 부상자는 323,037명으로 2017년(322,829명)과 비교하여 0.1%(207명) 증가하였다(경찰청, 2018).

교통사고 실태 중 어린이의 교통사고 유형을 알아보고 이를 통해 안전한 생활을 실천하는 데 필요한 지식과 위험 요소를 미리 예측하고, 예방하거나 신중하게 행동하는 태도, 스스로 안전하게 행동할 수 있는 교통 규칙 지키기와 지속적인 교통 안전교육을 실시해야 한다.

1) 교통 안전사고의 실태

[표 3-1] 어린이와 노인 교통사고 현황(2019년 1~6월) (단위: 건, 명)

구분	사고	사망	부상
전체 사고	108,640	1,620	161,891
어린이(13세 미만)	5,042	16	6,501
노인(65세 이상)	20,081	756	21,956

출처: 도로교통공단(2019).

[표 3-2] 어린이 교통사고 현황 (단위: 건, 명)

구분	사고	사망	부상
2016년	11,264	71	14,215
2017년	10,960	54	13,433
2018년	10,009	34	12,543

출처: 도로교통공단(2018).

[표 3-3] 법규 위반별 교통사고 현황(2019년 1~6월) (단위: 건, 명)

구분	계	중앙선 침범	신호 위반	과속	보행자 보호 불이행	안전운전 불이행	안전거리 미확보	교차로 통행 방법 위반	기타
사고	108,640	4,440	13,327	563	3,869	59,500	10,535	7,344	9,062
사망	1,620	125	156	63	63	106,7	30	29	43
부상	161,891	7,537	21,823	4061	84,186	84,186	8,254	11,681	13,717

출처: 도로교통공단(2019).

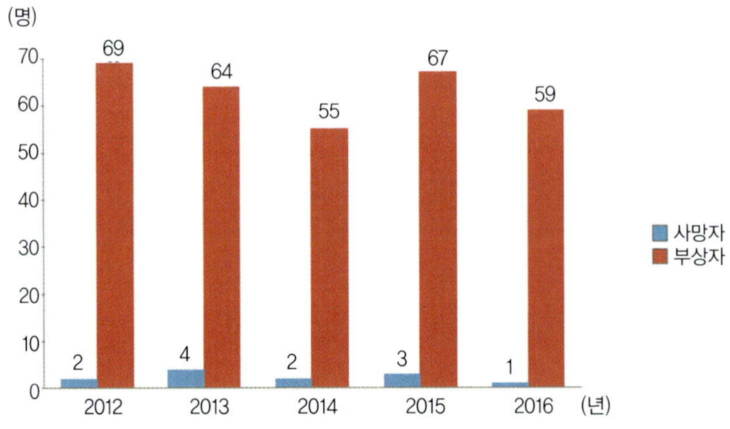

출처: 도로교통공단(2016).

[그림 3-1] 통학버스 교통사고 현황

(1) 요일별 어린이(12세 이하) 교통사고

2018년 어린이 교통사고는 토요일이 가장 많았고 금요일, 일요일 순으로 많았다.

[표 3-4] 요일별 어린이 교통사고 현황(2018년) (단위: 건, 명)

기준 연도	2018							
	합계	일	월	화	수	목	금	토
사고 건수	10,009	1,460	1,330	1,362	1,271	1,287	1,494	1,805
사망자 수	34	7	2	7	5	5	1	7
부상자 수	12,543	1,900	1,640	1,705	1,522	1,532	1,847	2,397
중상자 수	1,726	225	244	267	230	233	271	256
경상자 수	9,141	1,456	1,184	1,205	1,082	1,102	1,299	1,813
부상 신고자 수	1,676	219	212	233	210	197	277	328

출처: 도로교통공단(2018).

(2) 시간대별 어린이(12세 이하) 교통사고

시간대별 교통사고가 가장 많이 일어나는 때는 하교 시간대인 16~18시로 사고 건수가 가장 높게 나타났고 그다음으로 14~16시에 많이 발생되었다.

[표 3-5] 시간대별 어린이 교통사고 현황(2018년) (단위: 건, 명)

기준 연도	2018									
	합계	6~8시	8~10시	10~12시	12~14시	14~16시	16~18시	18~20시	20~22시	22~24시
사고 건수	435	3	52	23	47	119	120	59	11	1
사망자 수	3	0	0	0	0	1	2	0	0	0
부상자 수	473	7	74	28	48	119	121	63	12	1
중상자 수	149	2	16	10	17	37	38	25	4	0
경상자 수	295	2	55	17	27	77	75	34	7	1
부상 신고자 수	29	3	3	1	4	5	8	4	1	0

출처: 도로교통공단(2018).

(3) 스쿨존 내 교통사고의 유형별 원인

운전에 필요한 도로교통 정보의 약 90% 이상이 운전자의 눈을 통해 시각적으로 얻어지기 때문에 인간 요인, 즉 운전자 요인 중에서도 대부분의 사고는 전방주시 태만 등의 안전운전 불이행이 주요한 요인이 되고 있다. 어린이 보호 구역으로 제한되는 스쿨존에서의 어린이 교통사고는 보행 횡단 중에 사고가 가장 많이 발생하는 것으로 나타났다.

[표 3-6] 스쿨존 내 12세 이하 어린이 교통사고(2018년) (단위: 건, 명)

구분	합계	차대 사람					차대 차				차량 단독
		횡단 중	차도 통행 중	길 가장자리 구역 통행 중	보도 통행 중	기타	후진 중 추돌	측면 추돌	추돌	기타	기타
사고 건수	435	238	26	11	19	83	2	32	4	19	1
사망자 수	3	2	1	0	0	0	0	0	0	0	0
부상자 수	473	248	26	11	20	100	2	40	5	20	1
중상자 수	149	82	9	4	3	31	0	13	0	7	0
경상자 수	295	155	16	5	15	67	2	19	3	12	1

출처: 도로교통공단(2018).

2) 어린이 교통 안전사고 10가지 유형

첫째, 무단 횡단 사고이다.

무단 횡단은 사고의 지름길이다. 꼭 횡단보도로 길을 건너고, 길을 건널 때는 뛰지 말고 반드시 주위를 살피며 천천히 걸어야 한다.

둘째, 신호등이 있는 횡단보도 사고이다.

횡단보도를 건널 때는 차와 거리가 먼 오른쪽으로 걷는 것이 안전하다. 초록불이 들어와도 그냥 지나치는 차가 있기 때문에 꼭 '차가 멈추었는지' 확인하고 천천히 길을 건너야 한다.

셋째, 신호등이 없는 횡단보도 사고이다.

차와 거리가 먼 오른쪽으로 걸어야 안전하며, 꼭 손을 들어서 '제가 먼저 갈 테니 멈춰 주세요.'라는 뜻을 밝혀야 한다. 그다음 차량이 멈춘 것을 확인한 후에 건너가야 한다.

넷째, 주정차된 차량 사이 횡단 사고이다.

멈춰 있는 차량 사이에서 뛰어간다면, 천천히 걷는 것보다 사고 발생률이 18배나 높다고 한다. 반드시 손을 들어 운전자와 눈을 맞춰 '차량 멈춤'을 확인한 후에 천천히 걸어가야 한다.

다섯째, 갑자기 뛰어나오다 발생한 사고이다.

길 건너편에 엄마나 친구가 있다고 왼쪽과 오른쪽을 살피지 않고 무작정 길을 건너면 위험하다. 길을 건널 때나 차도로 나갈 때면 항상 먼저 걸음을 멈춘 후 차가 오는지 왼쪽과 오른쪽을 모두 살핀 다음 횡단보도로 건너야 한다.

여섯째, 버스의 바로 앞과 뒤 횡단 사고이다.

버스의 앞이나 뒤로 뛰어가면 버스에서는 사람이 보이지 않기 때문에 매우 위험하다. 버스에서 내려 길을 건널 때에도 운전자가 보이는 거리(버스에서 3m)에서 왼쪽과 오른쪽을 살핀 후 건너야 안전하다.

일곱째, 큰 차가 회전하다가 나는 사고이다.

버스 정류장에서 버스를 기다릴 때는 절대로 차가 다니는 차도로 내려오지 말아야 한다. 커다란 버스가 급하게 회전하다 보면 앞바퀴보다 뒷바퀴가 안쪽으로 통과하기 때문에 위험하다. 그래서 반드시 인도 위에서 기다려야 한다.

여덟째, 차 뒤와 밑에서 놀다가 일어나는 사고이다.

멈춰 있는 차는 대부분 뒤로 움직이므로 절대로 차의 뒤나 밑에서 놀면 안 된다. 또 운전석에 앉은 운전자에게는 사람이 보이지 않는다. 만약 유아가 놀다가 차 밑으로 물건이 들어갔다면, 성인에게 도움을 요청해야 한다.

아홉째, 보호 장구 미장착으로 일어나는 사고이다.

교통사고가 일어났을 때 가장 위험한 자리는 조수석이다. 따라서 어린이는 앞자리에 앉지 말아야 한다. 또 만 6세 미만의 유아는 반드시 어린이 보호 장구를 착용해야 한다. 안전띠를 착용하면 어린이는 90% 이상 사망사고 감소 효과가 있다.

열째, 자전거와 킥보드 사고이다.

자전거는 사람의 체격에 맞게 타야 한다. 안장에 앉았을 때 발끝이 닿는 것이 적당하다. 자전거와 인라인스케이트는 충분히 연습을 한 후에 타야 하며, 반드시 무릎 보호대와 헬멧을 착용해야 한다. 또 찻길로 나갈 때와 모퉁이를 돌 때는 차나 사람이 오는지 확인해야 한다.

교통 안전교육은 가정에서부터 지속적으로 교통사고 예방에 대해 이야기하고, 이해할 수 있도록 도와야 힌다.

3) 안전한 횡단보도 보행의 5가지 원칙

① 우선 멈춘다. 길을 건널 때에는 무조건 건너려고 하지 말고, 일단 멈추어야 한다. 길을 건너다가 일어나는 사고 중 80%가 갑자기 뛰어들다 일어나는 사고이므로 길을 건널 때에는 일단 멈추는 것이 좋다.

② 왼쪽, 오른쪽 다시 왼쪽을 본다. 우선 멈춘 후 내가 있는 쪽으로 차가 오고 있는지 왼쪽, 오른쪽, 다시 왼쪽을 자세히 살펴보아야 한다.

③ 횡단보도의 오른쪽에 서서 운전자를 보며 손을 든다. 우리나라에서는 자동차가 나의 왼쪽에서 오므로 횡단보도의 오른쪽으로 간 만큼 안전하게 된다. 따라서 횡단보도의 오른쪽에 서야 하며 운전자에게 손을 들어 '건너가겠다.' 라는 의사를 확실하게 전달해 주어야 한다.

④ 차가 멈추었는지 확인한다. 손을 든 다음에는 반드시 차가 멈추었는지 확인해야 한다. 운전자들은 횡단보도 앞에서 '멈춰야겠다.'라는 생각보다는 '녹색신호에 걸리지 말아야겠다.'라는 생각으로 보다 속력을 내는 경향이 있다. 그러므로 차가 멈춘 것을 확인한 후 건너는 습관을 길러야 한다.

⑤ 건너는 동안 차를 계속 보면서 건넌다. 횡단보도를 건널 때에는 차를 계속 보면서 건너야 한다. 처음에는 멈추어 있던 자동차가 갑자기 움직여 사고가 발생할 수 있으므로 길을 건너는 동안에도 자주 차를 살펴보아야 한다.

3. 교통사고 원인이 되는 영유아 발달적 행동 특성

유아의 안전사고로 인한 사망 원인 중 65% 이상이 교통사고에 의한 것이다. 때문에 교통사고 예방교육은 유아기 전반에 걸쳐서 지속적, 반복적으로 실시해야 하며 성인의 각별한 주의와 관심이 요구된다. 유아기에는 버스나 승용차 등의 교통수단을 이용하여 이동하는 기회가 많아질 뿐만 아니라 자전거 등을 스스로 이용 가능해진다. 유아들에게 흔히 발생하는 교통사고는 보행 중에 차와 충돌하거나, 탑승 시 사고, 자전거나 인라인스케이트를 타거나 길에서 놀다가 차와 충돌하는 경우, 달리는 차 속에서 사고를 당하는 경우 등 다양하다. 만 0~5세의 발달 특성을 종합해 보면, 어린이는 신체적으로 키가 작고 어른에 비해 시야가 좁기 때문에 위험한 상황에 노출되기 쉽고 어디서 소리가 나는지 금방 깨닫기 어려워 위험을 알리는 소리를 듣고 안전한 쪽으로 피하기가 어렵다. 또한 어린이는 자신이 관심을 가지고 있는 것에만 집중하는 경향이 있고 충동적인 성향이 있어 언제 어디서 갑자기 튀어나올지 예측하기가 어렵다. 영유아는 어른과 다른 생각이나 판단을 하는 경우가 많다. 가령, 어린이는 차량의 움직임 여부를 잘 판단하지 못하며, 자신이 운전자를 볼 수 있으면 운전자도 자신을 볼 수 있을 거라 여기고 차가 멈춰 줄 것이라고 판단한다. 이외에도 큰 차량이 작은 차량보다 빨리 달릴 수 있다고 생각을 하거나 넓은 길이 좁은 길에 비해 안전하다고 생각한다.

1) 어린이 행동 특성에 따른 교통사고 유형

① 신호등 있는 횡단보도를 뛰어가다 나는 사고

신호등이 있는 횡단보도에서 초록색 불이 켜지자마자 급하게 뛰어 건너다가 나는 사고다. 어린이들은 신호등 색이 바뀔 때까지 기다리는 것을 지루해하며 자기중심적인 사고 때문에 초록색으로 바뀌면 차의 멈춤을 확인하지 않고 뛰어가는 경우가 많다.

② 신호등 없는 횡단보도를 뛰어가다 나는 사고

어린이 발달 특성상 시야가 좁고 공간 지각 능력이 부족해 차가 움직이는지 안 움직이는지 잘 판단하지 못한다. 또한 어린이는 속도와 거리에 대한 개념이 부족하기 때문에 멀리에서 달려오는 차의 속도를 감지하기 어렵다.

③ 무단 횡단 사고

어린이들은 주의를 살피지 않고 도로를 건널 때가 많고, 모방 심리가 강해 어른들이 신호를 무시하고 무단 횡단하는 것을 보게 되면 자신의 상황에 대한 정확한 판단을 하지 못하고 어른들의 행동을 따라하게 된다.

④ 갑자기 차도로 뛰어드는 사고

어린이들은 자기중심성이 강해서 공놀이를 하고 있다가 공이 차도로 굴러가면 당황하고 공에만 집중하여 차도로 뛰어들어 사고가 나는 경우가 있다. 특히 보도와 차도가 구분되지 않은 이면도로에서 많이 발생한다.

⑤ 차량의 바로 앞이나 뒤로 건너는 사고

자기중심성 때문에 자신이 차에서 내릴 때 앞뒤나 좌우에서 다른 차들이 달릴 수 있다는 사실을 인지하지 못해서 사고가 발생한다. 특히 버스나 승합차와 같이 자신의 키보다 큰 차량에 가려서 달려오는 차를 볼 수 없기 때문에 사고가 일어난다.

⑥ 사각지대나 차 뒤 또는 밑에서 놀다가 나는 사고

영유아기에는 좁고 물체의 그늘진 부분에서 노는 것을 좋아해 주차된 차량의 뒤나 밑에서 노는 경향이 있다. 운전자의 시야에 어린이가 잘 보이지 않아서 운전자가 차를 후진하거나 출발할 때 발생하는 사고가 많다.

⑦ 내륜차에 의한 사고

차량이 길옆에 서 있는 보행자를 차의 뒷부분으로 스치고 지나가거나 보행자의 발등을 뒷바퀴가 타고 지나가는 것이 대표적인 내륜차에 의한 사고이다.

⑧ 이면도로나 주정차된 차량 사이에서 갑자기 뛰어나와 일어나는 사고

영유아는 몸집이 작아서 불법 주정차된 차량 사이에서 뛰어나오면 운전자에게 보이지 않아 사고 발생 위험이 더 크다.

⑨ 차도 또는 이면도로에서 자전거, 인라인스케이트 사고

어린이는 자극에 대해 반응 시간이 늦으며 신체조절 능력도 떨어진다. 자전거나 인라인을 탈 때 갑자기 방향을 바꾸거나 속도를 늦추지 못해 차량과 충돌하는 경우가 많다.

⑩ 어린이 통학버스 운행 사고

급제동 및 급출발로 인한 사고, 하차 시 발판에서 넘어지는 사고, 하차 후 차량의 앞이나 뒤로 지나가다가 다른 차량과 부딪치는 사고, 하차 시 어린이의 옷이나 가방끈 등이 차 문에 끼이는 사고 등 승하차 시 일어나는 사고가 대부분이며 창문 밖으로 손, 머리를 내밀어서 일어나는 사고, 차 안에서 질식하는 사고 등이 있다.

⑪ 안전띠 및 카시트 미착용 사고

안전띠를 매면 충격의 정도를 줄일 뿐만 아니라 충돌 시 차체 밖으로 튕겨 나가는 것을 막아 주므로 치명적 부상이나 사망을 피할 수 있다. 또한 카시트를 사용하면 교통사고가 발생했을 때 머리에 중상을 입을 가능성이 최대 20배까지 낮아진다.

4. 영유아교육기관에서의 통학버스 안전

'어린이 통학버스'란 어린이집, 유치원, 학원, 학교 등의 등·하원 시간에 어린이들을 태우고 다니는 차량을 말한다. 어린이 통학버스는 만 13세 미만의 어린이를 교육 대상으로 하는 시설(어린이집, 학원, 유치원 등)에서 어린이의 통학 등에 이용하는 9인승 이상의 차량이다.

1) 어린이 통학버스 관련 법

(1) 어린이 통학용 9인승 이상 차량에 '동승 보호자 탑승 의무화'

어린이 통학버스에 어린이나 영유아를 태울 때는 보호자가 함께 탑승하여 어린이나 영유아의 승하차를 안전하게 지도해야 하며, 운행 중에 안전띠를 매고 착석하도록 지도하는 등 어린이 안전과 보호에 필요한 조치를 취해야 한다.

(2) 어린이 통학버스 '안전교육 강화'

어린이 통학버스 및 어린이 통학차량용 자동차 운영자와 운전자는 「도로교통법」에 의거하여 2년에 한번씩 도로교통공단이나 지자체, 교육청에서 실시하는 어린이 통학버스 등에 관련된 안전교육을 3시간 이수해야 한다.

(3) 어린이 통학버스 내 '전원 안전띠 착용 의무화'

어린이 통학버스에는 어린이의 신체 구조에 맞춘 안전띠가 설치되어야 하며, 전 좌석에 어린이의 안전띠 착용이 의무화되어 있다. 특히 어린이 통학버스 운전자가 교통 법규 위반이나 사고를 야기할 경우 경찰서장이 교육감독기관에 정보를 제공하도록 하는 어린이 통학버스 규정이 새로 만들어졌다.

(4) 어린이 통학버스 '잠자는 아이 확인장치 장착 의무화'

어린이 통학버스 운행을 마친 후에 통학버스 안에서 잠자는 아이를 두고 내리는 실수를 미연에 방지하기 위해 잠자는 아이 확인장치 장착을 의무화하였다.

어린이 통학버스

2) 어린이 통학버스 운영자의 역할

(1) 어린이 통학버스를 운영하는 자는 어린이 통학버스에 어린이나 영유아를 태울 때 함께 동승 보호자를 태우고 운행해야 한다. 정확한 승하차 시간을 부모에게 알려 운전자가 조급하게 운전하지 않도록 한다.

(2) 길을 건너지 않고 안전하게 승하차할 수 있는 장소를 선정한다.

(3) 인솔교사나 운전자의 주기적인 안전교육을 통해 어린이 통학버스 사고가 나지 않도록 경각심을 높인다.

(4) 정기적으로 차량을 점검하여 고장이나 정비 불량으로 사고가 나지 않도록 관리한다.

3) 어린이 통학버스 신고 절차(「도로교통법 시행규칙」 제35조)

(1) 신고 절차

- 어린이 통학버스 운영자는 자동차 요건을 갖추어 어린이 통학버스 신고서를 유치원, 어린이집 등 시설의 소재지를 관할하는 경찰서에 제출한다.

- 신고필증 교부: 관할 경찰서장은 구비 요건을 확인한 후 기준에 적합한 때에는 어린이 통학버스 신고필증을 교부한다.
- 신고필증 부착: 교부받은 어린이 통학버스 신고필증은 통학버스 자동차의 앞면 유리 우측 상단에 부착한다.

(2) 신고필증의 회수

- 통학버스가 요건이 변경되어 기준에 적합하지 않을 경우 회수한다.
- 유치원, 어린이집 시설이 폐쇄된 경우에 회수한다.
- 고장 등 그 밖의 사유로 인하여 어린이 통학버스로 사용할 수 없게 된 경우에 신고필증을 회수한다.

4) 어린이 보호차량 안전기준에 관한 규칙

- 자동차의 색상은 전체 황색(「도로교통법」 제19조 제8항), 자동차의 앞뒤에 어린이 보호 표지판을 부착(「도로교통법」 19조 제9항)한다.
- 선명한 색상으로 일반 차량 운전자의 식별이 용이해야 한다(「도로교통법 시행령」 제31조 제2항, 「도로교통법 시행규칙」 제38조 별표14).
- 승강구 발판 높이는 제 1단은 30cm, 제 2단 이상은 20cm 이하여야 하며 운행 중에 밖으로 돌출되어서는 안 된다(「도로교통법」 제29조 제4항).
- 표시등 설치

– 설치 기준: 국가에서 인증받은 표시등만 설치(「도로교통법」 제48조 제4항)해야 한다.

– 점멸 횟수: 분당 60회 이상 120회 이하로 광도 기준(「도로교통법」 제106조)에 의한다.

– 설치 개수: 앞면과 뒷면에 각각 4개씩 설치한다.

– 색상: 적색(외측), 황색(내측)이어야 한다.

– 작동 방법: 정지 또는 출발하려고 할 때는 황색 표시등이, 정지한 때에는 적색 표시등이 점멸되어야 한다.

어린이 보호차량의 안전을 위한 기준을 정리하면 다음과 같다.

① 후방 확인장치 부착
② 정지 표시장치 부착
③ 9인승 이상으로 외관은 황색
④ 어린이 보호 표지판 부착, 앞·뒷면 상단에 표시등 설치
⑤ 광각 실외 후사경 부착
⑥ 어린이 탑승용 발판 설치

5) 안전한 통학 환경 조성 및 어린이 통학버스 관리 규칙

(1) 어린이 통학버스 운영자 등은 안전교육을 필수 이수한다.
(「도로교통법」 제53조의3)

- 통학버스 운영자, 운전자, 동승자 교육을 반드시 이수한다.
- 운영자 및 운전자 신규·정규교육(2년마다) 의무화(「도로교통법 시행령」 제31조의2)

※ 안전교육 미이수 시 과태료가 부과된다.

(2) 개학기 학교 주변 교통 분야 안전점검을 실시한다.

- 연 2회(상·하반기) 스쿨존 내 유치원 주변 교통 분야 안전점검을 통해 어린이 교통사고 예방 및 안전한 교통 환경을 조성해야 한다.

(3) 어린이 통학차량 '어린이 통학버스'는 관할 경찰서장에게 신고해야 한다.
(「도로교통법」 제52조)

- 어린이 통학버스 불법 운행 금지(통학버스 미신고 등), 신고 증명서 및 어린이 보호 표지를 부착(「도로교통법 시행규칙」 제35조, 「도로교통법 시행령」 제31조)해야 한다.
- 어린이 통학버스는 보험에 의무 가입한다.
- 운영자 및 운전자, 동승자는 어린이 통학차량 안전 매뉴얼 교육을 실시하고 숙지한다.
- 어린이 통학버스는 하차 확인장치 설치, 점멸등 작동, 광각 실외 후사경 부착, 금연 구역 지정 표지 부착 의무화, 통학차량 내에 구급상자 및 소화기를 비치한다(「도로교통법」 제53조, 「자동차 및 자동차 부품의 성능과 기준에 관한 규칙」 제50조 제4항).
- 통학차량은 탑승 정원을 준수하고 차량 안전 운행일지를 기록 및 점검한다.
- 법규 위반 사고 발생 시 최초 위반 행위부터 정보를 제공한다(경찰서장→교육감독기관).

(4) 보호자 동승 의무 및 운전자·동승자의 보호는 의무이다.
(「도로교통법」 제53조)

- 어린이 통학에 이용되는 모든 차량에 동승자가 탑승한다.
- 운전자·동승자는 유아의 좌석 안전띠 착용 여부를 확인한다.
- 동승자는 자동차에서 내려서 유아의 안전한 승하차를 확인한다.
- 운전자·동승자는 운행 종료 후 모두 하차하였는지 확인한다.
- 어린이 통학버스 안전교육 미 이수자의 운전은 절대 금지한다.

6) 어린이 통학버스 운전자·동승자 매뉴얼

어린이 통학버스에 보호자 동승 의무 및 운전자·동승자의 보호는 의무이다(「도로교통법」 제53조). 어린이 통학버스 운전자·동승자의 안전 매뉴얼을 살펴보면 다음과 같다.

어린이 통학버스 운전자 매뉴얼

▶공통

- 어린이는 뛰어다니는 경향이 있으므로 항상 주위를 살핀다.
- 어린이는 몸이 작아 잘 보이지 않고, 작은 충격으로도 큰 피해를 입을 수 있으니 항상 속도를 줄여 운행한다.
- 동승자의 건강 및 음주 여부를 확인한 후 운영자에게 보고한다.
- 통학버스 운행일지를 작성하여 운영자에게 수시 보고한다.

▶승차 시

① 차량 주위에 어린이가 있는지 확인한다.
② 보도나 길 가장자리 구역 옆에 안전하게 정차한다.
③ 동승 보호자가 어린이를 차례대로 승차시키는지 확인한다.
④ 동승 보호자가 어린이를 좌석에 앉힌 후 안전띠를 매는지 확인한다.
⑤ 모두 승차하고 동승 보호자가 문을 닫으면 출발을 알린다.
⑥ 광각 실외 후사경 등을 확인해 차량 주위에 어린이가 있는지 확인한다.
⑦ 다른 어린이가 있는 경우 동승 보호자를 통해 안전한 곳으로 이동시킨다.
⑧ 안전하게 서서히 출발한다.

▶운행 중

① 어린이가 안전띠를 풀고 있지 않은지 수시로 확인한다.
② 어린이 안전띠가 풀어진 경우 서행하면서 동승자에게 즉시 안전띠를 매도록 한다.
③ 어린이가 차창 밖으로 손, 물건 등을 내밀거나 장난치지 않도록 수시 확인한다.

▶하차 시

① 차를 보도나 길 가장자리 구역 옆에 안전하게 정차한다.
② 기어를 중립에 놓고, 사이드 브레이크를 올린 후 동승 보호자에게 알린다.
③ 동승 보호자에게 오토바이나 자전거가 오는지 뒤쪽을 살피도록 한다.
④ 동승 보호자가 문을 열고 먼저 내리도록 한다.
⑤ 한 명씩 안전하게 하차시켜 보호자에게 인계하는 것을 확인한다.
⑥ 하차한 어린이가 안전한 장소에 도착한 것을 확인한다.
(어린이가 반대편으로 길을 건널 경우 동승 보호자가 함께 건너도록 한다.)
⑦ 운행 종료 후에는 차안에 어린이가 있는지 반드시 확인한다.
⑧ 차문을 닫고 서서히 출발한다.

출처: 보건복지부(2020).

어린이 통학버스 동승 보호자 매뉴얼

▶공통

- 어린이는 뛰어다니는 경향이 있으므로 항상 주위를 살핀다.
- 어린이는 몸이 작아 잘 보이지 않고, 작은 충격으로도 큰 피해를 입을 수 있으니 항상 세심한 주의를 기울여야 한다.
- 운전자의 건강 및 음주 여부를 확인한 후 운영자에게 보고한다.
- 통학버스 운행일지를 작성하여 운영자에게 수시 보고한다.

▶승차 시

① 차량이 보도나 길 가장자리 구역 옆에 안전하게 정지한 것을 확인한다.
② 어린이를 차례대로 승차시킨다.
③ 어린이를 좌석에 앉힌 후 안전띠를 매준다.
④ 주변에 다른 어린이가 있는지 다시 확인한다.
⑤ 모두 승차하면 문을 닫는다.
⑥ 운전자에게 알려 서서히 출발하도록 한다.

▶운행 중

① 어린이가 안전띠를 풀고 있지 않은지 수시로 확인한다.
② 어린이 안전띠가 풀어진 경우 즉시 매준다.
③ 어린이가 차창 밖으로 손, 물건 등을 내밀거나 장난치지 않도록 한다.

▶하차 시

① 차량이 보도나 길 가장자리 구역 옆에 안전하게 정차한 것을 확인한다.
② 어린이 안전띠를 풀어 준다.
③ 오토바이나 자전거가 오는지 뒤쪽을 살피고, 먼저 하차한다.
④ 어린이를 한 명씩 안전하게 하차시켜 보호자(하원 시), 담임교사(등원 시)에게 인계한다.
⑤ 하차한 어린이가 안전한 장소에 도착하는 것을 확인한다.
(하차한 어린이가 반대편으로 길을 건널 경우 동승 보호자가 함께 건넌다.)
⑥ 운행 종료 후에는 차안에 어린이가 있는지 반드시 확인한다.
⑦ 차문을 닫고 운전자에게 알려 서서히 출발하도록 한다.

출처: 보건복지부(2020).

7) 어린이 통학버스 교통사고 유형

(1) 자주 발생하는 사고 유형

① 버스에 탈 때 사고

(가) 보도에서 차를 타려고 차도로 뛰어들다가 일어나는 사고

(나) 버스 승차 중에 출발로 넘어지는 사고

(다) 문을 닫지 않은 채 급출발하다가 어린이가 문밖으로 떨어지는 사고

(라) 버스를 타려고 길을 건너오다가 일어나는 사고

② 버스 안에서의 사고

(가) 급제동으로 생기는 사고

(나) 창문 밖으로 손, 머리 등 신체 일부를 내밀어서 일어나는 사고

(다) 차 안에서 질식사하는 사고

③ 버스에서 내릴 때 사고

(가) 통학버스에서 내리다가 발판에서 넘어지는 사고

(나) 내린 후 뒤따라오던 차량과의 사고

(다) 사각지대에 있는 어린이를 미처 발견하지 못해 일어난 사고

(라) 차 문에 옷이나 가방이 끼인 사고

(마) 통학버스 앞으로 도로를 횡단하여 일어난 사고

(2) 교통사고 발생 시 올바른 대처 방법

- 안전사고가 발생하면 우선 당황하지 않도록 하고 사고를 파악한다.
- 다른 차량을 통제하여 2차 사고를 방지하도록 한다.

- 부상자를 함부로 움직이지 않도록 한다.
- 휴대 전화나 주위 사람의 도움을 얻어 가능한 빠른 시간 내에 119 구급차를 불러 병원으로 옮기도록 한다.
- 사고를 당한 영유아를 안정시키도록 한다. 만약 의식이 없는 경우 무리하게 움직이지 말고 기도를 열어 주고 호흡이나 맥박의 상태를 살핀다.
- 구조대원에게 상황을 정확하게 이야기한다.
- 가벼운 부상이나 외상이 없을지라도 반드시 의사의 진단을 받는다.
- 사고자의 주소나 성명을 확인한다. 영유아의 안전을 유지하면서 구급차를 기다리는 동안 사고를 일으킨 차량의 번호, 차종, 색, 회사명을 확인해 기록하고 운전자의 주소, 성명, 면허증 번호 등을 메모한다.
- 경찰서에 사고를 신고한다.

5. 교통 안전교육의 내용

우리나라 교통 안전교육은 「학교안전사고 예방 및 보상에 관한 법률 시행령」 제2조 제1항 제1호에 규정하고 있다. 「아동복지법」 제31조와 「아동복지법 시행령」 제2조 제1항 제1호에 근거한다.

첫째, 교통 안전교육 시간은 2개월 1회 이상, 연간 10시간 이상 시행하도록 하고 있다.

둘째, 교육 방법은 전문가 또는 담당자 강의, 시청각교육, 실습교육 또는 현장학습, 일상생활을 통한 반복 지도 및 부모교육 등을 통해 이루어진다.

셋째, 교육 기준은 영유아, 초등학교, 중·고등학교로 구분해 단계별로 교통 안전교육을 5개 항목으로 나누어 시행하고 있다.

넷째, 교육 계획 및 교육 실시 결과를 교육감, 시장, 군수, 구청장에게 매년 1회 보고하도록 하고 있다. 보고를 받은 시·도 교육청에서는 교통 안전교육 실시 결과를 분석한다. 유아들은 우리나라 공통교육 과정인 만 3~5세 2019 개정 누리과정의 신체운동·건강 영역에서 안전하게 생활하기–'교통안전 규칙을 지킨다.'의 내용 범주로 활동이 이루어진다. 이를 통해 교통안전 규칙의 중요성 알기, 자동차 사고의 위험과 자신을 보호하기 위해 필요한 지식, 기술, 태도를 익힌다.

1) 교통 안전교육의 목표와 내용

영유아교육 과정에 나타난 교통 안전교육 내용을 정리하면 다음과 같다.

[표 3-7] 2019 개정 누리과정 교통 안전교육

내용 범주	내용
안전하게 생활하기	일상에서 안전하게 놀이하고 생활한다.
	TV, 컴퓨터, 스마트폰 등을 바르게 사용한다.
	교통안전 규칙을 지킨다.
	안전사고, 화재, 학대, 유괴 등에 대처하는 방법을 경험한다.

내용 범주	안전하게 생활하기
목표	안전한 생활습관을 기른다.
내용 이해	**유아 경험의 실제**
교통안전 규칙을 지킨다. 유아가 안전한 보행 및 도로 횡단, 교통기관의 안전한 이용 등 교통안전 규칙을 알고 실천하는 내용이다.	3세 유아가 종이 벽돌을 이어 길을 만들고 그 위에 교통 표지판과 자동차를 일렬로 놓는다. 만들어진 길을 바라보다 갑자기 팔이 움직이는 사람 모형 2개를 가져와 팔 한쪽을 반복적으로 들어 올리고 내리며 "조심, 조심 지나가요. 자동차들은 우리가 건너면 지나가세요."라고 흥얼거린다.

2) 교통 안전교육의 지도 원칙

첫째, 일상생활 속에서 스스로 안전을 도모할 수 있는 바른 습관 및 생명 존중의 가치관을 형성하기 위한 것이다.

둘째, 실제적인 장면에서 어린이가 실천할 수 있는 행동을 지도하는 데 목표를 두어야 한다. 현장학습을 통한 교통안전 지도로 자율적인 습관을 형성해야 하고 학부모와 연계 지도를 통한 교통안전 지도로 사고를 미연에 방지한다.

셋째, 순서와 규칙에 따라 전체적인 행동 계열을 올바로 실행하기 위해 집중과 반복적인 연습이 필요하다.

넷째, 발달 단계에 맞추어 지도 내용과 방법 면에서 아동에게 이해가 될 수 있는 수준으로 교육해야 한다.

다섯째, 주제를 중심으로 계획 아래 이루어져야 한다. 연간 지도 계획을 수립하고 교수학습계획안을 작성하여 교통 안전교육을 실시한다.

여섯째, 각종 포스터, 사진 자료 등 사고 사례 중심의 이야기를 적극적으로 활용해야 한다.

3) 교통 표지판의 의미

[표 3-8] 교통 표지판

규제 표시(각종 제한, 금지 등의 규제를 알리는 표지)					
규제 표지의 종류	일시정지 	보행금지 	승용차 통행금지 	이륜차 통행금지 	자전거 통행금지 
표지의 뜻	일시 정지하도록 제한하는 것	보행자의 보행을 금지하는 것	승용차의 통행을 금지하는 것	이륜차의 통행을 금지하는 것	자전거의 통행을 금지하는 것

지시 표시(도로의 통행 방법, 통행 구분의 지시를 알리는 표지)					
지시 표지의 종류	보행자 전용도로 	자전거 전용도로 	횡단보도 	어린이 보호 	장애인 보호 
표지의 뜻	보행자 전용도로임을 지시하는 것	자전거 전용도로임을 지시하는 것	보행자가 횡단보도로 통행할 것을 지시하는 것	어린이 보호 구역 안에서 어린이 또는 유아의 보호를 지시하는 것	장애인 보호 구역 안에서 장애인의 보호를 지시하는 것
주의 표시(도로의 위험물이 있는 경우 안전 조치를 할 수 있도록 알리는 표지)					
주의 표지의 종류	횡단보도 	어린이 보호 	철길 건널목 	도로 공사 중 	낙석도로 
표지의 뜻	횡단보도가 있음을 알리는 것	어린이 또는 유아의 통로나 횡단보도가 있음을 알리는 것	철길 건널목이 있음을 알리는 것	도로상에서 공사나 작업을 하고 있음을 알리는 것	도로에 낙석의 위험이 있음을 알리는 것

6. 교통 안전교육의 실제

1) 현장학습을 통한 교통 안전교육 활동의 예

현장학습을 통한 교통 안전교육은 유아교육기관에서 경험할 수 없는 정보들을 현장을 통해 직접적이고 구체적으로 경험해 봄으로써 유아의 교통안전 지식 향상에 효과적이다. 안전한 보행 방법에 관한 지식 익히기, 보행안전과 관련한 신호등 익히기 등 여러 교통신호 상황들을 체험하면서 유아의 교통 안전교육활동을 촉진, 강화, 확장시켜 주기 때문에 현장학습은 효과적인 교통 안전교육이다.

[표 3-9] 교통안전 현장학습 활동계획안

활동명		교통질서와 안전
활동 목표		• 신호등의 색깔을 이해한다. • 교통 표지판을 이해한다.
현장학습 장소		신호등과 교통 표지판이 있는 교통공원 체험학습
활동 일시		2019년 8월 27일 ~ 10월 1일 (1, 2, 3회 수업) / 2019년 8월 28일 (현장학습)
준비물		사진 자료, 그림 자료, 교통 표지판 모형, 색연필, 복사물 등
활동 방법	교통 안전 교육	〈이야기 나누기〉 –안전한 교통생활을 하기 위해서는 교통질서를 잘 지켜야 한다. –교통질서를 지키기 위해서는 교통 규칙을 알아야 한다. –신호등의 색깔이 뜻하는 의미는 무엇일까요?(예: 빨간불, 초록불, 노란불) –신호등의 불이 켜질 때와 꺼질 때 뜻하는 의미는 무엇일까요? –교통 표지판의 그림이 뜻하는 의미는 무엇일까요?
	현장 학습	〈신호등 건너기〉 –현장학습 장소에 대한 정보를 제공한다. –현장학습 장소에서 체험할 내용은 무엇인지 계획해 본다. –현장학습 장소로 이동한다. –신호등과 교통 표지판을 관찰해 본다. –신호등의 색깔이 변할 때 손을 들고 횡단보도를 건너는 체험을 한다. 
	사후 활동	〈토의〉 –신호등 색깔(빨간불, 초록불, 노란불)의 의미를 알아본다. –신호등 색깔에 따른 사람들의 행동에 대해 알아본다. –각기 다른 교통 표지판의 의미를 알아본다. 〈미술〉 –신호등을 만들어 본다. –교통 표지판을 만들어 본다.
평가		• 현장견학으로 각 신호등의 변화에 따른 사람들과 자동차의 움직임을 정확하게 관찰할 수 있었고 평소에 관심 있게 보지 않았던 교통 표지판을 현장에서 찾아 배울 수 있어서 좋았다는 아이들의 평가를 들을 수 있었다. • 현장견학 중 주차 정지의 교통 표지가 있는 곳에 주정차해 놓은 자동차가 있었다. 이를 견인하기 위해 견인차가 도착한 모습을 실제로 볼 수 있어서 아이들과 현장학습을 통한 교육이 중요함을 새삼 느낄 수 있었다.

2) 유아반 교통 안전교육 활동의 예

[표 3-10] 교통 안전교육 활동계획안

활동명	통학버스를 안전하게 이용해요	영역	교통안전
활동 목표	• 통학버스를 안전하게 이용하는 방법에 대해 안다. • 통학버스를 안전하게 이용하는 방법을 알고 실천한다.		
누리과정 관련 요소	• 의사소통 〉 말하기 〉 낱말과 문장으로 말하기 • 신체운동 · 건강 〉 안전하게 생활하기 〉 교통안전 규칙 지키기		
활동 자료	'통학버스를 안전하게 이용해요' 멀티 플래시, '통학버스를 안전하게 이용해요' 안전교육 자료, '안전한 통학버스' 활동지		
활동 방법			

〈도입〉
① 통학버스를 이용한 경험에 대해 이야기 나눈다.
–여러분은 원에 올 때 어떻게 오나요?
–통학버스를 탈 때 위험했던 적이 있나요?
–왜 위험한 일이 생겼나요?

〈전개〉
① '통학버스를 안전하게 이용해요' 멀티 플래시를 시청하고 회상하며 이야기 나눈다.
–통학버스를 안전하게 이용하는 방법에 대해 알아볼까요?
–뉴스에서 어떤 사고가 일어났나요?
–왜 다친 사람이 없었나요?
–핑핑이를 놀라게 해 주려고 아슬이는 어디로 숨었나요?
–아슬이에게 어떤 일이 일어났나요?
–버스의 앞과 옆, 뒤는 왜 위험할까요?
② 안전교육 자료를 보며 통학버스를 안전하게 이용하는 방법에 대해 알아본다.
–(올바른 통학버스를 이용하는 그림을 보며) 버스를 탈 때는 어떻게 타야 할까요?
–차례를 지켜서 한 명씩 타야 해요. 뛰거나 여러 명이 타려고 하면 넘어지거나 부딪쳐서 다칠 수가 있어요.
–버스를 타면 가장 먼저 무엇을 해야 하나요?
–안전띠는 우리에게 어떤 도움을 주나요?
–(위험하게 통학버스를 이용하는 그림을 보며) 그림 속 친구들이 무엇을 하고 있나요?
–창문 밖으로 손이나 머리 등 신체를 내밀면 차 주변에 있는 나무나 건물, 또는 지나가는 자동차에 부딪쳐 크게 다칠 수 있어요.
–안전띠를 매지 않고 일어나거나 돌아다니면 넘어질 수 있고 버스가 갑자기 멈출 때 부딪쳐 다칠 수 있어요.

활동 방법	
–버스에서 내릴 때는 어떻게 해야 할까요? –한 명씩 천천히 내려야 해요. 그리고 버스에서 내릴 때는 옷이 문에 끼이지 않았는지 확인하며 내려요. –만약 버스에 혼자 남게 된다면 어떻게 해야 할까요? –운전 좌석에 있는 경적을 울려 주변 사람들에게 알려야 해요. 〈마무리〉 ① '통학버스를 안전하게 이용해요' 멀티 플래시의 퀴즈를 풀어 보고 마무리한다. –오늘 배웠던 안전약속을 기억하며 안전 징검다리를 완성해 볼까요? –함께 알아본 약속을 잘 기억하여 통학버스를 안전하게 이용하기로 해요.	
유의점	• 차량의 사각지대에 대해 이해하고 차량 주변에서 숨거나 장난하지 않도록 한다. • 통학버스 이용 시 여러 가지 사고가 날 수 있음을 알리고 위험한 상황에서의 대처법을 인지할 수 있도록 한다. • 자유놀이 활동 시 '안전한 통학버스' 놀이를 해 본다.
가정과의 연계 활동	• 통학버스뿐만 아니라 대중교통, 자가용을 이용할 때에도 안전약속을 지켜야 함을 알고 대중교통을 안전하게 이용해 볼 수 있도록 안내한다.
평가	• 통학버스를 안전하게 이용하는 방법에 대해 알고 실천할 수 있는가?

Chapter 4

미세먼지 안전교육

1. 미세먼지의 개념과 안전교육의 필요성

1) 미세먼지 안전교육의 개념과 필요성

대기 환경의 파괴와 미세먼지를 일으키는 원인을 보면 공장, 자동차, 화력 발전소, 가정 난방시설 등에서 배출되는 매연과 배기가스가 주요한 원인이다. 우리나라는 경제 발전 과정에서 석유와 석탄 같은 화석 연료 소비량이 급증하면서 대기 오염이 나타나기 시작했다. 대기 오염의 대표적인 물질은 유황산화물, 일산화탄소, 질소산화물, 탄화수소, 금속류를 들 수 있다.

공기가 오염되면 오염 물질은 폐, 기관지 등의 호흡기에 직접 영향을 끼치고 호흡기를 통하여 체내로 들어가 체내의 세포 조직 기관에도 나쁜 영향을 준다.

자동차나 공장 등에서 배출되는 아황산가스나 질소산화물 등의 대기 오염 물질은 황산과 질산 등으로 바뀐 다음 비에 녹아들어 산성비의 원인이 되고 있다. 이 기간 중에는 먼지 농도가 평상시에 비하여 2~4배 정도 높게 나타난다. 황사 속에는 아황산가스나 중금속 등의 성분 외에 세균도 포함되어 있어 폐렴이나 기관지염을 일으키기도 한다.

그중 미세먼지는 각종 화학물질의 연소, 자동차 배기가스의 배출이 주된 원인이라고 할 수 있다. 그리고 중국에서 발생하는 고농도 미세먼지가 북서풍이나 서풍이 불면 우리나라로 흘러 들어오게 된다.

황사와 미세먼지가 다른 점은 황사는 중국 내륙의 사막에서 자연적으로 만들어진 모래와 흙먼지로, 주 성분으로 칼륨, 철분 등 토양 성분을 가지고 있다. 따라서 인체에 심각한 영향을 주지 않으며, 계절적인 영향을 받는다. 이에 비해 미세먼지는 산업시설, 자동차 배기가스 등 중금속과 유해 물질로 구성되어 있어 호흡기에 좋지 않은 영향을 주며, 사계절 내내 국경을 타고 넘어올 수 있기 때문에 그 문제가 심각하다.

미세먼지는 지름이 10㎛(마이크로미터, 1㎛ = 1,000분의 1㎜) 이하로 우리 눈에 보이지 않을 정도 작기 때문에 호흡기 깊은 곳까지 침투해 각종 호흡기 질환, 심장 질환, 혈액과 폐의 염증 반응을 불러일으키고, 피부 트러블의 원인이 되기도 하고 눈병과 알레르기를 악화시킬 수 있다.

그 크기가 미세하여 한번 몸에 들어오면 좀처럼 몸에서 빠져나가지 않기 때문에 더욱 주의를 기울일 필요가 있다.

미세먼지는 다시 지름이 10㎛보다 작은 미세먼지(PM10)와 지름이 2.5㎛보다 작은 초미세먼지(PM2.5)로 나뉘는데, 미세먼지의 경우 대기 오염 물질이 공기 중에서 반응하여 형성된 덩어리와 화석 연료를 태우는 과정에서 발생하는 탄소류와 검댕, 지표면 흙먼지 등에서 생기는 광물 등으로 구성된다. 세계보건기구(WHO)는 미세먼지에 대한 대기질 가이드라인을 1987년부터 제시해 왔고, 2013년에는 WHO 산하의 국제암연구소(IARC: International Agency for Research on Cancer)에서 미세먼지를 사람에게 발암이 확인된 1군 발암 물질로 지정하였다. 우리나라의 경우 산둥, 허베이, 장쑤 등 중국의 동북 지역에 밀집된 공장에서 오염 물질이 배출되면 북서풍을 타고 오염 물질, 즉 미세먼지들이 날아와 1년 내내 우리나라의 대부분 지역에 영향을 준다. 예전의 경우에는 겨울에 한파가 몰아닥치면 시베리아 북풍이 미세먼지를 밀어내어 쾌청한 하늘을 볼 수 있었는데 요즈음에는 겨울에도, 봄날에도 미세먼지가 보통~매우 나쁨의 수준에 머물러 있다. 물론 우리나라에서도 경유차와 여러 사업장, 화력 발전소 등의 미세먼지 배출량이 높은 것도 원인이 되고 있는데, 이러한 다양한 이유로 발생하는 미세먼지는 사람들의 건강을 위협하고 있다. 특히 영유아들은 미래 세대로서 장기적으로 피해가 누적되는 특성을 갖기 때문에 미세먼지의 피해는 성인보다 영유아에게 매우 중요한 문제라고 할 수 있다. 그러므로 유아기에 환경 및 미세먼지에 대한 지식, 태도와 안전교육이 필요하다. 미세먼지에 대한 안전교육은 미세먼지가 사람들에게 어떠한 영향을 주는지 알게 하고, 위험에 대한 올바른 이해와 상황에 따른 대처 능력을 길러 주는 것이다. 또한 자기 자신을 안전하게 지킬 수 있도록 하여 환경에 대해 적극적이고 긍정적인 태도를 갖게 하는 안전교육이다.

2) 미세먼지의 개념

먼지는 입자의 크기에 따라 50㎛ 이하인 총먼지(TSP: Total Suspended Particles)와 입자 크기가 매우 작은 미세먼지(PM: Particulate Matter)로 구분한다. 미세먼지는 다시 지름이 10㎛보다 작은 미세먼지(PM10)와 지름이 2.5㎛보다 작은 미세먼지(PM2.5)로 나뉜다. PM10이 사람의 머리카락 지름(50~70㎛)보다 약 1/5~1/7 정도로 작은 크기라면, PM2.5는 머리카락의 약 1/20~1/30에 불과할 정도로 매우 작다.

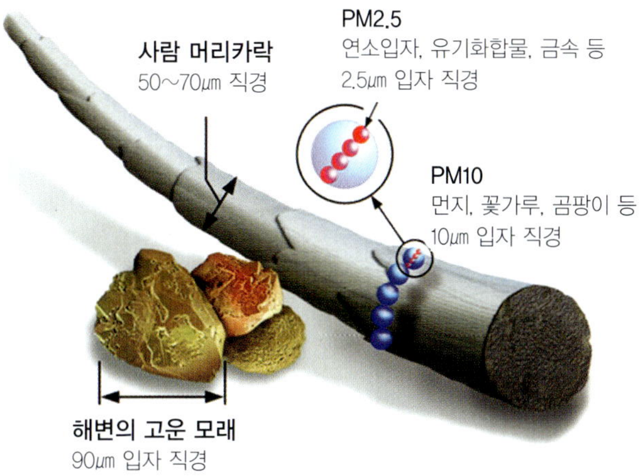

출처: 환경부(2016).

[그림 4-1] 미세먼지 크기 비교

- 황사와 미세먼지의 차이
  - 황사는 바람에 의해 하늘 높이 올라간 미세한 모래먼지가 대기 중에 퍼져서 하늘을 덮었다가 서서히 떨어지는 현상 또는 떨어지는 흙모래로 주로 자연적 활동으로 발생한다. 칼슘, 철분, 알루미늄, 마그네슘 등 토양 성분을 주로 포함한다.
  - 미세먼지는 주로 연소 작용에 의해 발생하므로 황산염, 암모니아 등의 이온 성분과 금속화합물, 탄소화합물 등 유해 물질로 이루어진다.

3) 미세먼지 발생 원인

- 국내 원인: 인위적 배출원에서 미세먼지로 직접 배출되거나, 대기 중 화학 반응에 의해 2차 생성되며, 또한 자연적으로도 발생된다.
  - 직접 배출: 사업장 연소, 자동차 연료 연소, 생물성 연소 과정 등 다양한 인위적 배출원으로부터 직접 미세먼지 입자로 발생된다.
  - 2차 생성: 황산화물(SOx), 질소산화물(NOx), 암모니아(NH3), 휘발성 유기화합물(VOCs) 등이 대기 중에서 수증기 등과 반응하여 2차 생성된다.
  - 자연 발생: 자연적으로 존재하는 입자로서 광물 입자(황사 등 토양 성분), 소금 입자(해염 등), 생물성 입자(꽃가루 등) 등이 있다.
- 국외 원인: 중국 등에서 발생한 고농도 미세먼지가 강한 서풍 또는 북풍의 영향으로 서해안 등을 통과하여 국내로 유입된다.
  - 우리나라와 중국에서 발생한 미세먼지가 대기 정체로 인하여 서해안에 축적된 후 국내로 유입·유출이 반복적으로 발생한다.
  - 중국 등에서 발생한 고농도 미세먼지가 강한 서풍 또는 북풍의 국외 영향으로 평상시에는 연평균 30~50%, 고농도 시에는 60~80%로 추정된다.

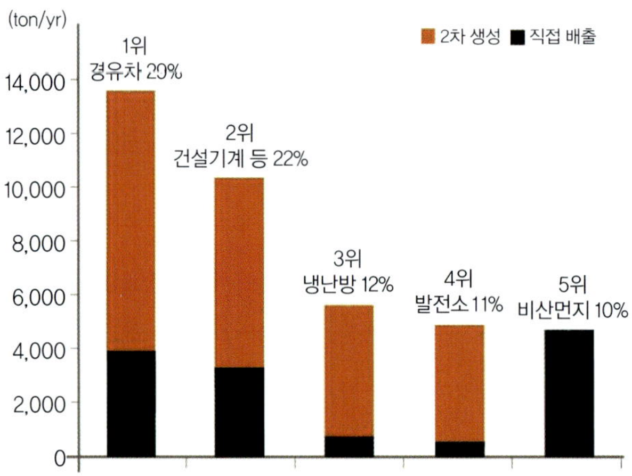

※ 수도권 기타 배출원: 사업장 9%, 생물성 연소 5%, 휘발유 차 등 4%

[그림 4-2] 수도권 초미세먼지(PM2.5) 배출 기여도

4) 미세먼지 위해성

- 미세먼지는 입자가 미세하여 코점막을 통해 걸러지지 않고 흡입 시 폐포(뇌)까지 직접 침투, 천식·폐질환 유병률 및 조기 사망률이 증가할 수 있다.

▶유병률 관련 연구 결과('06 국립환경과학원·연세대)

- (PM2.5) 농도가 36~50㎍/㎥ 경우 급성 폐질환 유병률 10% 증가, 51~80㎍/㎥ 경우 만성천식 10% 증가 유발
- (PM10) 농도가 120~200㎍/㎥ 경우 일반인의 만성천식 유병률 10% 증가, 201~300㎍/㎥ 경우 급성천식 유병률 10% 증가 등

▶사망률 관련 연구 결과('09 국립환경과학원·인하대)

- (PM2.5) 서울 PM2.5 농도가 평상시보다 10㎍/㎥ 증가하면 일별 조기사망률이 0.8% 증가, 노인(65세 이상) 등 민감집단의 사망률은 1.1% 증가 추정
- (PM10) 서울의 10㎍/㎥ 증가당 일별 조기사망률이 0.3% 증가, 노인(65세 이상) 등 민감집단의 사망률은 0.4% 증가 추정

- 서유럽 13개국 367,000명의 건강 자료 분석 결과에 따르면, PM2.5 농도 5㎍/㎥ 증가 시 조기 사망률이 7%씩 증가하는 것으로 나타났다(네덜란드 위트레흐트 대학).

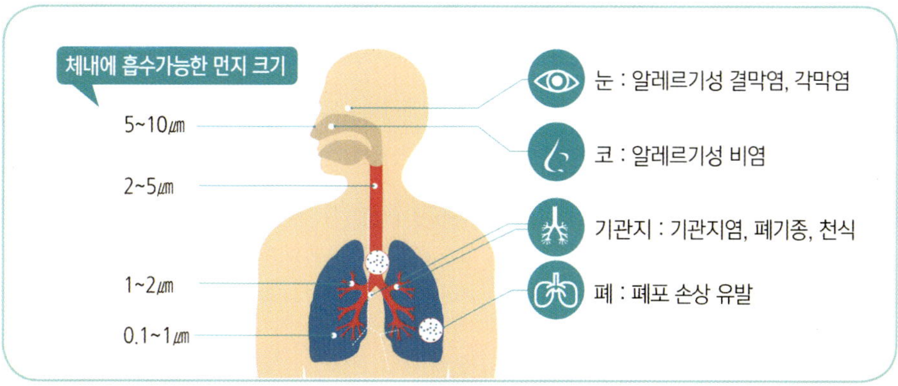

출처: 환경부(2016).

[그림 4-3] 미세먼지로 인해 발생할 수 있는 각종 질병

- 세계보건기구(WHO) 산하 국제암연구소(IARC)는 미세먼지를 인간에게 암을 일으키는 것으로 확인된 1군(Group 1) 발암 물질로 분류하였다.

[표 4-1] 국제암연구소에 따른 발암 물질 분류

구분	주요 내용	예시
1군 (Group 1)	인간에서 발암성이 있는 것으로 확인된 물질	석면, 벤젠, 미세먼지
2A군 (Group 2A)	인간에서 발암성이 있을 가능성이 높은 물질	DDT, 무기납화합물
2B군 (Group 2B)	인간에서 발암성이 있을 가능성이 있는 물질	가솔린, 코발트
3군 (Group 3)	발암성이 불확실하여 인간에서 발암성이 있는지 분류하는 것이 가능하지 않은 물질	페놀, 톨루엔
4군 (Group 4)	인간에서 발암성이 없을 가능성이 높은 물질	카프로락담

출처: 환경부(2016).

2018년 3월 전국을 뒤덮은 중국발 미세먼지 및 자동차 배기가스 등으로 인하여 연일 계속되는 대기 오염 문제가 사회 문제로 확산되었다. 미세먼지로 인한 영유아 건강 피해 우려로 공기정화장치 설치 요구 및 고위험군 관리 대책 마련 요구, 휴원 조치 등 학부모들로부터 강력한 대책 마련이 요구되었다. 초미세먼지의 경우 황산염, 질산염 등이 60% 가까이 포함되어 있으며, 입자의 크기가 직경 2.5㎛ 이하로 호흡기 깊숙하게 폐포(뇌)까지 침투할 수 있어 인체의 위해도가 높아 학부모 불안감이 가중되고 있으며, 정부(환경부, 교육부)의 초미세먼지 기준이 강화(35㎍/㎥ 이하, 2018. 3. 27.)됨에 따라 실효적인 대책이 필요하다. 또한 학교 환경교육 강화를 통하여 구성원의 미세먼지에 대한 인식 제고 및 영유아들의 건강 보호 대처 능력 향상을 도모해야 한다. 대기 오염(미세먼지, 황사 등)에 대한 영유아 및 교직원 건강권을 보호 증진해야 한다.

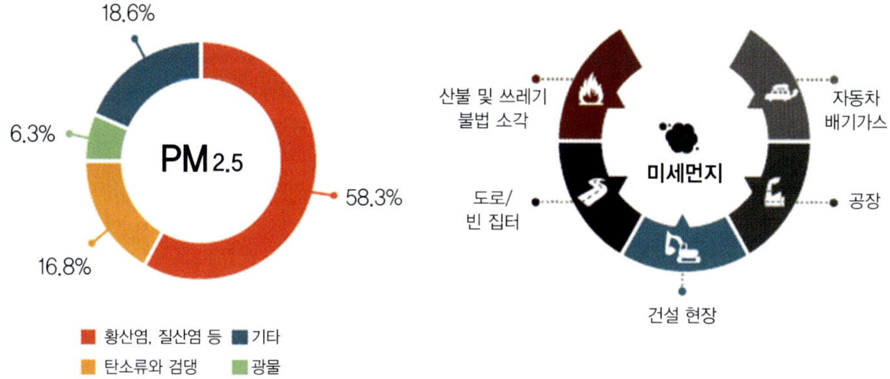

출처: 환경부(2016).

[그림 4-4] 미세먼지 구성 성분과 인위적 발생원

5) 미세먼지 정책·제도 강화

환경부에서는 「대기환경보전법」을 개정(2020. 1. 1. 시행)하였으며 교육부에서도 「학교보건법 시행규칙」을 개정(2018. 3. 27. 시행)하여 시행하였다. 학교 교실 내 초미세먼지(PM2.5) 항목을 추가하고 기준(35㎍/㎥ 이하)을 신설하였으며, 학교 환경 위생 및 식품 위생 점검기준을 고시(교육부)하고 2018년 5월 1일부터 시행하였다. 서울시교육청은 2017년도부터 세계보건기구(WHO) 단계에서부터 마스크를 착용하도록 지도하였고, 2018년도부터 서울 학교에서 미세먼지의 단계적 관리 목표 설정, 저감 방안 마련을 추진하였다. 또한 학교 환경교육 강화를 통하여 구성원의 미세먼지에 대한 인식 제고 및 학생들의 건강 보호 대처 능력 향상을 위한 대기 오염(미세먼지, 황사 등)에 대한 선도적 대응으로 학생 및 관계기관과 협력하여 공기정화장치 설치를 확대하고 학교 청소 및 지원 방안을 강구하였으며, 어린이집과 사립 유치원에 공기청정기를 설치할 수 있도록 공기청정기 구입비를 지원하는 등 영유아 교실이 미세먼지의 위험으로부터 안전할 수 있도록 정책과 제도를 강화하였다.

[표 4-2] 초미세먼지(PM2.5) 관리기준 강화(35㎍/㎥ 이하) (2018.3.27 시행)

구 분	좋 음	보 통	나 쁨	매우 나쁨
현 행	0 ~ 15	16 ~50	51~100	101 이상
개 정 (2018. 3. 27)	0 ~ 15	16 ~35	36~75	76 이상

[표 4-3] 미세먼지(PM10, PM2.5) '주의보' 이상 발령 일수

● 미세먼지(PM10) – 기존

연도	대응기준 (주의보)	월별 미세먼지 '주의보' 발령 일수(주말, 방학 포함)												
		1월	2월	3월	4월	5월	6월	7월	8월	9월	10월	11월	12 월	계
2016	150㎍/㎥ 이상 2시간 이상 지속 (기존)	0	0	1	4	1	0	0	0	0	0	0	0	6
2017		1	0	0	0	2	0	0	0	0	0	0	0	3

● 초미세먼지(PM2.5) – 법적 기준 강화(2018. 7. 1. 강화 시행)

연도	대응기준 (주의보)	월별 초미세먼지 '주의보' 발령 일수(주말, 방학 포함)												
		1월	2월	3월	4월	5월	6월	7월	8월	9월	10월	11월	12 월	계
2016	90㎍/㎥ 이상 (기존)	0	0	0	0	0	0	0	0	0	0	0	0	0
	75㎍/㎥ 이상 (법적 강화 기준)	0	0	1	1	1	0	0	0	0	0	0	0	3
2017	90㎍/㎥ 이상 (기존)	2	0	1	0	0	0	0	0	0	0	0	2	5
	75㎍/㎥ 이상 (법적 강화 기준)	3	0	2	0	0	0	0	0	0	0	0	4	9

※ 주의보 이상 발령 일수가 1.5배 정도 상승할 수 있으며, 향후 경보 발령 대비 필요

- 환경전문(시민)단체와 협력하여 학교 현장 지원 방안을 강구한다.
- 신·개축 학교는 기계식 환기장치(필터 부착) 설치로 실내 공기질을 확보한다.
- 학교 실내 체육관 확충 시 설계 단계에서 환기시설 또는 공기정화장치 설치를 반영한다.
- 대기 오염(황사, 미세먼지 등) 상황 발생 시 비상대책반을 운영해 안내한다.
- 비상대책반 운영 시

– 기간: 발령~해제 시까지
– 대상: 비상대책반 전원이 근무한다.
– 방법: 상황반을 운영(체육건강과 회의실)한다.
– 근무 내용: 경보 발령 시 대응 요령 긴급 협의 및 조치, 대책회의, 공문 게시, 문자 발송, 상황일을 기록한다.
– 경보 발령 시 대응 요령: 실외 활동 단축 및 금지, 수업 시간 조정, 등·하교 시간 조정, 임시 휴업(휴원)을 검토한다.

(1) 유관기관 협력 체계 강화

[표 4-4] 미세먼지 관계기관 비상연락 체계 구축망

기관	해당 부서	비상연락 체계	비 고
		연락처	
환경부	푸른하늘기획과	044-201-6872	
국립환경과학원	대기질통합예보센터	02-2181-0271	
교육부	학생건강정책과	044-203-6541	
	학교안전총괄과	044-203-6971	
서울시	대기정책과 (대기환경정보시스템)	02-2133-3633 (02-2133-3669)	

(2) 학교 미세먼지 관리 목표 설정

서울 학교 미세먼지 관리 목표를 설정하고, 이에 따른 단계적 저감 대책을 수립·시행하여 학생 건강 보호·증진에 기여한다. 2018년 1월 서울시교육청의 연구 용역 결과에 따른 서울 학교 미세먼지 관리 목표를 살펴보면 다음과 같다.

[표 4-5] 서울 학교 미세먼지 관리 목표

구 분	법적 기준	서울 학교 관리 목표			비고
		1단계	2단계	3단계	
미세먼지	100	100	70	20	
초미세먼지	50	50	35	10	

출처: 서울시교육청(2018).

- 1단계는 현 수준에서의 학교 주변 환경, 대기 상태 등이 반영된 것이다(WHO 잠정 목표(150/75)보다 약 6% 사망 위험률 감소).
- 2단계는 제시된 저감 방안 중 외기에 따른 환기 방법, 공기청정기 사용 등 현실적으로 단기간에 적용할 수 있는 방법들을 고려하였을 때의 목표치이다(WHO 잠정 목표2(100/50)보다 약 6% 사망 위험률 감소).
- 3단계는 중장기적으로 정책을 반영하고 학교 환경을 개선할 경우, 가능한 목표치를 제안한 것이다(인체 건강 영향 기준으로 PM2.5의 장기 노출 시 95% 신뢰도로 심폐 질환과 폐암에 의한 사망률 증가가 최저 수준).

2. 미세먼지 대응 체계

1) 미세먼지 예보제

환경부는 고농도 미세먼지 발생 상황을 사전에 알려 미리 대비할 수 있도록 미세먼지 예보를 2014년 2월부터 시행하고 있다. 또한 국립환경과학원은 기상과 대기질을 관측하고 다양한 조건에서 대기 오염 물질 배출량을 농도로 변환하는 모델링을 실시한다. 모델링 결과에 예보관의 지식, 노하우를 더하여 고농도 미세먼지 발생 여부를 확인하여 미세먼지 예보를 발령한다.

- 예보제 개요

– 예보 등급: '좋음–보통–나쁨–매우 나쁨'의 4단계(2018. 3. 27. 개정)로, 미세먼지 예보 등급은 PM10과 PM2.5 중 높은 등급을 기준으로 발표한다.

– 예보 내용: 발생할 것으로 예상되는 대기 오염도 등급과 등급별 인체 위해도를 고려한 대국민 행동 요령이다.

미세먼지 예보 등급별 행동 요령은 다음과 같다.

[표 4-6] 미세먼지 예보 등급 및 행동 요령

예보 내용		등 급(㎍/㎥)			
		좋음	보통	나쁨	매우 나쁨
예보 물질	미세먼지 (PM10)	0~30	31~80	81~150	151 이상
	초미세먼지 (PM2.5)	0~15	16~35	36~75	76 이상
행동 요령	민감군*	–	• 실외 활동시 특별히 행동에 제약을 받을 필요는 없지만 몸 상태에 따라 유의하여 활동	• 장시간 또는 무리한 실외 활동 제한 • 특히 천식을 앓고 있는 사람이 실외에 있는 경우 흡입기를 더 자주 사용할 필요가 있음	• 가급적 실내 활동, 실외 활동 시 의사와 상의
	일반인	–	–	• 장시간 또는 무리한 실외 활동 제한 • 특히 눈이 아픈 증상이 있거나, 기침이나 목의 통증으로 불편한 사람은 실외 활동을 피해야 함	• 장시간 또는 무리한 실외 활동 제한 • 목의 통증과 기침 등의 증상이 있는 사람은 실외 활동을 피해야 함

*민감군: 어린이, 노인, 천식 같은 폐 질환 및 심장 질환을 앓고 있는 어른
출처: 에어코리아.

2) 미세먼지 경보제

- 경보 발령 시 대응 요령: 실외 활동 단축 및 금지, 수업 시간 조정, 등·하교 시간 조정 및 임시 휴업(휴원)을 검토해야 한다.

  ※ 초미세먼지(PM2.5) 경보(주의보 포함)기준 개정 시행(2018. 7.)

[표 4-7] 경보 단계별 대기 오염 물질의 농도기준

대상 물질	경보 단계	발령기준	해제기준
미세먼지 (PM10)	주의보	기상 조건 등을 고려하여 해당 지역의 대기자동측정소 PM10 시간당 평균 농도가 150μg/m^3 이상 2시간 이상 지속인 때	주의보가 발령된 지역의 기상 조건 등을 검토하여 대기자동측정소의 PM10 시간당 평균 농도가 100μg/m^3 미만인 때
	경보	기상 조건 등을 고려하여 해당 지역의 대기자동측정소 PM10 시간당 평균 농도가 300μg/m^3 이상 2시간 이상 지속인 때	경보가 발령된 지역의 기상 조건 등을 검토하여 대기자동측정소의 PM10 시간당 평균 농도가 150μg/m^3 미만인 때는 주의보로 전환
초미세먼지 (PM2.5)	주의보	기상 조건 등을 고려하여 해당 지역의 대기자동측정소 PM2.5 시간당 평균 농도가 75μg/m^3 이상 2시간 이상 지속인 때	주의보가 발령된 지역의 기상 조건 등을 검토하여 대기자동측정소의 PM2.5 시간당 평균 농도가 35μg/m^3 미만인 때
	경보	기상 조건 등을 고려하여 해당 지역의 대기자동측정소 PM2.5 시간당 평균 농도가 150μg/m^3 이상 2시간 이상 지속인 때	경보가 발령된 지역의 기상 조건 등을 검토하여 대기자동측정소의 PM2.5 시간당 평균 농도가 75μg/m^3 미만인 때는 주의보로 전환

※ 해당 지역의 대기자동측정소 PM10 또는 PM2.5의 권역별 평균 농도가 경보 단계별 발령기준을 초과하면 해당 경보를 발령할 수 있다.

출처: 에어코리아.

[표 4-8] 서울 학교 미세먼지 대응기준

(환경부, 교육부, 서울시, 서울시교육청 통합 매뉴얼)

<table>
<tr><th rowspan="2">예보
단계</th><th rowspan="2">대응
단계</th><th colspan="2">기준(㎍/㎥)</th><th rowspan="2">대응 단계별 조치 사항</th></tr>
<tr><th>PM10</th><th>PM2.5</th></tr>
<tr><td>좋음</td><td rowspan="2">평상
시</td><td>0~50</td><td>0~15</td><td rowspan="2">[사전 준비 사항]
–고농도 미세먼지 발생 시 대처 방안 숙지(학생, 학부모 지도·홍보)
–고농도 미세먼지 상황 대비 실외 수업 대체를 위한 사전 계획 마련
▶수업 전환 기준 및 대체안(실내 체육, 단축 수업, 휴원, 일정 연기 등) 마련
▶학생 및 보호자 비상연락망 구축
▶황사 마스크, 상비약 등 비치 · 점검 및 미세먼지 민감군 등 관리 대책 마련
–예보 상황 및 농도 변화 실시간 확인(3회는 필수: 8시, 12시, 17시)
▶에어코리아, 우리동네대기질 모바일 앱, 서울시대기환경정보센터, 인터넷 등
▶학생 마스크 착용 교육(경각심 고취 및 마스크 생활화 지도)
※ WHO 권고기준[PM10(50) / PM2.5(25)] 시 마스크 착용 생활화 지도</td></tr>
<tr><td>보통</td><td>51~80</td><td>26~35</td></tr>
<tr><td rowspan="2">나쁨</td><td>익일
'나쁨'
이상
(고농도
예보)</td><td>81
이상</td><td>36
이상</td><td>–예보 상황 및 농도 변화 실시간 확인(매일 17시 다음날 예보 상황 확인)하여 익일 '나쁨' 이상일 경우
▶익일 예정된 실외 수업에 대한 점검
▶보호자 비상연락망, 안내문 등을 통한 예보 상황 및 행동 요령 공지
: 홈페이지 안내문 게시, 문자, 가정 통신문 등 발송(마스크 착용 후 등교, 행동 요령 안내 등)</td></tr>
<tr><td>당일
'나쁨'
이상</td><td>81
이상</td><td>36
이상</td><td rowspan="2">–예보 상황 및 농도 변화 실시간 확인(3회는 필수: 8시, 12시, 17시)하여 당일 '나쁨' 이상일 경우
▶실시간 확인한 예보 상황을 학교 구성원에게 전달
▶학교(유치원 포함): 실외 수업 자제(가급적 금지)
: 체육 활동, 현장학습, 운동회 등을 실내 수업(활동)으로 대체
▶외부 노출 시 보건용 마스크(식약처 인증) 착용 안내
▶실내 공기질 및 위생관리(물청소, 창문 닫기, 손 씻기, 온몸 먼지 털기 등)
▶미세먼지 대응 안전교육(행동 요령) 실시
: 외출시 마스크 쓰기, 도로변 이동 자제, 깨끗이 씻기 등
※ 서울시 '민감군 주의보'(PM2.5 75 이상 2시간 지속) 시 동 조치 사항 적용</td></tr>
<tr><td>매우
나쁨</td><td>당일
'매우
나쁨'
이상</td><td>151
이상</td><td>76
이상</td></tr>
</table>

예보 단계	대응 단계	기준(㎍/㎥)		대응 단계별 조치 사항
		PM10	PM2.5	
매우 나쁨	주의보	150 이상 2시간 이상 지속	90 이상 2시간 이상 지속	–서울시(교육청)에서 '주의보' 발령 시 ▶유치원– 실외 수업 단축 또는 금지, 등·하원 시간 조정 등 실시 ▶학 교– 실외 수업 단축 또는 금지 : 체육 활동, 현장학습, 운동회 등을 실내 수업(활동)으로 대체 ▶외부 활동 시 보건용 마스크 등 착용 ▶실내 공기질 및 위생관리(물청소, 창문 닫기, 손 씻기, 온몸 먼지 털기 등) ▶미세먼지 대응 안전교육(행동 요령) 실시 : 외출 시 마스크 쓰기, 도로변 이동 자제, 깨끗이 씻기 등 ▶학생·학부모 비상연락망을 통한 상황 공유 및 대응 요령 알림 ▶미세먼지 민감군 및 고위험군 학생 관리 대책 이행 ※ 교육청: 공문(통합 게시판) 및 문자 안내
	경보	300 이상 2시간 이상 지속	180 이상 2시간 이상 지속	–서울시(교육청)에서 '경보' 발령 시 ▶유치원 – 실외수업 단축 또는 금지, 등·하원 시간 조정, 임시 휴원 검토 ▶학 교 – 실외 수업 단축 또는 금지, 수업 시간 조정, 등·하교 시간 조정, 임시 휴업 검토 ▶외부 활동 시 마스크 및 보안경 등 착용 ▶미세먼지 대응 안전교육(행동 요령) 실시 ▶미세먼지 관련 질환자 파악 및 특별관리(조기 귀가, 진료) ▶학생·학부모 비상연락망을 통한 상황 공유 및 대응 요령 알림 : 단축 수업이나 휴업 조치 시 연락 체계 유지 ▶학교 소독·청결 및 학생 위생관리 강화 ※ 교육청 – 비상근무(경보 발령 해제 시까지) / 공문(통합 게시판) 및 문자 안내 ※ 학 교 – 경보 발령 시 조치 사항 결과 교육지원청으로 5일 이내 보고, 임시 휴업(휴원) 시 관할청에 즉시 보고

출처: 환경부, 교육부, 서울시, 서울시교육청(2018).

3) 미세먼지 비상저감조치

2018년 11월 개정된 「미세먼지 저감 및 관리에 관한 특별법」 제18조 시행(2019. 2. 15)에 따라 발령기준을 법령에 따른 기준으로 변경하고 예비저감조치를 실시하게 되었다.

고농도 미세먼지 비상저감조치란?

고농도 미세먼지(PM2.5)가 일정 기간 지속 시 국민 건강을 보호하기 위해 단기간에 대기질을 개선할 수 있는 조치로서 차량 2부제와 사업장, 공사장 운영 단축·조정을 실시해 단계적으로 초미세먼지를 저감시키는 긴급 조치이다.

▶비상저감조치 발령 기준(당일 17시 기준)

- 당일(00~16시) 초미세먼지 '나쁨' 이상(PM2.5 평균 농도가 50㎍/㎥ 초과 예측)
- 다음날(익일) 예보가 '나쁨' 이상일 경우(50㎍/㎥ 초과 예측)

– 해제기준: 비상저감조치 발령된 날 익일 21시 자동 해제
– 발령권자: 비상저감협의회(환경부 및 수도권) 및 서울시

출처: 에어코리아.

(1) 공공기관 차량 2부제: 대상은 본청, 교육지원청, 직속기관, 평생학습관, 도서관(학교 제외)으로 지정하고 각급 학교는 차량 2부제를 적용한다.

(2) 배출가스 5등급 차량 '운행 제한'
행정·공공기관 주차장 '전면 폐쇄'(6~21시)

(3) 사업장, 공사장 조업 단축 등 강화

(4) 대기 오염 물질 배출시설 가동률 '하향 조정 및 단축 권고'

비상저감조치 제외 차량

– 장애인 및 환경 친화적 차량(전기·수소·하이브리드)
– 외교용·보도용 차량
– 임산부·유아·장애인 동승 차량 등 노약자 및 유아(8세 미만 등·하원용)·환자 차량
– 소방·경찰·의료 업무 차량
– 민원인 차량 및 공용 차량(서울시 기준 적용 ⇒ 차량 2부제 적용)

- 고농도 미세먼지 비상저감조치 발령기준(2018. 11. 개정)

– 아래 어느 하나의 조건에 해당될 경우 발령된다.

① 당일 농도: 당일 0~16시 평균 농도가 50㎍/㎥ 초과(다음날 예보) 다음날 24시간 평균 농도가 50㎍/㎥ 초과 예측(기존 수도권 발령 기준)

② 당일 농도: 당일 0~16시 사이 경보권역 중 한 곳 이상 주의보 또는 경보 발령(다음날 예보) 다음날 24시간 평균 농도 50㎍/㎥ 초과 예측

③ 다음날 예보: 다음날 24시간 평균 농도 75㎍/㎥ 초과 예측

- 비상저감조치 발령 유형

– 예비저감조치 발령(서울·인천·경기 동시 시행)

① 발령 이틀 전(D–2일) 17시 예보 기준으로 모레(D일) '매우 나쁨' 예보

② 내일(D–1일)·모레(D일) 모두 50㎍/㎥ 초과 예상 시

– 수도권형 발령기준 강화(서울·인천·경기 동시 시행)

수도권 2개 시·도 이상 발령기준을 충족 시 3개 시·도에서 모두 비상저감조치를 발령한다.

- 고농도 미세먼지 발생 시 실천 방안(예시)

– 등굣길 마스크 착용을 안내한다(마스크 착용 주의 사항 확인, 가정 통신문 안내).

– 손 자주 씻기를 교육한다.

– 건물 현관에 '더스트 매트'를 설치한다.

– 실내화, 실외화를 구분하여 신도록 한다.

– 단시간 환기(상부창 활용)하거나 교실과 복도 중간창을 이용하여 환기한다.

– 교실 내 개폐식 환기팬을 설치(교실당 2개 적당)한다.

– 강당 청소를 실시(바닥은 청소포 사용, 창틀은 물걸레 청소)한다.

– 미세먼지 발생 상황 시 진공청소기의 사용을 가급적 금한다.

– 오후보다 아침에 물걸레 청소가 더욱 효과적이다.

- 건물 주 출입구에 에어커튼을 설치한다.
- 소풍 및 운동회 날에 미세먼지 발생 시 대책을 마련(실내 활동 대체, 예비 날짜 공지)한다.

3. 미세먼지 상황 확인 방법

미세먼지 농도 및 예·경보 상황 확인 방법은 홈페이지나 모바일 앱을 이용하면 실시간으로 정보를 확인할 수 있다.

- 모바일 앱 설치

다양한 미세먼지 모바일 앱

● 우리 동네의 실시간 미세먼지 농도 및 예·경보 상황 제공

에어코리아 홈페이지(https://www.airkorea.or.kr/web)

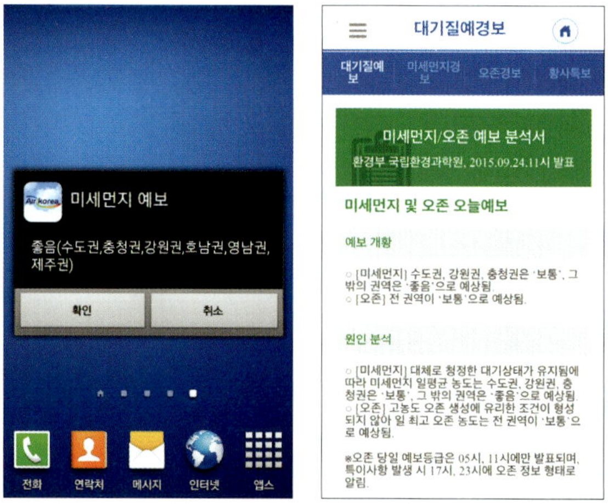

모바일 앱(우리동네 대기질)

4. 공기정화장치 설치 및 사용기준

1) 용어의 정의

(1) '공기정화장치'라 함은 실내 공간의 오염 물질을 없애거나 줄이기 위한 목적으로 설치하는 기계환기설비와 공기청정기를 총칭한다.

(2) '기계환기설비'란 「학교보건법 시행규칙」 별표2에 따른 환기설비의 구조 및 설치기준에 따라 오염 물질 제거장치(필터)를 거쳐 외부 공기를 실내로 유입하고, 오염된 내부 공기를 배출할 수 있도록 설치한 환기시설을 말한다.

(3) '공기청정기'란 집진 및 탈취 등을 위하여 집진부와 송풍기가 내장된 것으로 크게 기계식, 전기식, 복합식 등 3가지로 구분된다.

(4) '창문형 방진필터'란 공기청정기 가동 시 환기의 목적으로 창문을 개방할 때 외부 고농도 미세먼지의 유입을 차단하기 위하여 설치하는 장치를 말한다.

2) 사용기준

(1) 일반적인 상황에서의 교실 내 환기는 창문을 이용한 자연 환기를 실시하는 것을 원칙으로 한다.

(2) 외기 미세먼지의 농도가 '나쁨' 수준 이상인 경우에는 창문을 닫고 교실 내 설치되어 있는 공기정화장치를 가동한다(외기 미세먼지의 농도는 대기 환경 정보인 '에어코리아' 정보를 참고).

(3) 공기청정기 가동 시에는 주기적으로 창문 또는 복도창을 개방하여 이산화탄소 농도를 조절하되, 외기 미세먼지 농도가 '매우 나쁨' 수준인 경우에는 환기의 목적이라 하더라도 창문을 개방하지 아니한다(이 경우 환기 및 외기의 미세먼지가 교실로 유입되는 것을 차단할 수 있도록 창문형 방진필터 등의 설치를 고려).

[표 4-9] 공기정화장치 유형과 설치 사례

구분			
	천정 설치형	창문 설치형	바닥 상치형
기계식 환기 장치	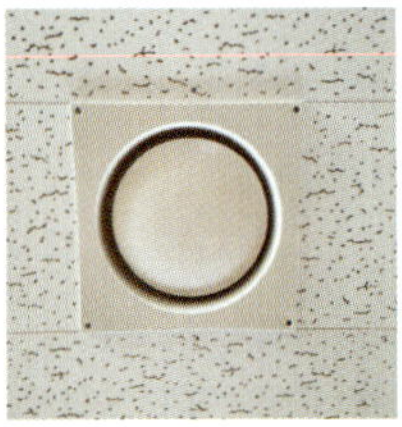		
	바닥 설치형	벽걸이형	천정 냉난방기형
공기 정화 장치			
	습식형	창문형 방진필터	
기타			

3) 일상관리

(1) 공기정화장치의 가동 효율 및 교실 내 미세먼지 저감을 위하여 다음의 일상관리를 준수하도록 노력하여야 한다.

① 실내에서는 실내화를 착용토록 한다.

② 교실 및 복도 등의 바닥 청소는 매일 실시하는 것을 원칙으로 하며, 매주 1~2회 이상 진공청소기 및 물청소(이 경우 가급적 미세먼지가 바닥에 가라앉아 있는 아침 시간에 실시)를 권장한다.

(2) 공기정화장치의 효율을 유지하기 위해서는 필터 등 소모품류를 주기적으로 교체하며 내·외부 청소 등을 실시한다.

5. 미세먼지 대응 현장 적용 사례

영유아교육기관과 가정이 연계될 수 있도록 황사, 미세먼지 발생 시의 대비 요령 등에 관한 안전교육 내용을 가정 통신문을 활용하여 전달해 가정생활에서도 실천할 수 있도록 돕는다.

참고 자료 ❶ – 올바른 마스크 착용법

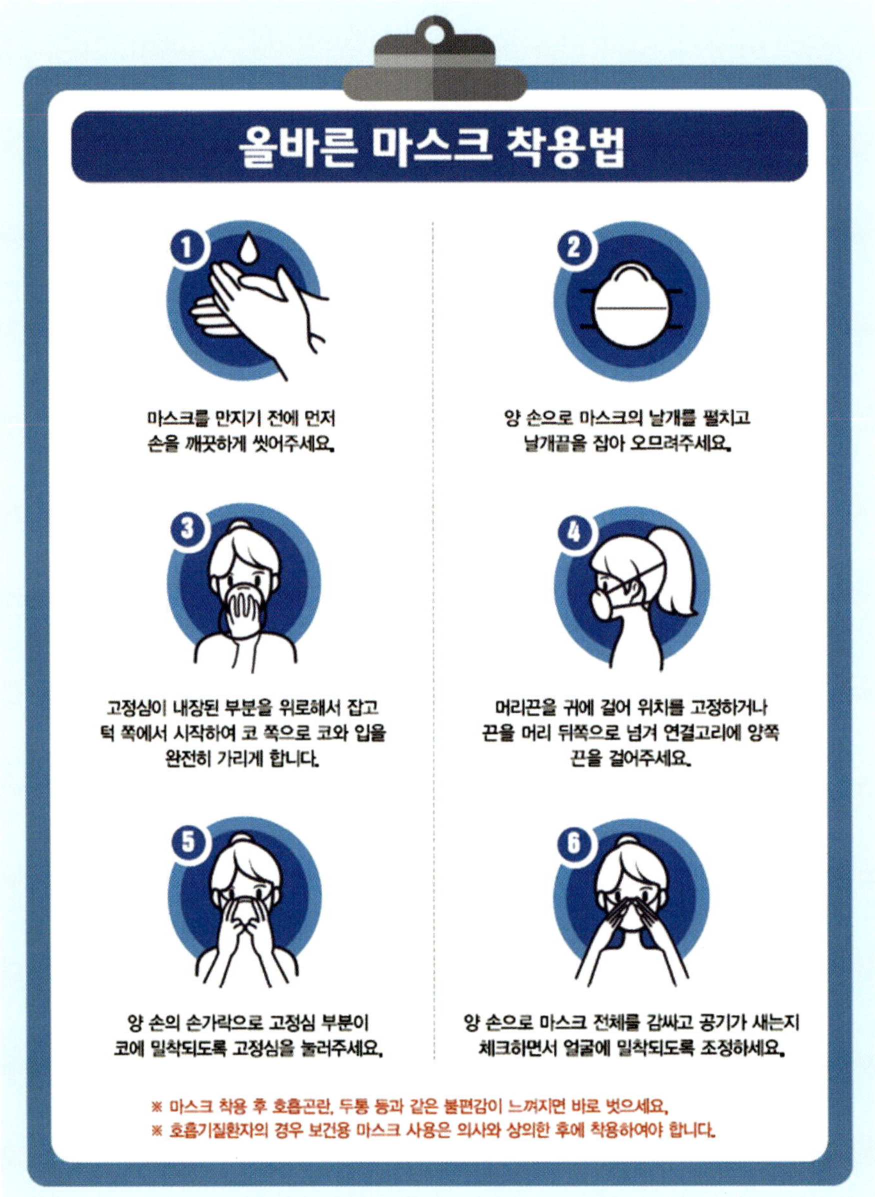

출처: 질병관리본부; 대한의사협회.

- 보건용 마스크(식품의약품안전처에서 승인된 의약 외품) 선택 시 유의점

– KF80: 평균 0.6㎛ 크기의 미세입자를 80% 이상 차단한다.

– KF94, KF99: 평균 0.4㎛크기의 미세입자를 94%, 99% 이상 차단한다.

※ KF는 Korea Filter의 약자이며, ‘KF’ 문자 뒤에 숫자를 표시하여 해당 제품의 입자 차단 성능을 나타낸다.

참고 자료 ❷ – 보건용 마스크의 올바른 사용법

출처: 질병관리본부.

어린이와 호흡기 질환자는 마스크 사용의 위험성을 숙지해야 한다. 주의 사항을 살펴보면 다음과 같다.

마스크 착용 시 주의 사항

- 마스크 착용 후 두통, 호흡 곤란, 어지러움이 있으면 바로 벗을 것
- 호흡기 질환자: 부적절한 마스크 착용이 오히려 더 위험할 수 있으므로 반드시 의사와 상의한 후 착용
- 어린이: 의사와 상의한 후 외출 시 얼굴에 맞는 보건용 마스크 착용
- 심혈관 질환자: 의사와 상의한 후 보건용 마스크 착용
- 천식: 천식 증상과 최대 호기 유속을 측정해서 천식 수첩에 기록하며, 천식 악화 시 행동 요령을 숙지하고, 의사와 상의한 후 보건용 마스크 사용

출처: 식품의약품안전처; 교육부.

참고 자료 ❸ – 영유아교육기관의 출입문 현관 미세먼지 알림판(예시)

참고 자료 ❹ – 고농도 미세먼지 발생 시 행동 요령(학급 비치용)

출처: 교육부.

Chapter 5

화재 및 재난 안전교육

1. 화재 안전교육의 개념과 필요성

1) 화재 안전교육의 개념

불은 인간이 석기 시대를 지나 청동기 시대로 접어드는 데 가장 지대한 영향을 미쳤다. 우리는 과거로부터 오랫동안 불을 써 왔고 강하고 편리하게 불을 쓰기 위해서 많은 연구를 지속해 왔다. 하지만 불이 너무나 우리 곁에 편리한 존재가 되고 또 보편화되면서 이를 통한 여러 가지 문제들이 발생하게 되었다. 인간이 잘못 다룬 불로 인해서 생긴 일을 화재라고 정의하며 누군가의 고의 혹은 과실로 인해서 생긴 연소 현상을 인간의 힘으로 소화할 필요가 있을 때 우리는 그것을 화재라고 정의한다(김창범, 2018). 즉 화재란 어떤 물질이 산소와 화합하여 열과 빛을 내며 타는 현상으로 사람의 의도와는 상관없이 발생하거나 고의에 의해 발생 또는 확대된 화학적인 폭발로 연소하는 현상으로서 소화시설 등을 사용하여 소화할 필요가 있는 것을 말한다(교육부, 2017).

경제 발전을 거듭하면서 우리나라도 여러 가지 다양한 에너지를 사용하고 난방과 취사 형태도 변화되면서 여러 가지 위험 물질이 증가하는 등 화재 발생이 매년 증가하고 있다. 이에 따라 영유아기부터 불의 편리함, 필요성과 함께 화재를 일으킬 수 있는 여러 가지의 원인을 알려 주어야 한다. 또한 불을 어떻게 다루어야 하는지를 이해시킴으로써 영유아 스스로가 화재를 예방할 수 있도록 지속적이며 체계적인 화재 안전교육을 실시하여야 한다.

불

▶불

불이 탄다는 사실은 '연소'라는 용어로서 표기되고 있으며, 이 연소에 대한 정의를 내림으로써 '불이 무엇인가'를 알 수 있다. 일반적으로 연소는 어떤 물질이 산소와 화합하는 반응 중에 열이 발생하여 온도가 상승하고 그 결과 '강한 열과 빛을 동반한 산화 반응 현상'이라고 할 수 있다. 불은 연료(가연물), 열(점화원), 산소(공기) 등 3가지 조건이 갖추어져야만 발생이 가능한 것이다. 그래서 우리는 이 3가지를 '불의 3요소'라 부르며 불이 일어나기 위해서는 이 3요소 중 한 가지라도 없으면 안 된다.

- 불의 3요소 = 연료(가연물) + 열(점화원)+ 산소(공기)

▶연료(가연물)

연료란 불에 탈 수 있는 물건을 말하며 이는 고체, 액체, 기체 연료의 3가지로 구분된다.

- 고체 연료: 연탄, 나무, 종이, 옷, 고무, 플라스틱 등
- 액체 연료: 석유, 휘발유, 알코올, 벙커시유 등
- 기체 연료: 프로판가스, 메탄가스, 부탄가스 등

▶열(점화원)

물질이 타서 불이 붙기 위해서는 반드시 열이 있어야 하는데, 이 열은 높은 열이어야 하며 그 양도 적당히 있어야 한다. 예를 들어, 성냥불의 불꽃은 보통 가연물에 불을 붙이기에는 충분한 온도를 가졌으나 그 양이 적은 까닭에 통나무와 같은 큰 부피의 물체를 태울 수는 없다. 그러나 수천 개비의 성냥불을 동시에 가져다 댄다면 그 양이 많기 때문에 통나무를 능히 태울 수 있다.

▶산소(공기)

물질이 열을 받아서 타려면 산소가 있어야 하며 산소가 없으면 불이 일어나지 않는다. 우리가 호흡할 때 들이 마시는 공기 중의 약 21%는 산소이며 연소하기 위해서 필요로 하는 산소의 양은 가연 물질의 종류에 따라 서로 다르다. 대부분의 액체는 공기 중 산소 함량이 15% 이하로 줄어들면 불이 붙기 어려우며, 고체의 경우에는 6% 이하로 줄어들지 않으면 불은 계속 붙거나 그을면서 타게 된다.

출처: 대구소방안전본부.

2) 화재의 종류와 원인

(1) 화재의 종류

화재가 발생하면 5분 이내에 진화해야만 한다. 화재가 발생하고 5분 정도가 지난 다음부터는 불길이 커져 막을 수 없을 만큼 빠른 속도로 번지는 힘이 생기기 때문이다. 이러한 불은 엄청난 피해를 가져오며 바람의 속도, 기압 또는 나무와 같이 불에 잘 타는 물질 등에 의해 좌우된다. 그리고 화재는 불에 잘 타는 물체의 성질에 따라 여러 가지 종류로 나누어지게 된다.

[표 5-1] 화재의 종류(소화 적응성 분류)

구분	분류색	세부 내용
A급 화재 (일반 화재)	백색	• 나무, 솜 종이, 고무 등 일반 가연성 물질에 의한 화재 • 타고 난 후 재가 남으며 물로 소화 가능
B급 화재 (유류 화재)	황색	• 석유류 등 인화성 물질 및 이에 준하는 물질의 화재 • 타고 난 후 재가 남지 않으며 토사나 소화기로 소화 가능
C급 화재 (전기 화재)	청색	• 전기기계, 기구 등의 화재로서 변압기, 배전반 등 전기설비의 화재 • 전기적 절연성을 가진 소화기로 소화 가능
D급 화재 (금속 화재)	무색	• 나트륨, 칼륨, 마그네슘과 같은 가연성 금속의 화재 • 분말 소화기로 소화 가능

출처: 교육부(2017).

(2) 화재의 원인

- 전기 화재: 가장 흔한 원인은 누전과 과다 사용 또는 전열 제품의 과열로 발생한다. 전기 화재 발생 시에는 우선 전원을 차단한다.
- 담뱃불 화재: 담뱃불로 인하여 발생하는 화재로 무심코 담배 꽁초를 버리는 일로 인하여 화장실, 빈 교실, 창고 등에서 자주 발생한다.

- 유류 화재: 분말 소화기, 모래 주머니, 이불 등으로 최단 시간에 소화하여야 한다. 초기 진화가 불가능할 때에는 밖으로 빨리 대피하여야 한다.
- 가스 화재: 가정이나 직장 등에서 주 에너지로 사용되고 있으나 잘못 다루면 가스 중독 또는 폭발을 동원한 대형 화재를 유발시킨다.
- 불장난: 어린 학생들이 호기심이나 재미로 성냥, 라이터, 폭죽놀이, 화약놀이 등에 의해 주로 발생한다.
- 방화에 의한 화재: 누군가에 의해 의도적으로 발생하는 화재이므로 초기 진압이 어려워 많은 재산과 인명 피해를 가져오는 특징이 있다.
- 불티 화재: 각종 작업 시에 수반되는 불티는 예상치 않은 화재 발생의 원인이 되고, 가스나 유류 화재보다 발생 위험도가 높다.

3) 화재의 위험과 생존 방법

(1) 화재의 위험

- 연기: 화재가 발생하면 화염으로 인한 소사(불에 타서 사망하는 것)보다 대부분 연기(독가스)로 인한 사망으로 연기는 질식의 위험이 매우 높다.
- 화상: 짧은 시간에 발생할 수 있다. 만약 피부 온도가 45℃에 이르면 인체는 고통을 느끼게 되며, 이보다 더 높은 온도에서는 깊은 피부 조직까지 손상을 줄 수 있다. 움직이지 않는 사람에 대한 고통 유발 임계 온도는 약 200℃이며, 인체는 땀의 발산으로 온도에 대한 내성이 증가하지만 인체가 장시간 열을 받으면 사망에 이를 수 있다.

(2) 생존 방법

연기가 충만한 재난 현장에서 생존할 수 있는 방법은 다음과 같다(경기도교육청, 2016).

- 유독 성분인 연기를 적게 흡입하는 방법은 자세를 최대한 낮게 하고 화장지나 천으로 된 옷가지로 마스크를 대신한다.
- 연기는 화염보다 확산 속도가 매우 빠르다. 수많은 희생자의 사인(死因)이 여기에 있다. 화재 공간에서 멀리 떨어진 장소로 연기가 이동하여 인명과 재산 피해를 가중시킨다. 피난할 때는 특별한 사유가 없는 한 위쪽(상) 방향으로의 피난은 매우 조심하여야 한다.
- 흑색 연기로 인하여 시계(視界)가 저하된다. 연기는 공기보다 비중이 가벼워 천장으로 상승하거나, 상공으로 분출한다. 그래서 피난할 때는 자세를 낮게 하여 연기(유독 가스)로부터 자신을 보호해야 할 뿐만 아니라, 농연(짙은 검은색 연기)이 위쪽(천장 부분)에 체류함으로 탈출 시야를 확보하기 위해서는 할 수 있는 한 자세를 낮게 해야 한다. 자세를 높이면 흑색 연기로 인해 한 치 앞도 볼 수 없으므로 탈출이 불가능하기 때문이다.

4) 화재 안전교육의 필요성

현대에는 건축기술의 발달과 도시의 확장으로 인해 건축물이 대형화, 고층화, 다용도화가 되면서 인구 밀도는 높아지고, 화재 하중은 증가하여 화재가 발생하면 대형 재난으로 진행할 가능성이 많으며, 예전에는 예상할 수 없었던 예측 불가능한 다양한 위험들이 존재하게 되었다(정승희, 2014).

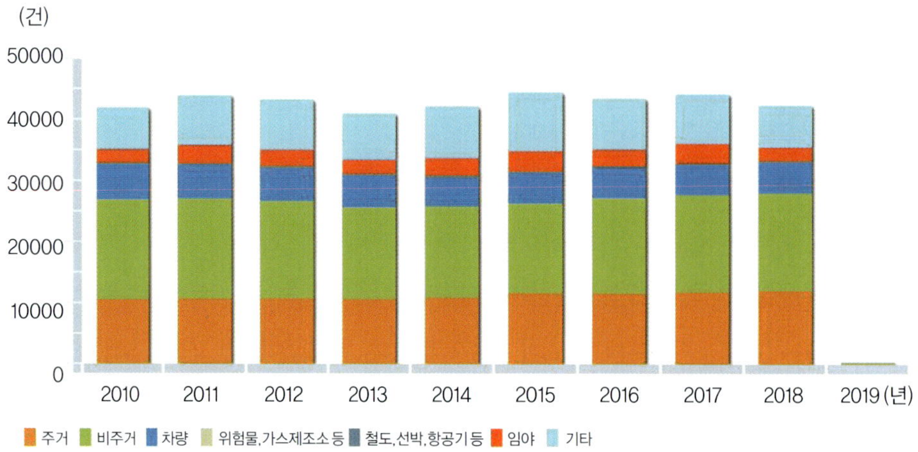

출처: 소방청 국가화재정보센터(2018).

[그림 5-1] 화재 발생 건수 현황(2010~2018년)

위와 같이 최근 10년 동안 전국적으로 발생한 화재 건수는 비슷하게 일정 수준을 꾸준히 유지하고 있다. 또한 발생 건수를 보면 건축 구조물인 주거시설의 화재가 매년 가장 높은 비율을 차지하고 있음을 알 수 있다.

주거지에서의 화재 발생 건수가 끊임없이 높은 비율은 나타내고 있음을 볼 때 주거지에서 화재가 발생할 경우 다른 종류의 발화 장소에 비해 인명 피해가 높다는 특징이 있다.

따라서 재대로 된 화재 안전교육이 필요하나 현실적으로는 화재 안전교육을 실시할 수 있는 주체와 교육 인프라가 마련되지 않고 있다. 그러므로 유아기부터 학교라는 범주에서 규칙적인 교육이 가능한 만큼 유아교육기관은 영유아들에게 화재 안전교육을 제공하여야 한다.

화재안전의 궁극적인 목적은 화재를 관리(예방, 경계, 진압)하고 재난·재해 및 그 밖에 위급한 상황에서 국민의 생명과 신체 및 재산을 보호함으로서 공공의 안녕질서 유지와 복리 증진에 이바지함에 있다. 따라서 산업이 발달하고 시대가 변화하면서 소방은 화재뿐만 아니라 우리의 일상에서 일어나는 모든 재난으로부터 대응하는 조직으로 확대되어 사회를 지키는 파수꾼 역할을 하고 있다.

선진 외국에서는 안전사고 예방에 대해서 범국민적으로 체계적인 교육을 실시하고 있다. 이는 불안한 사회에서는 고도의 경제 성장을 이룰 수 없으며 또한 물질적인 풍요만으로 본질적인 행복을 추구할 수 없기 때문이다.

영유아의 화재안전에 대한 지식과 기능을 향상시키고 만일 화재가 발생하더라도 적절히 대처하도록 하려면 몸에 익숙하도록 반복적인 학습을 실시해야 한다. 불안전한 상태와 위험한 행동을 미리미리 막아 주고 또 그와 유사한 돌발적인 사고가 발생한 경우라도 그로부터 발생한 피해를 최소화할 수 있도록 도와주는 기능이 화재 안전교육이다. 화재 안전교육을 통해서 유아는 여러 가지 위험 상황에 대한 통찰력을 기를 수 있어 생활 주변에서 일어나는 각종 위험 요인을 예지하고 예측할 수 있는 인지력과 문제해결 능력을 기를 수 있다(정승희, 2014).

2. 화재 안전교육의 내용

화재안전에 대한 교육의 효과를 높이기 위한 방법은 다음과 같다.

첫째, 유아의 일상생활에 유의미한 내용으로 이루어져야 한다. 일상생활 속에서 일어날 만한 내용으로 교육을 한다면 실제로 화재가 일어났을 때 대처할 수 있는 능력도 높아질 수 있다.

둘째, 상황과 경험을 중심으로 한 화재 안전교육이 효과적이다. 유아 자신이 직접 겪었던 경험을 회상하여 교육을 실행한다면 그 교육 내용과 화재의 심각성이 더욱 실감날 수 있다.

셋째, 유아를 대상으로 한 화재 안전교육을 위해서는 견학, 실내 외 수업 등 내용에 따른 적절한 장소를 고려하는 것이 필요하다. 예를 들어, 대피 훈련을 하려면 교실에서부터 계단을 타고 내려와 유치원 밖으로 신발도 신지 않고 신속하게 대피해야 한다. 교실 안에서만 할 수 없는 훈련이다. 이와 같이 상황과 내용에 따라 적절한 장소가 마련되어 있어야 유아도 교육에 있어서 더욱 이해하기 쉽다.

넷째, 교사 및 부모의 화재 안전교육이 되어 있어야 한다. 교사가 충분히 교육이 되어 있어야 유아에게 가장 적절한 화재 안전교육을 실시할 수 있다. 유아의 연령별 발달 특성을 잘 파악하여 유아 화재 안전교육의 내용과 방법을 구성하는 등 적절한 계획을 세울 수 있어야 한다. 특히 주택 및 아파트가 화재 발생 장소 1위이므로 부모의 화재 안전교육 참여가 필요하다.

1) 화재 대피 요령

(1) 단계별 조치

단계	조치
1단계	• 화재 경보음이 울리면 담당자는 화재 발생 위치를 확인하고 즉시 안내 방송을 실시한다.
2단계	• 119에 신고하며 가능하면 벨이 울린 지점에 접근하여 화재 발생 여부를 파악한 후 신고한다.
3단계	• 모든 영유아들에게 대피 지시를 한다. –대피로의 안전을 확보한다.
4단계	• 유아들의 인원을 파악한 후 대피하지 못한 유아를 확인한다. –부상자를 확인한 후 응급조치를 실시하며, 의료기관과 보호자에게 연락하여 유아들의 안전을 지킨다.
5단계	• 피해 상황(인원, 시설) 파악 –정보 수집, 교육청에 보고 –외부기관 등과 협조 체제 유지 –교실 밖 대피 장소에서 안전하게 유아들 관리 –보호자에게 연락 후 유아 인계 조치

출처: 교육부(2017).

(2) 119 신고 절차

<table>
<tr><th colspan="3">119 신고 절차</th></tr>
<tr><td rowspan="4">본인의 위치(주소)
⬇
현재 상황
⬇
부상 여부
⬇
상황 요원
⬇
안내에 따라 행동</td><th>일반 전화</th><th>휴대 전화</th></tr>
<tr><td>① 수화기 들어 발신 확인
② 순서대로 119 누르기
③ 소방대원의 질문에 대답</td><td>① 순서대로 119 누르기
② 소방대원의 질문에 대답</td></tr>
<tr><th>인터넷</th><th>공중 전화</th></tr>
<tr><td>① 인터넷 접속
② 신고하기 버튼 누르기
③ 성명 등 필수 인적 사항 기록
④ 사건 개요 기록하기
⑤ 등록 여부 확인</td><td>① 수화기 들기
② 긴급 버튼(적색) 누르기
③ 119 숫자 누르기
④ 소방대원의 질문에 대답</td></tr>
</table>

출처: 교육부(2017).

(3) 교육기관 화재 대피

– 화재 발생 즉시 화재 목격자는 "불이야!"라고 외치고 비상벨을 누른다.

– 화재 경보 접수 시 교사의 지시에 따라 대피로를 통해 지정된 장소로 대피한다.

① 소지품은 그대로 두고 한 줄로 이동한다.

② 질서 있게 행동한다.

③ 대피 시 엘리베이터를 이용하지 않는다.

④ 가장 늦게 교실을 나오는 학생은 교실 문을 닫고 나온다.

⑤ 이동 중 연기에 휩싸일 경우 손으로 입을 막고 자세는 낮춘 뒤 빠르게 이동한다.

⑥ 아래층으로 대피를 못할 경우, 옥상으로 대피 후 구조를 요청한다.

- 대피로가 화염에 싸여 이동이 불가능할 경우 교실에서 문을 닫고 옷, 양말, 커튼 등으로 틈새를 막은 후 구조를 요청한다.
- 교실에서 화재가 발생하여 초기 진화가 가능하다고 판단되는 경우, 소화기를 사용하여 불을 끈다.
- 소방서에서 건물의 안전 여부를 판정하기 전까지 건물에 들어가지 않는다.

(4) 가정에서 화재 대피

- 불을 발견하면 "불이야!"라고 큰 소리로 외쳐 다른 사람에게 알리고 화재 비상벨을 누른다.
- 유도등의 표시를 따라 대피한다.
- 엘리베이터를 이용하지 말고 계단을 이용하며, 아래층으로 대피가 불가능할 경우 옥상으로 대피한다.
- 불길 속을 통과할 때에는 물에 적신 담요나 수건 등으로 몸과 얼굴을 감싸고 통과한다.
- 연기가 많을 경우 젖은 수건 등으로 코와 입을 막고 낮은 자세로 이동한다.
- 방문을 열기 전 손등을 문손잡이에 대어 보고 뜨겁지 않으면 문을 열고 밖으로 나가며, 뜨거우면 문을 열지 말고 다른 길을 찾는다.
- 출구가 없으면 연기가 방안에 들어오지 못하도록 옷이나 이불에 물을 적셔 문틈을 막고 구조를 기다린다.
- 건물 밖으로 대피가 불가능할 때는 창문이 있는 방으로 들어가 전화나 창문을 통해 구조를 요청한다.

불이 나지 않도록 안전수칙을 지켜야 해요

- 성냥이나 라이터, 촛불, 화약, 폭죽 등으로 장난을 치면 안 돼요.
- 하나의 콘센트에 여러 가전제품을 연결하지 마세요.
- 전기기구를 사용하지 않을 경우에는 반드시 전원을 끄도록 해요.
- 전깃줄을 꼬거나 줄을 잡아당기면 위험해요.
- 전기 콘센트에 젓가락 등을 넣으면 감전이 될 뿐만 아니라 불이 날 수 있으니 절대로 하면 안 돼요.
- 전기기구에 물이 닿지 않도록 주의하며 젖은 손으로는 만지지 마세요.
- 껍질이 벗겨진 전선이나 전원은 바로 교체해 주세요.
- 난로, 다리미 등 전열기구 근처에서 장난을 치면 위험해요.
- 선풍기를 틀고 잘 경우에는 타이머를 맞추고 자야 해요.

출처: 국제아동안전기구 세이프키즈코리아(Safe Kids Korea).

참고 자료 ❶ – 나.침.반 재난 안전교육

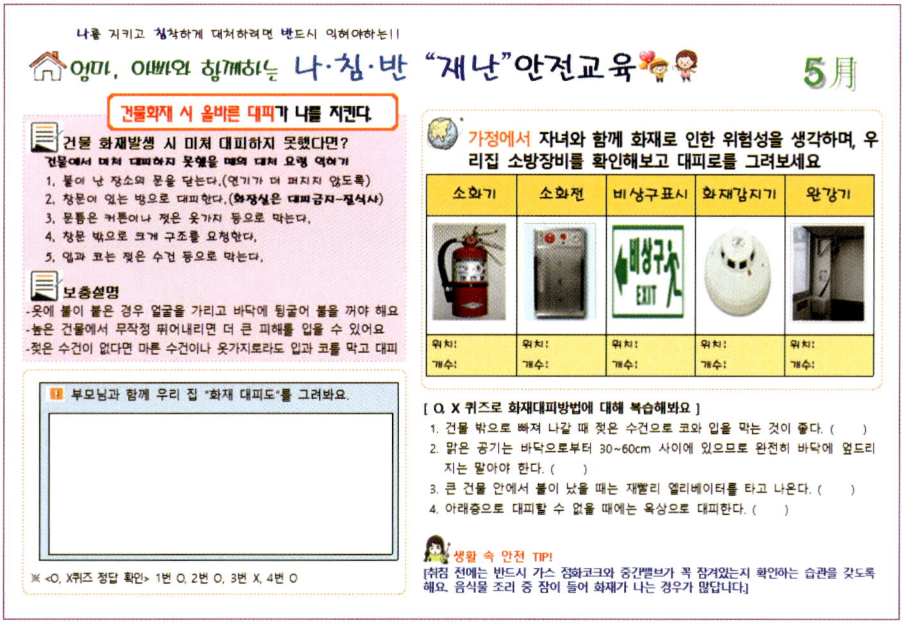

나를 지키고 침착하게 대처하려면 반드시 익혀야하는!!

엄마, 아빠와 함께하는 나·침·반 "재난"안전교육 5月

건물화재 시 올바른 대피가 나를 지킨다

건물 화재발생 시 미처 대피하지 못했다면?

건물에서 미처 대피하지 못했을 때의 대처 요령 익히기

1. 불이 난 장소의 문을 닫는다.(연기가 더 퍼지지 않도록)
2. 창문이 있는 방으로 대피한다.(화장실은 대피금지–질식사)
3. 문틈은 커튼이나 젖은 옷가지 등으로 막는다.
4. 창문 밖으로 크게 구조를 요청한다.
5. 입과 코는 젖은 수건 등으로 막는다.

보충설명

-옷에 불이 붙은 경우 얼굴을 가리고 바닥에 뒹굴어 불을 꺼야 해요
-높은 건물에서 무작정 뛰어내리면 더 큰 피해를 입을 수 있어요
-젖은 수건이 없다면 마른 수건이나 옷가지로라도 입과 코를 막고 대피

부모님과 함께 우리 집 "화재 대피도"를 그려봐요.

※ <O, X퀴즈 정답 확인> 1번 O, 2번 O, 3번 X, 4번 O

가정에서 자녀와 함께 화재로 인한 위험성을 생각하며, 우리집 소방장비를 확인해보고 대피로를 그려보세요

소화기	소화전	비상구표시	화재감지기	완강기
위치:	위치:	위치:	위치:	위치:
개수:	개수:	개수:	개수:	개수:

[O, X 퀴즈로 화재대피방법에 대해 복습해봐요]

1. 건물 밖으로 빠져 나갈 때 젖은 수건으로 코와 입을 막는 것이 좋다. ( )
2. 맑은 공기는 바닥으로부터 30~60cm 사이에 있으므로 완전히 바닥에 엎드리지는 말아야 한다. ( )
3. 큰 건물 안에서 불이 났을 때는 재빨리 엘리베이터를 타고 나온다. ( )
4. 아래층으로 대피할 수 없을 때에는 옥상으로 대피한다. ( )

생활 속 안전 TIP!

[취침 전에는 반드시 가스 점화코크와 중간밸브가 꼭 잠겨있는지 확인하는 습관을 갖도록 해요. 음식물 조리 중 잠이 들어 화재가 나는 경우가 많답니다.]

출처: 경기도교육청(2017). 나.침.반. 체험형 안전교육 프로그램.

참고 자료 ❷ – 화재 대피 방법

1 화재발생 즉시 최초 목격자는 "불이야!"하고 외치고 비상벨을 누른 후, 119에 신고한다.

2 젖은 수건이나 손으로 코와 입을 막고 자세를 낮추어 지정된 장소로 대피한다.

3 대피로 이동이 어려울 경우, 교실로 되돌아가 문을 닫고 옷이나 양말 등으로 틈새를 막은 후 구조를 요청한다.

4 대피장소에서는 인솔교사의 안내에 따라 행동한다.

출처: 경기도교육청(2017). 나.침.반. 체험형 안전교육 프로그램.

참고 자료 ❸ – 비상구와 비상 대피도

- 비상구

– 화재 발생 등 비상시에 건물로부터 지상 또는 피난할 수 있는 곳으로 통하는 출입구를 말한다.

– 비상구 유도등과 유도 표지는 아래와 같이 녹색 바탕에 하얀 글씨로 표기되어 있다.

- 비상 대피도

– 유치원 비상 대피도는 아래 예시와 같이 유아들이 이해하기 쉽게 작성하여 수업에 사용한다.

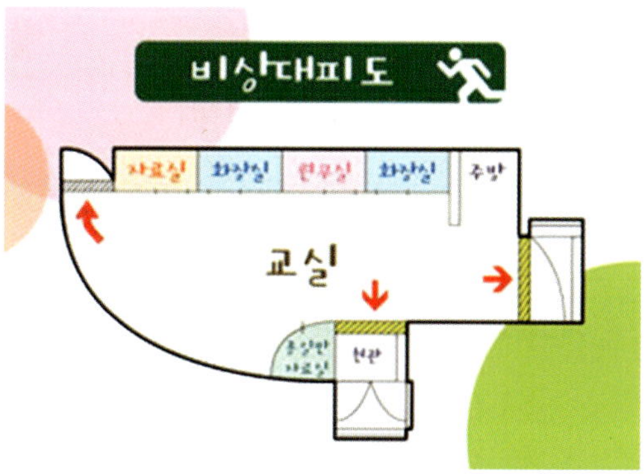

교육부(2016).

참고 자료 ❹ – 소화기와 소화전 사용법

● 소화기 사용법

– 실내에서 소화기를 사용할 때는 밖으로 대피할 때를 대비하여 문을 등진다.

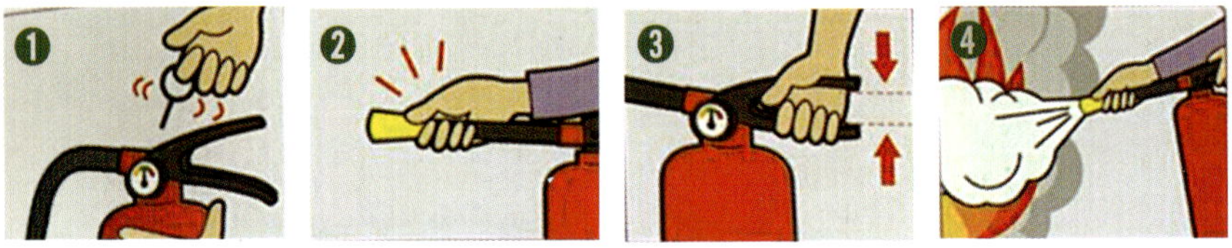

① 소화기를 가져와서 몸통을 단단히 잡고 안전핀을 뽑는다.

② 노즐을 잡고 불 쪽을 향해 가까이 이동한다.

③ 손잡이를 꽉 움켜쥔다.

④ 분말이 골고루 불을 덮을 수 있도록 쏜다.

● 소화전 사용법

– 2인 1조로 사용하는 경우는 다음과 같다.

① 2명 중 1명이 먼저 소화전함의 문을 열고 호스와 노즐이 연결되어 있는지 확인한다.

② 호스가 꼬이지 않도록 불이 난 곳까지 길게 늘어뜨린 후 노즐(관창)을 잡고 방수 자세를 취한다.

③ 다른 한 사람이 밸브를 돌려 물이 나오는 것을 확인한 후 뛰어가서 호스를 잡는 것을 도와준다.

④ 노즐의 끝을 돌려 물의 양을 조절해 가며 불을 끈다.

- 옷에 불이 붙었을 때

– 옷에 불이 붙었을 때에는 다음과 같이 대처한다.

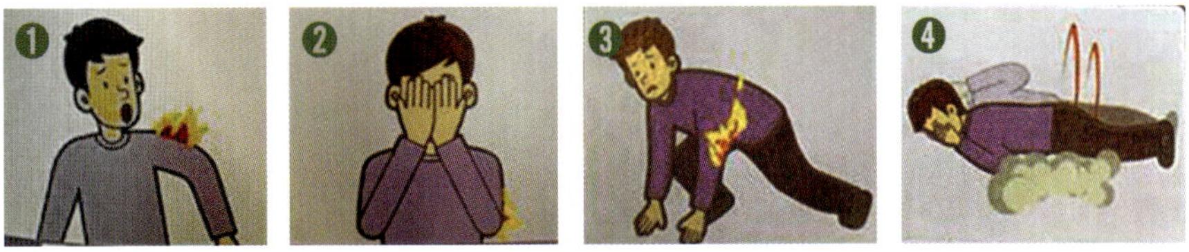

① 옷에 불이 붙었을 때는 하던 일을 멈춘다.

② 얼굴(눈, 코, 입)에 화상을 입지 않도록 두 손으로 감싼다.

③ 바닥에 엎드린다.

④ 몸을 뒹굴어서 불이 꺼지도록 한다.

참고 자료 ❺ – 몸에 불이 붙었을 때 대비 훈련 시나리오(예시)

불이 붙었을 때 (멈춰요, 엎드려요, 뒹굴어요)	
활동 목표	• 옷이나 몸에 불이 붙었을 때 안전하게 대처하는 방법을 안다. • 옷이나 몸에 불이 붙었을 때 대처 행동 3단계를 실천할 수 있다.
활동 자료	'멈춰요, 엎드려요, 뒹굴어요' PPT 자료(http://www.childsafedu.go.kr 아동안전사이버교육센터 〉 교사 종사자 〉 자료마당 〉 재난대비안전), '멈춰요, 엎드려요, 뒹굴어요' 동영상 자료(국민안전처 〉 재난안전정보 〉 동영상 〉 안전TV), 비상구 표시 자료, 불꽃 모양이 그려진 조끼, 종, 매트, 반환점 등
활동 방법	〈도입〉 1. '멈춰요, 엎드려요, 뒹굴어요' 자료를 보고 난 후 이야기를 나눈다. 2. 몸에 불이 붙었을 때의 올바른 행동수칙에 대해 알아본다. –몸이나 옷에 불이 붙었을 때 뛰거나 손으로 끄려고 하면 어떻게 될까요? –몸이나 옷에 불이 붙었을 때에는 어떻게 해야 할까요? (① 멈춘다 ② 엎드린다 ③ 뒹군다) 〈전개〉 1. 몸에 불이 붙었을 때 해야 할 행동수칙을 직접 해 본다. –멈춘다. –불이 난 부분을 대고 엎드린다. –두 손으로 얼굴을 감싸고 뒹군다. 2. 게임 방법을 설명한다. –내가 있는 곳에 불이 난다면 가장 먼저 무엇을 해야 할까요? –어디로 대피해야 할까요? –어떤 자세로 대피해야 할까요? –내 몸이나 옷에 불이 붙으면 어떻게 해야 하나요? –불을 피해 안전한 곳으로 탈출해 보는 게임을 할 거예요. 3. 게임을 직접 해 본다. –출발선에 선다. –연기를 피해 코와 입을 막고 허리를 숙여 비상구 표시를 따라 간다. –반환점에 도착하면 불꽃 모양이 그려진 조끼를 입은 후에 멈추고, 엎드리고, 얼굴을 감싸고 뒹군다. –조끼를 벗고 반환점을 돌아 안전한 곳으로 탈출하여 종을 친다.
정리	• 몸에 불이 붙었을 때 해야 할 행동수칙에 대해 정리해 본다.
평가	• 옷이나 몸에 불이 붙었을 때 안전하게 대처하는 방법을 아는가? • 옷이나 몸에 불이 붙었을 때 하는 대처행동 3단계를 실천할 수 있는가?
유의점	• 유아들이 게임을 할 때 빨리 반환점을 돌아오는 것보다 침착하고 정확하게 행동수칙을 익히는 것에 중점을 두어 게임을 진행한다.

참고 자료 ❻ – 화재 대피 훈련 시나리오(예시)

시간			훈련 내용	시나리오
시작	종료	소요		
10:30	10:35	5분	대피 훈련 안내	–어린이 여러분에게 안내 말씀 드리겠습니다. –오늘은 화재 대피 훈련이 있는 날입니다. –오전 10:35분부터 화재 대피 훈련을 실시합니다. –각 학급에서는 계속 방송에 귀를 기울여 주시기 바랍니다. –이상 재난 방송실에서 알려드렸습니다.
10:35	10:40	5분	화재 발생 및 화재 위험 경보 발령	–현재 시각 10:35분을 기해 화재 위험 경보를 발령합니다. –유치원 ㅇㅇ에서 화재가 발생하였습니다. –학급 담임선생님께서는 교실의 전기 스위치를 차단하시고 앞 출입문, 위 출입문을 열어 비상 탈출구를 확보한 후 상황 방송을 계속 청취하여 주시기 바랍니다. –사이렌 발령
10:40	11:10	30분	화재 발생 대피 훈련 및 훈련 평가	–어린이 여러분! –이 상황은 훈련 연습 상황입니다(2번 반복). –우리 유치원 ㅇㅇ에서 화재가 발생하였습니다. –인솔교사의 인솔 아래 어린이들이 침착하고 신속하게 중앙 계단 및 비상 계단을 이용하여 안전한 대피소로 대피하여 주시기 바랍니다. –우리 주변에 아픈 유아 및 장애우 어린이들이 있는 경우 아픈 유아 및 장애 유아를 먼저 대피시키고 안전하게 대피하여 주시기 바랍니다.
				(참고: 사전에 안전한 대피 장소를 확보한다.) –안내 유도반은 유아 대피 확인 후 마지막으로 대피 장소로 이동하여 주시기 바랍니다. –대피 장소에 도착한 학급에서는 인원을 파악해 주시고 안내 유도반은 대피 상황을 보고해 주시기 바랍니다. –상황반은 현재 피해 상황을 보고해 주시기 바랍니다. –소화반은 화재 진압 상황을 보고해 주시기 바랍니다. –응급 구조반은 응급환자 발생 시 지원 가능한 장소에 위치하여 구호활동을 실시해 주시기 바랍니다. –훈련에 참여한 모든 유아가 안전하게 대피하였고 화재가 진압되었으며 응급환자도 무사히 구조되었습니다. –원장 선생님의 훈련 평가가 있겠습니다.

시간			훈련 내용	시나리오
시작	종료	소요		
11:10	11:20	10분	훈련 해지 및 입실	–현재 시각 11:10분을 기해 화재 위험 경보를 모두 해제합니다. –이상으로 화재 대피 현장 훈련을 모두 마치겠습니다. –수고하셨습니다. –어린이 여러분은 선생님을 따라서 교실로 입실하여 주시기 바랍니다.

참고 자료 ❼ – 화재 대피 훈련 자체 평가표(교사용)

실시 일자	년 월 일 요일	제 회
실시 시간	(오전/오후) 시 분 ~ 시 분	총 훈련 시간 분 실제 대피 소요 시간 분
참가 인원	교사: 명 / 유아: 명	총 참가자 명
훈련 내용	비상벨 사이렌 → 1차 대피 → 대피소로 대피 : 각 반의 대피 경로로 대피 → 대피 장소 집결 → 유아 인원 파악 → 소방 및 응급 복구 활동 → 훈련 총평 → 교실로 이동	

	평가 내용	적합	부적합	보완 사항
1	비상벨 또는 사이렌 소리가 모두 들을 수 있는 적합한 음량이었는가?			
2	화재 대피 경로는 효율적이었는가?			
3	화재 대피 훈련 절차는 적절하였나?			
4	상황에 따른 안전 행동 요령이 인지되었나?			
5	화재 대피 장소는 안전한 곳이었나?			
6	대응 조직 운영은 적절하였는가? (상황반, 안내 유도반, 응급 구조반, 소화반 등)			
7	내부 또는 외부와의 연락 체계는 신속하게 이루어졌는가?			
우수 사항				
문제점 및 개선 사항				

3. 재난 안전교육의 개념과 필요성

재난이란 날씨 등의 자연 현상의 변화, 또는 인위적인 사고로 인한 인명이나 재산의 피해를 의미하며, 재난 가운데 자연 현상과 관련된 천재지변을 재해(災害) 또는 재앙(災殃)이라고 부르기도 한다(위키백과). 자연재난이란 태풍, 홍수, 호우, 강풍, 풍랑, 해일, 대설, 낙뢰, 가뭄, 지진, 황사, 조류 대발생, 조수, 화산 활동, 그 밖에 이에 준하는 자연 현상으로 인하여 발생하는 재해를 의미한다(국민재난안전포털). 발생 원인에 따라 자연재난과 인위재난으로 구분하며, 이 중 자연재난은 자연 현상에 기인한 것을 말하며, 다양한 원인과 결과로 인하여 여러 가지로 나누어진다.

재난 특히 자연재난의 경우 발생을 모두 막을 수는 없지만, 미리 사전에 대비하고 재해 발생 시 신속하고 적절하게 대응하면 피해를 최소화할 수 있다. 따라서 재난의 특성을 알고 미리 대비 요령에 대해 숙지하고, 훈련을 통해 이를 익히는 것이 필요하다.

4. 재난 안전교육의 내용

어린이집 안전교육의 근간이 되는 「아동복지법」(제31조, 시행령 제28조와 별표 6)에 근거한 5대 안전교육 영역 중 '재난 대비 안전교육'에 해당된다. 유치원 안전교육의 근간이 되는 「학교안전사고 예방 및 보상에 관한 법률」(시행규칙 제2조[학교안전교육의 실시])에 근거한 학교안전교육 7대 영역 중 '재난 안전교육'에 해당된다.

본 교재에서는 각종 자연재난의 개념과 안전한 행동 알기에 대해 다루고자 한다.

[표 5-2] 재난 안전교육의 내용

어린이집 안전교육	누리과정 관련 요소	유치원 안전교육
「아동복지법」에 근거한 5대 안전교육 영역		「학교안전사고 예방 및 보상에 관한 법률」 학교안전교육 7대 영역
재난 대비 안전교육	안전하게 생활하기	재난 안전교육
1. 화재의 원인과 예방법 2. 뜨거운 물건 이해하기 3. 옷에 불이 붙었을 때 대처법 4. 화재 시 대처법 5. 자연재난의 개념과 안전한 행동 알기	1. 각종 자연재난의 개념과 안전한 행동 알기 2. 안전사고, 재난 등에 대처하는 방법을 경험하기	1. 화재의 원인과 예방법 알기 2. 화재 발생 시 유의 사항 및 대처법 알기 3. 각종 자연재난 및 사고 적절하게 대처하는 방법 알기 4. 각종 재난 유형별 대비 훈련 실시

1) 지진

(1) 지진 발생 원인

지진이란 지구 내부의 급격한 지각 변동으로 인한 충격으로 파동이 발생하게 되어 암반이 예고 없이 갈라지게 되고 땅을 진동시키는 현상을 말한다. 우리나라는 판 내부에 위치하고 있어 판 경계부에 비해 상대적으로 지진의 발생 빈도가 낮고 재발 주기가 길다. 하지만 지질 구조상 지각이 약한 단층 구조가 존재하기 때문에 주변국에서 발생하는 지진에 영향을 받아 발생 빈도가 증가하고 있다.

(2) 지진의 규모

지진에 대하여 지진 에너지를 표현하는 규모는 여러 지역에서 동일한 수치이지만 진도는 지질 구조, 구조물의 형태 및 진앙으로부터 거리에 따라 차이가 발생할 수 있다. 지진의 규모란 기록된 지진파의 진폭을 이용하여 발생한 지진 에너지의 양을 수치로 환산한 것으로서 특정 장소와 관계없는 절대적인 개념의 크기이며 규모는 아라비아 숫자로 소수점 첫째 자리까지 표기(예: 규모 5.8, M 5.8)한다.

지진의 진도(intensity)란 어떤 장소에서 사람이 느끼는 감각, 주변의 물체, 구조물 및 자연계에 대한 영향을 등급별로 분류시킨 상대적 개념의 크기이다.

[표 5-3] 지진의 규모

규모	구조물, 자연계 등에 대한 영향	인체 영향	MMI 진도 (12등급)
2.5 미만	• 사람의 몸으로는 느낄 수 없고 지진계에만 기록됨	• 느낄 수 없음	Ⅰ(미진)
2.5	• 정지하고 있는 사람, 특히 감각이 민감한 사람이 다소 흔들린다고 느낌	• 민감한 사람만이 느낌	
3.0	• 모든 사람이 느낄 정도로 창문이 다소 흔들림	• 여러 사람이 느낌	Ⅱ(경진)
3.5	• 건물이 흔들리고 창문이 움직이며 형광등과 같은 매달린 물건이 흔들리거나 그릇의 물이 출렁임	• 약간 놀람, 자다 깸	Ⅲ(약진)
4.0	• 건물의 흔들림이 심하고 불안정하게 놓은 꽃병이 넘어지며 그릇의 물이 넘침 • 많은 사람들이 집 밖으로 뛰어나옴	• 매우 놀람, 자다 깨 나옴	Ⅳ~Ⅴ (중진)
5.0	• 벽에 금이 가고 비석이 넘어짐, 굴뚝, 돌담, 축대 등이 파손됨	• 서 있기 곤란하고 심한 공포를 느낌	Ⅵ~Ⅶ (강진)
6.0	• 건물 파괴 30% 이하, 사람이 서 있을 수 없음 • 산사태가 발생할 수 있고 땅에 금이 감	• 도움 없이 걸을 수 없음	Ⅷ~Ⅸ (열진)
7.0	• 건물 파괴 30% 이상, 산사태가 나고 땅이 갈라짐	• 이성 상실	Ⅹ~ (격진)
8.0	• 건물 완전 파괴됨 • 철로가 휘고 지면에 단층 현상이 발생함	• 대공황	
8.0 이상	• 관측된 바 없음		

※ 우리나라는 12등급의 수정메르칼리 진도(MMI)를 사용하고, 로마숫자로 표기함(예: 진도 Ⅳ 등)
출처: 국립재난안전연구원.

(3) 유아교육기관의 행동 지침(지진 발생 시 대응 순서)

유아교육기관에서 지진 발생 시 대응 순서를 소개하면 다음과 같다(보건복지부 외, 2018, pp. 88-89).

- 1단계: 지진 발생 감지 및 알림

– 지진 첫 감지자는 큰 소리로 지진 발생을 알리고, 지휘 명령 총괄(원장)에게 연락한다.

– 교실 책상 밑에 들어간다. 이때 창문이나 출입문, 전등 등 떨어지기 쉬운 물건 주위는 피하며 크게 흔들리는 시간은 1~2분 정도이므로 중심이 낮고 튼튼한 책상 밑에 들어가 다리를 붙들고 대피하도록 한다. 이때 피할 곳이 없을 때에는 방석 등으로 머리를 보호하도록 한다.

- 2단계: 안전 확보

– 대피자들(영유아, 교사 등)은 현재 위치에 가깝고 몸을 보호할 수 있는 곳으로 신속히 이동하여 몸을 웅크리고 머리를 보호한다.

※ 지진대피 3대 원칙: 엎드려 → 가려 → 붙잡아

– 차단을 담당하는 교직원은 2차 피해를 방지하기 위해 가스, 전기를 신속하게 차단한다.

– 출입구 확보를 담당하는 교직원은 대피 가능한 출입구(문, 창문 등)를 개방한다.

- 3단계: 피난 장소로 이동

– 각 반 교사는 영유아의 비상연락처를 지참한다.

– 원장은 교직원의 비상연락처를 지참한다.

– 구급을 담당하는 교직원은 비상용품(비상기기, 비상약품, 물 등)을 신속하게 챙긴다.

– 지진이 멈추면 피난 경로의 안전을 확보하여 피난 장소인 큰 공원이나 광장 등으로 이동한다.

- 4단계: 부상자 확인 및 응급처치
- 교사는 영유아 부상자를 확인한다.
- 원장은 영유아와 교직원의 부상자를 확인한다.
- 부상자가 있을 경우 응급처치를 하고 의료기관 등에 연락한다.

- 5단계: 재해 정보 확인 및 보호자 연락 후 인계
- 재해 정보 담당 교사는 비상기기(라디오, 핸드폰 등)로 재난 방송을 통해 지진 상황을 확인한다.
- 교사는 보호자에게 연락하여 안전하게 영유아를 인계한다.
- 연락이 되지 않을 경우 피난 장소에서 휴식을 취하고 보호자에게 연락을 시도한다.

2) 태풍과 홍수

(1) 태풍과 홍수

태양으로부터 오는 열은 지구의 날씨를 변화시키는 주된 원인이다. 적도 부근이 극지방보다 태양열을 더 많이 받기 때문에 생기는 열적 불균형을 없애기 위해, 저위도 지방의 따뜻한 공기가 바다로부터 수증기를 공급받으면서 강한 바람과 많은 비를 동반하며 고위도로 이동하는 기상 현상을 태풍이라 한다. 이러한 태풍 현상은 대부분 홍수를 함께 동반하는 경우가 많다. 따라서 홍수를 동반할 경우 하천이나 강의 정상적인 한계를 넘어 물이 넘쳐 나는 현상이 발생한다. 자연재해 중 홍수는 전 세계적으로 가장 빈번히 발생하는 기상재해이다. 우리나라에서도 최근 10년간 발생한 자연재해의 대부분이 홍수로 인한 피해이므로 주의가 필요하다.

(2) 태풍과 홍수 대처 요령

① 도시 지역에 거주할 경우

- 건물의 출입문이나 창문은 닫아 둔다.
- 천둥, 번개가 칠 경우 건물 안이나 낮은 지역으로 대피한다.
- 가로등이나 신호등 및 고압 전선 근처에는 가까이 가지 않는다.
- 수도, 가스 밸브를 잠그고, 전기 차단기를 내려 둔다.
- 물에 잠긴 도로로 지나가지 않는다.
- 공사장 근처에는 가까이 가지 않는다.
- 라디오, TV, 인터넷을 통해 기상 예보 및 호우 상황에 주의를 기울인다.

② 농촌 지역에 거주할 경우

- 저지대 상습 침수 지역에 거주 시 대피한다.
- 고압 전선 근처에는 가까이 가지 않는다.
- 천둥, 번개가 칠 경우 건물 안이나 낮은 지역으로 대피한다.
- 산사태가 일어날 수 있는 비탈면에 접근하지 않는다.
- 라디오, TV, 인터넷을 통해 기상 예보 및 호우 상황에 주의를 기울인다.

③ 해안 지대에 거주할 경우

- 저지대, 상습 침수 지역 주민은 대피를 준비한다.
- 고압 전선 근처에는 가까이 가지 않는다.
- 출입문, 창문 등을 잠근다.
- 천둥, 번개가 칠 경우 건물 안이나 낮은 지역으로 대피한다.
- 육지의 물이 바다로 빠져나가는 곳 근처에는 가까이 가지 않는다.
- 라디오, TV, 인터넷을 통해 기상 예보 및 호우 상황에 주의를 기울인다.

④ 홍수 예·경보 시 국민 행동 요령

국가에서 홍수 예·경보를 발령하거나 발령할 경우에 대비해 사전에 숙지한 다음의 행동 요령으로 대처한다(국민재난안전포털).

- 홍수 피해가 예상되는 지역의 주민은 라디오나 TV, 인터넷을 통해 기상 변화를 알아 둔다.
- 홍수가 우려될 때에는 피난 가능한 장소와 길을 사전에 숙지한다.
- 갑작스러운 홍수가 발생하였으면 높은 곳으로 빨리 대피한다.
- 비탈면이나 산사태가 일어날 수 있는 지역에 가까이 가지 않는다.
- 바위나 자갈 등이 흘러내리기 쉬운 비탈면 지역의 도로 통행을 삼가고, 만약 도로를 지날 때에는 주위를 잘 살핀 후 이동한다.
- 홍수 예상 시 전기 차단기를 내리고 가스 밸브를 잠근다.
- 침수된 지역에서 자동차를 운전하지 않는다.
- 지정된 대피소에 도착하면 반드시 도착 사실을 알리고, 통제에 따라 행동한다.
- 침수 주택은 가스와 전기 차단기가 내려져 있는지 확인하고, 기술자의 안전조사가 끝난 후 사용한다.
- 수돗물이나 저장 식수도 오염 여부를 반드시 확인한 후에 사용한다.

⑤ 태풍과 호우가 지나간 후

- 집에 도착한 후에는 들어가지 말고 구조적 붕괴 가능성을 점검한다.
- 물에 잠긴 집 안은 가스가 차 있을 수 있으므로 가스와 전기 차단기를 내리고 안전점검 후 사용한다.
- 침수된 음식이나 재료를 먹거나 요리 재료로 사용하지 않는다.
- 수돗물이나 저장 식수도 오염 여부를 확인한 후 사용한다.

3) 한파

한파란 일정 기준 이하로 급격히 기온이 하강하는 현상을 말한다. 주로 10~4월에 나타나며, 한파주의보 기준은 다음 중 하나에 해당하는 경우이다.

① 아침 최저 기온이 전날보다 10℃ 이상 하강하여 3℃ 이하이고 평년 값보다 3℃가 낮을 것으로 예상될 때
② 아침 최저 기온이 −12℃ 이하가 2일 이상 지속될 것이 예상될 때
③ 급격한 저온 현상으로 중대한 피해가 예상될 때

국내의 경우 한파가 예상될 경우 기상청에서 주의보나 경보를 발령한다. 겨울철 기상청에서 발령하는 한파주의보나 경보는 전날보다 다음날 아침 최저 기온이 급격히 하강할 때 발령되며, 한파주의나 경보는 별도로 해제하지 않고 다음날 아침이 지나면 자동으로 해제된다(국립재난안전연구원).

4) 폭염

폭염은 일정 기준 이상의 기온 상승으로 인해 인명 및 재산 피해를 유발하는 재해이다. 즉 일 최고 기온 33℃ 이상의 불볕더위가 계속되는 현상을 말한다. 여름 북태평양 고기압이 강화되면서 한반도가 덥고 습한 기단의 본격적인 영향권에 들어 낮에는 33℃ 이상의 고온이 지속되고 밤에는 고기압권에서 바람이 약하고 습도가 높아 낮동안 누적된 열이 충분히 소산되지 못해 열대야가 나타난다. 최근 지구 온난화로 인한 평균 기온 상승, 도시화로 인한 열섬 효과로 인해 폭염이 더 강화되고 있는 실정이다. 폭염주의보와 경보의 차이를 살펴보면 다음과 같다.

[표 5-4] 폭염주의보와 경보의 차이

폭염주의보	폭염경보
• 일 최고 기온이 33℃ 이상인 상태가 2일 이상 지속될 것으로 예상될 때	• 일 최고 기온이 35℃ 이상인 상태가 2일 이상 지속될 것으로 예상될 때

출처: 국립재난안전연구원.

(1) 폭염 피해 특징

- 한여름 동안 광범위한 지역에서 피해가 발생한다.
- 자산 및 시설 피해보다는 생명 관련 피해가 주로 발생한다.
- 장기간 지속 시 심각한 2차 피해(전력난, 가뭄, 수질 오염 등)를 초래한다.

(2) 폭염이 신체에 미치는 영향

보통 습도에서 25℃ 이상이면 무더위를 느끼며, 장시간 야외 활동 시 일사병, 열경련 등 질병 발생 가능성이 증가한다. 밤 최저 기온이 25℃ 이상인 열대야에서는 불면증, 불쾌감, 피로감 증대 등의 증상이 발생한다. 기온이 32℃ 이상 지속될 경우 고령자와 노약자 등의 사망률이 증가한다.

- 폭염 시 국민 행동 요령(국민재난안전포털)

– TV, 인터넷, 라디오 등을 통해 무더위 기상 상황을 수시로 확인한다.

– 술이나 카페인이 들어간 음료보다는 물을 많이 마신다.

– 가장 더운 오후 2~5시에는 야외 활동이나 작업을 되도록 하지 않는다.

– 냉방기기 사용 시, 실내외 온도차를 5℃ 내외로 유지하여 냉방병을 예방한다(적정 실내 냉방 온도: 26~28℃).

– 현기증, 메스꺼움, 두통의 가벼운 증세가 있으면 무더위 쉼터 등 시원한 장소로 이동한다.

– 축사, 비닐하우스 등은 환기하거나 물을 뿌려 온도를 낮춘다.

Chapter 6

감염병 및 약물오남용 안전교육

1. 감염병 및 약물오남용 안전교육의 개념과 필요성

1) 감염병의 개념과 안전교육의 필요성

(1) 감염병의 개념

감염병 또는 전염병은 세균, 바이러스, 기생충 등과 같은 여러 병원체에 의해 감염되어 발병하는 질환이다. 병원체에 의한 감염은 음식물 섭취, 호흡을 통한 병원체의 흡입, 사람과의 접촉 등 다양한 경로를 통해 발생한다. 특히 여러 사람에게 전파되는 감염병을 전염병(傳染病)이라 한다(위키백과). 「감염병의 예방 및 관리에 관한 법률」 제2조에 따라 감염병의 확산으로 인명 피해를 유발하는 사회재난이다. 감염병 분류 체계 개편(2020. 1. 1.)에 따른 법정 감염병 분류 체계는 다음과 같다.

[표 6-1] 법정 감염병 분류 체계

분류	내용
제1급 감염병	• 생물테러 감염병 또는 치명률이 높거나 집단 발생의 우려가 커서 발생 또는 유행 즉시 신고하여야 하고, 음압격리와 같은 높은 수준의 격리가 필요한 감염병 예) 신종 감염병 증후군(코로나19 포함), 중증 급성 호흡기 증후군(SARS), 중동 호흡기 증후군(MERS), 동물 인플루엔자 인체 감염증, 신종 인플루엔자, 디프테리아 등을 포함하여 17종
제2급 감염병	• 전파 가능성을 고려하여 발생 또는 유행 시 24시간 이내에 신고하여야 하고, 격리가 필요한 감염병 예) 결핵, 수두, 홍역, 콜레라, 장티푸스, 파라티푸스, 세균성 이질 등을 포함하여 20종
제3급 감염병	• 그 발생을 계속 감시할 필요가 있어 발생 또는 유행 시 24시간 이내에 신고하여야 하는 감염병 예) 파상풍, B형 간염, 일본 뇌염, C형 간염, 말라리아, 레지오넬라증 등을 포함하여 26종
제4급 감염병	• 제1급 감염병부터 제3급 감염병까지의 감염병 외에 유행 여부를 조사하기 위하여 표본 감시 활동이 필요한 감염병 예) 인플루엔자, 수족구병, 매독(梅毒), 회충증, 사람유두종 바이러스 감염증(2020. 1. 1. 신규 추가) 등을 포함하여 23종

출처: 질병관리본부(2020).

(2) 감염병 안전교육의 필요성

우리나라에서는 국가적 차원에서 감염성이 있거나 위험한 질병으로부터 영유아를 보호하기 위해 예방접종 실시를 지원하고 있다. 전국 예방접종률 조사 결과에 따르면, 국가에서 연령별로 권장하는 예방접종을 모두 받은 만 1세의 접종률은 96.8%이지만, 만 3세가 되면 접종률은 90.8%로 낮아진다. 이는 국가의 지원 확대와 부모의 적극적인 참여로 예방접종의 완전 접종률이 높아졌지만, 만 1세에 비해 만 3세의 예방접종률이 상대적으로 낮은 것은 자녀의 성장에 따라 부모가 한두 가지 예방접종을 누락시켰기 때문이다(질병관리본부, 2019).

기초 접종으로 형성된 감염병 면역력이 점차 감소하는 만 3세 이후에 대부분의 유아가 유아교육기관 등에서 단체 생활을 시작하기 때문에 감염병을 조기에 예방하는 것은 중요하다(질병관리본부, 2016).

(3) 감염병 발생 시 조치 사항

① 감염병 위기경보 수준

질병관리본부(2018)에서 제시한 위기경보 수준은 다음과 같다.

- 관심(Blue): 해외에서의 신종 감염병의 발생 및 유행, 국내 원인 불명·재출현 감염병의 발생
- 주의(Yellow): 해외에서의 신종 감염병의 국내 유입, 국내 원인 불명·재출현 감염병의 제한적 발생
- 경계(Orange): 국내 유입된 해외 신종 감염병의 제한적 전파, 국내 원인 불명·재출현 감염병의 지역사회 전파
- 심각(Red): 국내 유입된 해외 신종 감염병의 지역사회 전파 또는 전국적 확산, 국내 원인 불명·재출현 감염병의 전국적 확산

② 유아교육기관에서 관리해야 할 감염병 환자

질병관리본부(2018)에서는 유아교육기관에서 다음과 같은 환자발생 시 환자 및 접촉자 관리를 해 줄 것을 안내하였다.

- 영아(1세 미만): RS 바이러스 감염증, 로타바이러스 감염증, 인플루엔자
- 유아(1~6세): 로타바이러스 감염증, 인플루엔자, 장출혈성대장균 감염증, 수두, 유행성 이하선염, 백일해, 성홍열, 수족구병

> **여기서 잠깐!**
>
> • 감염병이 발생했을 경우
>
> – 진단·신고기준, 치료, 환자 및 접촉자 관리, 예방, 가정으로 보내야할 가정 통신문 등이 필요하다면, 다음과 같은 경로를 통해 다운로드 받는다.
>
> – 내려 받기: 질병관리본부 〉 법령·지침·서식 〉 지침 〉 어린이집, 유치원, 학교 감염병 관리 안내서(다운로드)

③ 감염병 발생 시 유아교육기관의 조치

유치원(어린이집)의 장은 유아 또는 교직원에게 식중독 및 감염병으로 의심되는 증상이 발견될 경우, 즉시 시·군·구청 보육 담당 부서 및 관할 보건소에 신고해야 하며 감염병 확산 방지를 위한 조치를 취해야 한다. 신고 필요 감염병으로는 수족구병, 풍진, 유행성 결막염, 인플루엔자(유행성 독감), 장염, 홍역, 유행성 이하선염(볼거리), 전염성 농가진, 수두, 무균성 수막염, 결핵, 성홍열, 기타 감염병이 있다. 또한 유아교육기관의 장은 위험 시 상부기관의 조치에 따라 임시 휴원을 할 수 있다. 감염병 확산 방지를 위한 유아교육기관의 조치 사항은 다음과 같다.

- 유치원(어린이집)에서 보육교사 등이 영유아의 감염병 의심 등 이상 징후 발견 시 즉시 보호자에게 알려 의료기관의 진료를 받도록 안내한다.
- 의사의 진단 결과 전염성 질환에 감염된 것으로 밝혀지거나 의심되는 영유아는 어린이집으로부터 격리 치료토록 조치한다.
- 가정 내 격리 치료 시 불가피한 사유로 보호자가 직접 해당 영유아를 돌보기 곤란한 경우에는 여성가족부의 아이돌봄지원사업 중 질병 감염 아동 특별지원 서비스를 적극 이용토록 안내한다.

2) 약물오남용의 개념과 안전교육의 필요성

(1) 약물오남용의 개념

약물의 오용과 남용의 개념을 알아보기 위해 약물, 약물오용, 약물남용으로 구분하여 개념을 살펴보고자 한다(이기숙 외, 2014)

① 약물의 개념

약물이란 사람이나 동물에게 발생할 수 있는 질환을 예방하고 진단 및 치료를 목적으로 사용되는 물질로서, 의사의 처방에 따라 구입 가능한 전문의약품과 약사나 소비자가 선택해서 구입할 수 있는 일반의약품, 비타민 등을 모두 포함한다.

② 약물오용의 개념

고의적인 의도는 없지만 약물을 부적절하게 사용하여 피해가 일어나는 것을 의미한다.

③ 약물남용의 개념

고의적으로 본래 개발된 용도가 아닌 다른 목적으로 약물을 과다 복용하여 육체적, 정신적 건강에 위험을 초래하는 것이다.

약물오용과 남용의 사례를 살펴보면 다음과 같다.

[표 6-2] 약물오용과 남용의 사례

약물오용의 사례	약물남용의 사례
• 이전 질병에 사용했던 약을 다른 질병에 그대로 사용하는 일 • 약물 사용 중 술을 마시거나 담배를 피우는 일 • 다른 사람이 처방받은 약을 사용하는 일 • 오래된 약(유효기간이 지난 약)을 사용하는 일 • 약의 사용 방법을 의사의 지시에 따르지 않는 일	• 어린이가 커피나 진통제 등 약국 약을 자주 사용하는 일 • 미성년자(청소년)가 술을 마시거나 담배를 피우는 일 • 법으로 금지된 약물을 사용하는 일 • 법으로 금지된 약물은 아니라도 사용자의 정상적인 생활에 지장을 주고 사용자 본인과 주변 사람들에게 피해를 주는 약물을 사용하는 일(예: 성인의 알코올 남용)

출처: 어린이안전학교.

(2) 약물오남용 안전교육의 필요성

영유아에게 발생하는 약물오남용 사고는 호기심이 강한 영유아에 의해 일어나기도 하지만, 대부분 성인의 부주의로 일어난다. 따라서 성인은 의약품이 영유아에게 노출되지 않도록 철저하게 약물을 안전한 곳에 관리하고, 영유아에게 약물 안전교육을 통해 약물의 위험성을 알리고 오용하거나 남용하지 않도록 하는 것이 필요하다(한국보건복지인력개발원, 2018).

2. 약물 안전사고 현황

1) 중독사고 위해 사례 동향 분석

(1) 연도별 중독사고 현황

한국소비자원(2017)에서 2014년부터 2016년까지 발생한 어린이 중독사고를 집계한 결과, 총 415건으로 2014년 264건, 2015년 89건, 2016년 62건으로 매년 감소하는 것으로 나타났다. 어린이보호포장 제도를 시행하면서부터 중독사고가 감소하였다고 분석하였다.

[표 6-3] 연도별 중독사고 현황(2014~2016년) (단위: 건)

구분	2014년	2015년	2016년	합계
중독 건수	264	89	62	415

출처: 한국소비자원(2017).

(2) 발달 단계별 중독사고 현황

한국소비자원(2017)의 발달 단계별 중독사고 현황을 살펴보면, 1~3세 걸음마기 영아가 255건으로 전체의 61.4%를 차지하여 가장 많은 중독사고가 발생했고, 7~14세 취학 아동이 73건(17.6%), 1세 미만의 영아가 54건(13.0%), 4~6세 유아에게 33건(8.0%)으로 나타났다.

또한 중독사고를 남녀로 구분하여 살펴보면 남아 233건(53.7%) 여아 192건(46.3%)로 남아가 여아보다 조금 더 많이 발생한 것으로 나타났다.

[표 6-4] 발달 단계별 중독사고 현황 (단위: 건, %)

구분	영아기 (1세 미만)	걸음마기 (1~3세)	유아기 (4~6세)	취학기 (7~14세)	합계
남아	24(44.4)	142(55.7)	16(48.5)	41(56.2)	233(53.7)
여아	30(55.6)	113(44/35)	17(51.5)	32(43.8)	192(46.3)
합계	54(100.0)	255(100.0)	33(100.0)	73(100.0)	415(100.0)

출처: 한국소비자원(2017).

(3) 품목별 중독사고 현황

중독사고를 일으키는 주요 위해품목을 살펴보면 의약품이 137건(33.0%)으로 가장 많았고, 다음으로 가공식품·조리식품이 59건(14.2%), 청소 및 세탁용품이 50건(12.0%) 등의 순으로 나타났다.

[표 6-5] 중독사고 주요 위해품목 (단위: 건, %)

구분	2014년		2015년		2016년		합계
	건수	비율	건수	비율	건수	비율	
의약품	88	33.3	36	40.4	13)	21.0	137(33.0)
가공식품 · 조리식품	38	14.4	11	12.4	10	16.1	59(14.2)
청소 및 세탁용품	33	12.5	7	7.9	10	16.1	50(12.0)
살충제 · 소독제	18	6.8	12	13.5	16	25.8	46(11.1)
축산 · 수산물 식품	11	4.2	1	1.1	2	3.2	14(3.4)
인체 세정용 화장품	7	2.7	3	3.4	2	3.2	12(2.9)
기타	69	26.1	19	21.3	9	14.5	97(23.4)
합계	264	100.0	89	100.0	62	100.0	415(100.0)

출처: 한국소비자원(2017).

3. 감염병 및 약물오남용 안전교육의 내용

어린이집 안전교육의 근간이 되는 「아동복지법」(제31조, 시행령 제28조와 별표 6)에 근거한 5대 영역 중 본 장의 내용은 '감염병 및 약물의 오용·남용 예방 등 보건위생관리'에 해당된다. 유치원 안전교육의 근간이 되는 「학교안전사고 예방 및 보상에 관한 법률」(시행규칙 제2조[학교안전교육의 실시])에 근거한 학교안전교육 7대 영역 중 '약물 및 사이버 중독 예방'에 해당된다.

본 장에서는 「아동복지법」과 「학교안전사고 예방 및 보상에 관한 법률」에서 안전교육 내용으로 제시한 것 중 예방접종, 약물, 화학제품의 안전에 대해 살펴보도록 한다.

[표 6-6] 감염병 및 약물오남용의 안전교육 내용

어린이집 안전교육 「아동복지법」에 근거한 5대 안전교육 영역	본 교재에서 다룰 안전교육의 내용	유치원 안전교육 「학교안전사고 예방 및 보상에 관한 법률」 학교안전교육 7대 영역
감염병 및 약물의 오용 · 남용 예방 등 보건위생관리	1. 예방접종에 대해 알기 2. 약물 안전교육 3. 화학제품 안전교육	약물 및 사이버 중독 예방
1. 감염병 예방을 위한 개인 위생 실천 습관 2. 예방접종의 이해 3. 몸에 해로운 약물 위험성 알기 4. 생활 주변의 해로운 약물 · 화학제품 그림으로 구별하기 5. 모르면 먼저 어른에게 물어보기 6. 가정용 화학제품 만지거나 먹지 않기 7. 어린이 약도 함부로 많이 먹지 않기		1. 올바른 약물 사용법 알기 2. 생활 주변의 해로운 약물 · 화학제품 만지거나 먹지 않기 3. TV, 인터넷, 통신기기(스마트폰 등) 등의 중독 위해성을 알고 바르게 사용하기

1) 예방접종 안전교육

(1) 예방접종의 개념

예방접종은 국가예방접종과 기타예방접종으로 구분되며, 국가예방접종은 국가가 권장하는 예방접종으로 국가는 「감염병의 예방 및 관리에 관한 법률」을 통해 예방접종 대상 감염병과 예방접종의 실시기준 및 방법에 관한 권장 사항을 정하고 있다. 국가예방접종은 보건소와 의료기관에서 접종 가능하며, 기타예방접종은 국가지원 대상 외의 의료기관에서 받을 수 있는 예방접종이다(질병관리본부).

(2) 예방접종률

질병관리본부(2019)에서는 2018년 기준으로 국내 연령별 예방접종률을 조사한 결과, 생후 12개월(2017년생) 96.8%, 생후 24개월(2016년생) 94.7%, 생후 36개월(2015년생) 90.8%인 것으로 나타났다.

[표 6-7] 국내 연령별 예방접종률(2018년) (단위: %)

구분	생후 12개월 (2017년생)	생후 24개월 (2016년생)	생후 36개월 (2015년생)
예방접종률	96.8	94.7	90.8

출처: 질병관리본부(2019).

국가별로 동일한 연령대의 백신접종률을 비교한 결과, 국내 어린이의 예방접종률이 미국, 호주, 영국 등 선진국에 비해 평균 2~9%가량 높은 것으로 나타났다. 이처럼 예방접종률이 높다는 것은 집단생활로 인해 감염되는 경로를 사전에 차단할 수 있는 높은 수준의 집단면역 보호 체계를 갖추었다는 것을 의미한다.

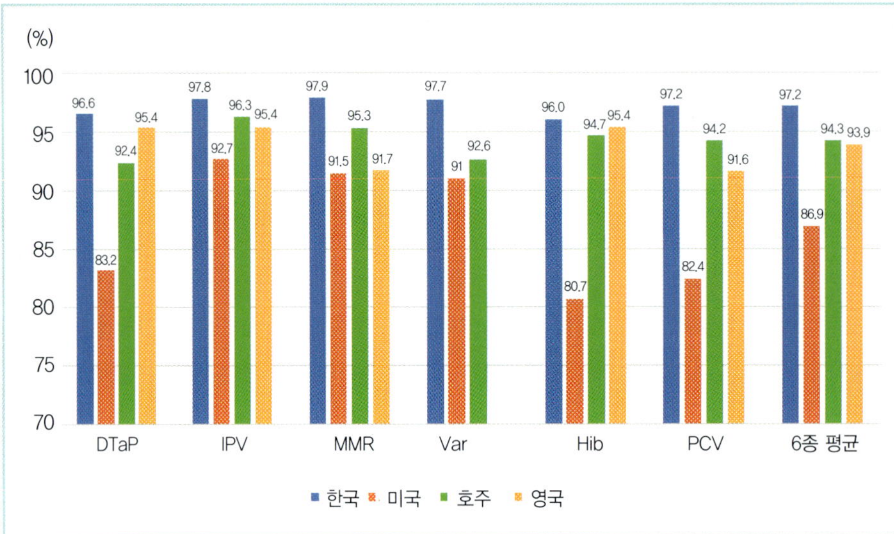

출처: 질병관리본부(2019).

[그림 6-1] 대륙별 예방접종률 비교(생후 36개월 어린이 기준)

(3) 예방접종교육

① 부모 대상 자녀 예방접종 안내교육

부모나 주 양육자를 대상으로 예방접종 확인 방법, 시기별 예방접종 등에 대해 가정 통신문 등의 방법을 통해 교육한다.

질병관리본부는 2009년부터 만 12세 이하 어린이에게 국가예방접종을 전액 무료로 지원하고 있으며, 무료접종이 가능한 의료기관은 예방접종도우미(https://nip.cdc.go.kr) 홈페이지(스마트폰 앱)를 통해 확인할 수 있다.

'어린이 국가예방접종 지원사업'이란?

감염병 예방을 위해 꼭 필요한 예방접종 서비스를 가까운 병의원에서도 비용 부담 없이 무료로 받을 수 있도록 국가에서 예방접종 비용을 지원하는 사업이다.

- 전국 보건소 및 가까운 지정 의료기관에서 총 17종의 백신을 무료로 접종
- 지원 대상: 만 12세 이하 어린이
- 지원 내용: 국가예방접종 지원 백신의 예방접종 비용 전액 지원
- 지원 백신
  BCG(피내용), B형 간염, DTaP(디프테리아/파상풍/백일해), IPV(폴리오), DTaP-IPV(디프테리아/파상풍/백일해/폴리오), DTaP-IPV/Hib(디프테리아/파상풍/백일해/폴리오/b형 헤모필루스 인플루엔자), Td(파상풍/디프테리아), Tdap(파상풍/디프테리아/백일해), Hib(b형 헤모필루스 인플루엔자), 폐렴구균, MMR(홍역/유행성이하선염/풍진), Var(수두), A형 간염, 일본 뇌염(불화성화 백신), 일본 뇌염(약독화 생백신), HPV(사람유두종 바이러스 감염증), Flu(인플루엔자)

여기서 잠깐!

① 예방접종 어디까지 받았는지 확인이 필요하다면
- 질병관리본부 예방접종도우미 홈페이지 확인
  (https://nip.cdc.go.kr/irgd/index.html)
  홈페이지 〉 자녀 예방접종 관리 〉 아이 예방접종 내역 조회
- 모바일 확인: 예방접종도우미 앱 〉 우리아이 예방접종 〉 아기수첩

② 예방접종 증명서를 발급받으려면
- 인터넷 민원24(www.minwon.go.kr)에서 예방접종 증명서를 무료로 발급

② 영유아를 위한 예방접종 안전교육

유아에게 예방접종을 하기 전과 후에 지켜야 할 주의 사항에 대해 알려주고 지키도록 한다(논산시보건소, 2018).

● 예방접종 전 주의할 점

- 열이 없을 때 맞는다.
- 전날 목욕을 하고 깨끗한 옷을 입고 간다.
- 가능한 오전에 가서 맞는다.
- 수첩(모자보건수첩 또는 아기수첩)을 가지고 간다.

● 예방접종 후 주의할 점

- 접종 후 20~30분간 병원에 있는다.
- 예방주사를 맞은 날과 그 다음날은 힘든 운동을 하지 않는다.
- 예방주사를 맞은 후에는 목욕을 하지 않는다.
- 열이 날 때는 부모님에게 이야기한다.

● 예방접종 후 집에서 지켜야 할 점

- 다음 예방접종 날짜를 부모님과 함께 달력에 표시한다.
- 예방주사를 맞은 부분이 아프거나 부으면 부모님에게 이야기하여 찬 물수건을 부위에 댄다.
- 통증이나 열이 날 경우에는 부모님에게 이야기한다.

여기서 잠깐!

• 예방접종 관련 교육 자료

- 질병안전관리본부 예방접종도우미 홈페이지(https://nip.cdc.go.kr/irgd/reference.do) 〉 예방접종 지식창고 〉 홍보자료실 〉 동영상 〉 번개맨과 함께하는 어린이 인플루엔자 예방접종 교육 영상(2018. 9. 14.) 다운로드

2) 약물 안전교육

약물이란 법적인 의미로 인체나 동물의 예방, 치료, 경감, 처치, 진단의 목적으로 쓰이는 것이며(대한안전교육협회), 의약품이란 사람이나 동물의 질병을 진단, 치료, 경감, 처치 또는 예방할 목적으로 사용하는 물품 중 기구, 기계 또는 장치가 아닌 것이다(「약사법」 제2조 제4항). 약물의 종류는 다음과 같이 전문의약품, 일반의약품, 의약외품으로 구분된다.

[표 6-8] 약물의 종류

구분	내용
전문의약품	• 의사가 처방하고 약사가 조제하는 약, 광고 불가 (예: 항암제, 우울증 치료제, 항생제, 호르몬제 등)
일반의약품	• 의사의 처방 없이 약사가 판매할 수 있는 약, 광고 가능 (예: 진통제, 위장약, 감기약, 피로 회복제, 피부 연고제 등)
의약외품	• 편의점 등에서 판매되는 약 (예: 진통제, 소화제 등)

출처: 대한안전교육협회.

(1) 안전한 약물 복용

성인이 영유아에게 약물을 복용하도록 할 경우에는 다음과 같은 내용을 알고 실천하는 것이 중요하다(식품의약품안전처, 2019).

① 정해진 용량과 용법에 따라 영유아에게 약을 주고, 영유아가 혼자서 약을 먹게 하지 않는다.

② 영유아에게 약을 사탕이라고 하거나, 어린이가 보는 앞에서 상시 복용하는 약을 복용하지 않는다.

③ 영유아가 약을 먹는 동안 평소에 없던 증상이 나타나면 의사나 약사와 상의한다.

④ 2세 미만의 영유아가 감기에 걸리면 반드시 의사의 진료를 받도록 한다.

⑤ 어린이에게 약을 먹이기 전에 무슨 약인지, 어린이보호포장이 되어 있는지, 사용상의 주의 사항을 먼저 확인한다.

⑥ 항생제의 경우 정해진 치료 기간을 지켜서 복용한다.

⑦ 의사 또는 약사와 상의 없이 다른 약을 함께 주지 않는다.

⑧ 사용기한이 지난 약은 안전하게 가까운 약국의 폐의약품 수거함에 버린다.

⑨ 영양제, 의약품은 반드시 의약품 보관함에 넣어 보관하고 어린이 손에 닿지 않도록 한다. 특히 약을 다른 용기에 옮겨 보관하지 않아야 하며, 식탁이나 TV 받침대 위에 약을 두지 않는다.

여기서 잠깐!

- 의약품 부작용 신고 방법: (전화) 의약품부작용 신고 안내 1644-6223, (인터넷) 한국의약품안전관리원 홈페이지

- 약물오남용 예방 분야 학부모용 아동 안전교육 자료(가정 통신문) 내려 받기
  - 대상: 영유아(만 1~5세) 자녀를 둔 학부모
  - 목적: 영유아의 안전사고 예방 역량 및 사고 위기 대처 능력 향상을 위해 학부모용 아동 안전교육 자료를 제작하여 배포
  - 내려 받기 : 한국안전사이버교육센터 〉 학습지원센터 〉 공지사항 〉 번호 17번 자료(제목: 학부모용 아동 안전교육 자료[약물오남용 예방 분야])

(2) 일반약물 안전교육

영유아에게도 다음과 같은 약물 사용법을 교육하도록 한다(이기숙 외, 2014).

① 약은 반드시 정해진 용량대로, 정해진 시간에 먹는다.

② 친구나 낯선 사람이 주는 약은 먹지 않는다.

③ 혼자서 약을 먹지 않는다.

④ 약상자에 있는 약을 함부로 먹지 않는다.

⑤ 바닥에 떨어진 약은 먹지 않는다.

⑥ 다른 사람이 먹던 약은 먹지 않는다.

여기서 잠깐!

• 유아교육기관 내에서 약물 복용 시 주의할 점

– 영유아에게 열이 나거나, 구토 혹은 설사 등이 나타난다고 해서 함부로 해열제, 지사제, 구토 완화제 등을 투약하지 않는다. 이는 눈으로 관찰되는 증상일 뿐이며 질병이 아니기 때문이다.

– 부모나 전문가가 처방한 약품의 복용을 의뢰한 경우 반드시 투약 의뢰서에 따라 먹이고 난 후 결과를 부모에게 안내한다.

• 투약 의뢰서에 포함되어야 하는 내용: 영유아 이름, 약의 종류, 투약 용량, 시간, 횟수, 냉장 보관 여부, 의뢰자와 서명

(3) 안전한 약물 복용을 위한 노력

① 그림문자 활용 권고

식품의약품안전처에서는 의약품 제조 및 수입 업체에 의약품 적정사용(DUR) 정보를 그림문자로 개발하여 보급함으로써 소비자(의사, 약사 포함)가 의약품 사용 시 주의할 사항 등의 안전 정보를 쉽게 확인하고 이해할 수 있도록 돕고 있다(식품의약품안전처, 2015).

특정 연령대 금기	용량 주의	투여 기간 주의
소아 등 특정 연령대 환자가 사용할 때 사용하지 않아야 하는 성분 포함	1일 투여할 수 있는 최대 용량에 관한 정보	1회 최대 투여 기간에 관한 정보

출처: 식품의약품안전처(2015).

[그림 6-2] 의약품 안전 사용을 위한 그림문자

② 어린이보호포장 제도 시행

어린이보호포장이란 영유아의 중독사고 예방을 위해 성인이 개봉하기는 어렵지 않지만, 만 5세 미만의 영유아는 일정 시간 내에 내용을 꺼내기 어렵게 설계 고안된 포장을 의미한다. 우리나라에서도 관련 규정을 제정하여 의약품(경구로 투여되는 의약품), 화학제품(세정제, 코딩제, 접착제, 방향제 등), 화장품 등의 제품에 어린이보호포장 제도를 실시하고 있다(한국소비자원, 2015).

[표 6-9] 일반포장과 어린이보호포장

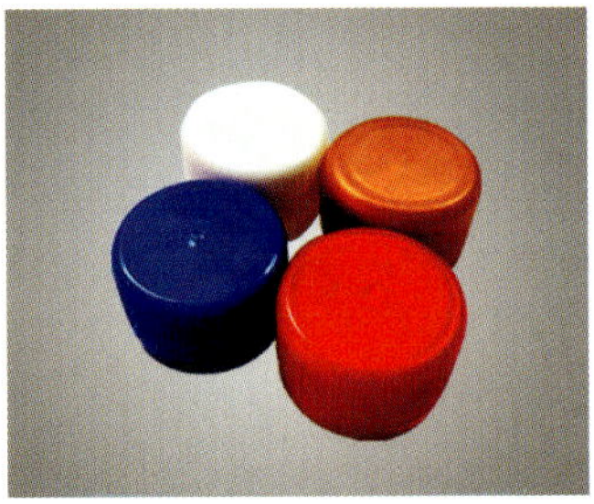	
일반포장 용기	어린이보호포장 용기

3) 화학제품 안전교육

생활화학제품이란 가정, 사무실, 다중이용시설 등의 생활 공간에서 사용하는 제품으로서 환경이나 사람에게 화학 물질의 노출을 유발할 가능성이 있는 것을 의미한다(「생활화학제품 및 살생물제의 안전관리에 관한 법률」 제2조 제1호). 생활화학제품을 법에 의한 관리 체계별 구분과 한국소비자원의 소비자 위해 감시시스템(CISS)에 따라 구분하면 다음과 같다.

[표 6-10] 생활화학제품의 구분

<table>
<tr><th colspan="3">법에 의한 관리 체계별 구분</th><th>한국소비자원의
소비자 위해 감시시스템 구분</th></tr>
<tr><th>구분</th><th colspan="2">품목</th><td rowspan="6">접착제, 표백제, 세정제, 살충제, 방향제, 소독제, 세탁제, 방습제, 페인트, 탈취제 등</td></tr>
<tr><td rowspan="3">인체 및 식물 직접 적용</td><td>의약품</td><td>치약, 콘택트렌즈, 인체용 소독제</td></tr>
<tr><td>화장품</td><td>샴푸, 향수, 린스</td></tr>
<tr><td>위생 용품</td><td>세척제, 헹굼보조제, 일회용품, 일회용 기저귀 등</td></tr>
<tr><td rowspan="2">기타 생활화확 제품</td><td>살생 물질</td><td>살생물품제(소독제, 방부제, 살충제, 가습기제 등)</td></tr>
<tr><td>고위험 물질</td><td>위해 우려 제품 6개 그룹(세제류, 코팅, 접착제류, 방향제, 염료염색류, 살생물 제품류 등)</td></tr>
</table>

출처: 한국소비자원(2017).

(1) 화학제품 중독사고

화학제품 중독사고란 생활 속에서 세제나 방향제 등의 화학제품을 사용하는 과정에서 신체 일부에 접촉하거나 음료 등으로 오인하여 마셔서 발생하는 사고를 의미한다(한국소비자원, 2018).

한국소비자원(2018)에서 2015년부터 2017년까지 발생한 생활화학제품 중독사고를 조사한 결과, 5세 미만의 영유아에게서 89.5%로 가장 많이 사고가 발생한 것으로 나타났다. 사고의 대부분은 영유아가 생활화학제품을 마시거나 눈에 접촉하는 형태로 나타났으며, 사고를 유발하는 생활화학제품은 대부분 가정에서 사용되는 세정제, 방향제, 습기제거제, 합성세제, 주방세제 등이었다.

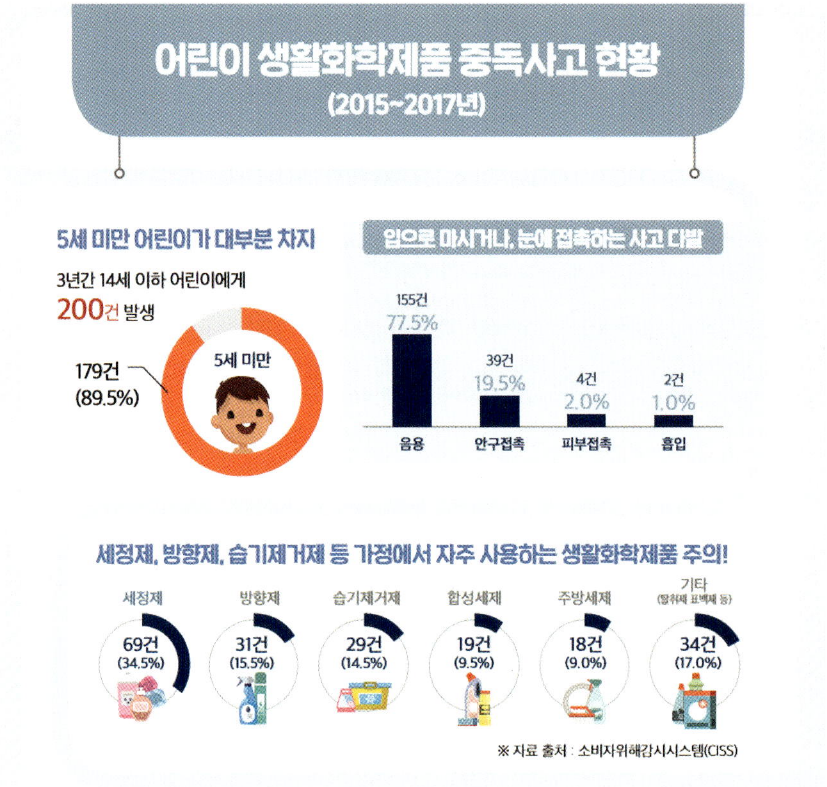

출처: 한국소비자원(2018).

[그림 6-3] 어린이 화학제품 중독사고

(2) 생활화학제품 중독사고 예방하기

성인은 다음과 같이 생활 속에서 영유아 생활화학제품 중독사고가 발생하지 않도록 노력해야 한다.

① 영유아가 제품을 만지지 못하게 하고 근처에 없을 때 제품을 사용한다.
② 낱개의 제품을 용기 외부에 두지 않는다.
③ 가정에서의 사고 예방을 위해 평소 영유아에게 화장실과 세탁실은 놀이 공간이 아니라고 교육한다.
④ 낮은 수납장에 제품을 보관할 경우 수납장을 잠그거나 어린이보호포장이 되어 있는 것을 구입한다.
⑤ 사용 후에는 높은 선반과 같이 영유아의 손에 닿지 않고 영유아가 볼 수 없는 곳에 제품을 보관한다.
⑥ 제품용기를 바꾸지 않고 그대로 사용하며, 다 쓴 제품용기를 다른 물건, 특히 음식을 담는 용도로 사용하지 않는다.

(3) 사고 발생 시 대처 방법

영유아 생활화학제품 중독사고가 발생할 경우 성인은 다음과 같이 응급처치를 한다.

① 생활화학제품을 삼키거나 빨아 먹은 경우 억지로 토하게 하지 않는다.
② 제품이 눈에 들어간 경우 눈을 비비지 말고 흐르는 물로 씻어 낸 후 병원 치료를 받는다.
③ 피부에 접착제 등이 묻었을 경우 무리하게 제거하지 말고, 미지근한 물과 세제를 이용해 제거한다.

[표 6-11] 어린이보호포장에서 제외된 위험 물질

빙초산과 구강청결제	
	빙초산 • 식용으로 빙초산을 사용하는 우리나라에서는 빙초산이 식품 첨가물에 해당됨 • 석유를 정제하여 제조한 화학적 합성품으로, 피부에 닿으면 화상을 일으키거나 눈에 튈 경우 시력 상실도 가져올 수 있음
	구강청결제 • 구강청결제는 소비자 안전을 위한 주의 사항은 표시하고 있지만 개폐구는 일반용기를 사용함 • 구강청결제를 마셨을 경우 중추 신경계 중족, 위장관 점막의 손상, 구토, 설사 등을 유발할 수 있음

출처: 한국소비자원(2015).

(4) 안전한 화학제품 사용을 위한 노력

성인은 영유아의 화학제품 중독사고를 예방하기 위해 주의를 기울여야 한다.

① 유해화학물질의 용기나 포장에 그림문자 사용

화학물질을 적절하게 관리하는 한편, 「화학물질관리법」 제16조 제1항에 따라 유해화학물질의 용기나 포장에 그림문자 등의 표시를 하여 쉽게 유해화학물질임을 알 수 있도록 한다. 환경부(2015)에서 제시한 유해화학물질의 그림문자를 내용별로 살펴보면 다음과 같다.

폭발성 자기반응성 유기과산화물	인화성 물반응성 자기반응성	산화성

금속부식성 피부부식성 심한 눈손상	호흡기과민성 발암성 생식세포변이원성	수생환경유해성

고압가스	경고	급성독성

출처: 환경부(2015).

[그림 6-4] 유해화학물질을 나타내는 그림문자

② 식품·장난감 모방제품의 규제 제정을 위한 노력

식품·장난감 모방제품이란 장난감과 식품이 아닌 제품들이 식품과 장난감 모양으로 포장되어 영유아에게 혼란을 일으킬 수 있는 제품을 의미한다(한국소비자원, 2018). 주로 방향제, 입욕제, 비누, 화장품 등의 제품에서 모방제품을 만들어 판매하고 있다.

[표 6-12] 식품·장난감 모양의 제품

사탕 모방 입욕제	딸기잼 모방 팩	컵케익 모방 립밤
		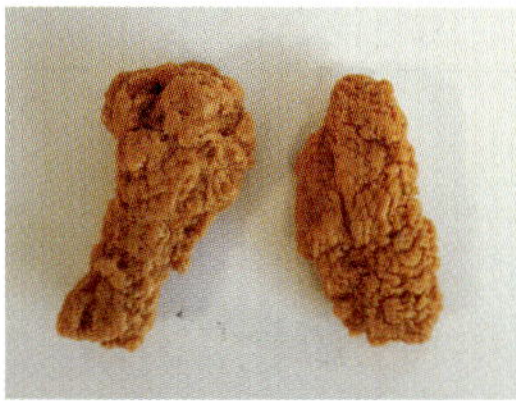
음료수 모방 방향제	마카롱 모방 향초	치킨 모양 비누

출처: 한국소비자원(2018).

어린 자녀가 있는 가정에서는 자녀의 호기심을 자극하거나 식품이나 장난감으로 오인할 수 있는 모양의 제품은 구입을 피하고, 만약 이러한 제품이 가정 내에 있다면 자녀의 손에 닿지 않는 곳에 보관하도록 한다.

참고 자료 ❶ – 유용한 안전교육 정보

어린이집으로 찾아오는 아동안전교육

- 한국보건복지인력개발원에서 선발, 훈련받은 전문강사가 표준화된 교육과정과 교안, 체험교구를 활용하여 전국 어린이집을 순회하는 방식으로 진행되며, 2018년부터 생활안전의 영역이 추가되어 운영되고 있다.
- 교육 대상: 영유아
- 교육 내용: 「아동복지법」(제31조)에 근거한 5대 영역(성폭력 및 아동학대 예방, 실종·유괴의 예방과 방지, 감염병 및 약물의 오용·남용 예방 등 보건위생관리, 재난대비 안전, 교통안전)
- 교육 신청: 한국보건복지인력개발원(https://www.kohi.or.kr/)

사이버 안전교육(영유아교사용 아동안전교육 과정)

- 교육 대상: 영유아교사 및 아동안전교육에 관심 있는 사람은 누구나
- 교육 일정: 상시 가능하며 신청일로부터 21일간 학습하는 것이 가능
- 수료 안내: 안전교육 후 설문 완료 시 학습 종료, 홈페이지에서 개인별 수료증 출력 가능
- 교육 과정
  - 영유아교사를 대상으로 하는 응급처치 및 생활 안전교육
  - 「아동복지법」 5대 안전교육과 응급처치 등에 대한 교사용 안전교육 강좌 (5대 안전교육: 성폭력 및 아동학대 예방, 실종·유괴의 예방과 방지, 감염병 및 약물의 오용·남용 예방 등 보건위생관리, 재난 대비 안전, 교통안전)
  - 아동의 발달적 특성에 따른 안전사고의 유형, 각 주제별 효과적인 교육 내용 및 방법 학습 가능
- 교육 신청: 아동안전사이버교육센터(https://childsafe.kohi.or.kr/)

의약품 사용 안전교육

의약품 사용 안전교육은 유아교육기관에서 요청하는 교육 대상에 따라 원하는 주제에맞춰 강의를 진행한다.

- 교육 대상: 만 3~5세 유아
- 교육 내용: 의약품 복용법, 외용약 사용법 안내
- 교육 과정
  - 강의 1: 의약품과 건강
  - 강의 2: 만성질환 각론
  - 강의 3: 의약품과 건강기능식품
- 교육 신청: 대한약사회 약바로쓰기운동본부(http://www.paadu.or.kr/main_temp/)

참고 자료 ❷ – 약물오남용 안전교육 활동계획안(영아용)

보호자가 주는 약만 먹어요	
활동 목표	• 내 약이라도 보호자가 주는 것만 먹어야 함을 경험한다. (기본생활 〉 안전하게 생활하기 〉 안전하게 지내기)
활동 자료	영아 본인의 약, 물
활동 방법	① 약 먹을 시간임을 알려 준다. ② 약은 선생님이 주는 것만 먹어야 한다고 이야기한다. ③ 집에서는 부모님(엄마, 아빠)이 주시는 약만 먹도록 한다고 이야기한다. ④ 동영상을 보며 바른 약 먹는 방법에 대해 이야기한다.
유의 사항	• 영아들이 가지고 온 약은 실온 보관인지 냉장 보관인지 확인하고 식전인지 식후 투약인지 반드시 확인한다. • 각각의 약에는 영아의 이름을 꼭 써 놓고 투약 전에도 반드시 이름과 용량을 확인한 후 투약한다.
가정 연계교육	• 본인의 약이라도 자녀의 손이 닿지 않는 곳에 보관해 주시고, 자녀가 약을 용량보다 더 혹은 덜 먹으려고 하는 경우에는 안 되는 이유를 반드시 설명해 준다. • 약바로쓰기운동본부에서 제작한 어린이 약 복용에 대한 사이트를 안내하여 동영상 자료를 시청하도록 안내한다(https://www.youtube.com/watch?v=8XOjU9snVpc)

출처: 한국보건복지인력개발원(2018).

참고 자료 ❸ – 약물오남용 안전교육 활동계획안(유아용)

먹으면 위험해요	
활동 목표	• 먹을 수 있는 것과 먹을 수 없는 것을 구별할 수 있다. (신체운동·건강 〉 안전하게 생활하기 〉 안전하게 놀이하기)
활동 자료	ㅇ× 바구니, 먹을 수 있는 음식 사진 카드(철심을 붙임), 먹을 수 없는 세제 등의 사진 카드(철심을 붙이지 않음) 10개, 전기회로 실험 세트(전선, 집게 등)
	① 사진 카드에 무엇이 있는지 함께 이야기 나눈다. ② ㅇ(먹을 수 있어요), ×(먹으면 안 돼요)가 붙은 바구니에 사진 카드를 분류해 본다. ③ 먹을 수 없다고 분류한 사진 카드를 살펴보고 어떤 용도로 사용하는 것인지 사용 방법을 알아본다.  〈 먹으면 안 되는 세제 등의 그림 카드 〉 ④ 위험한 약품을 먹었을 때 어떻게 해야 하는지 이야기 나눈다.
확장 활동	• 전기회로 실험을 통하여 먹을 수 있는 그림 카드(철심 부착)와 먹으면 안 되는 그림 카드(철심 부착 안함)를 전구에 불이 켜지는지의 여부로 확인해 본다. • 잡지에 있는 광고 사진 자료를 이용하여 수수께끼 카드를 만들어 본다.
유의 사항	• 먹을 수 있는 약품 중에서도 함부로 먹으면 안 되는 것(의약품)이 있음을 자세히 이야기 나눈다.

출처: 중앙보육정보센터(2008).

참고 자료 ❹ – 동영상 활용 자료

어린이 약복용(동영상 자료)

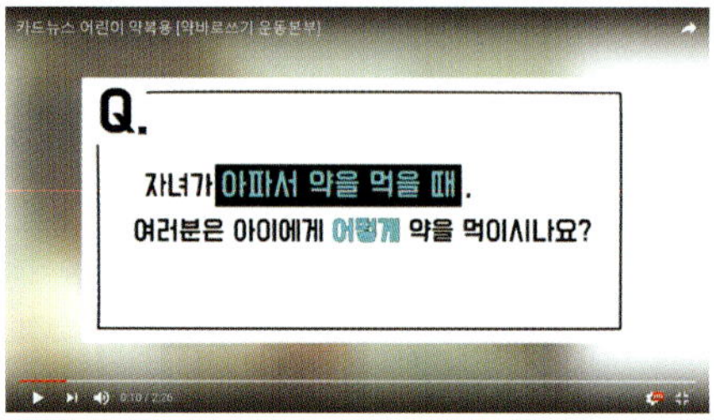

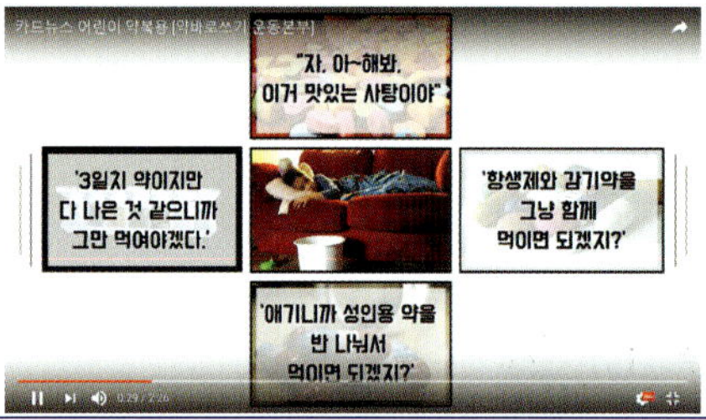

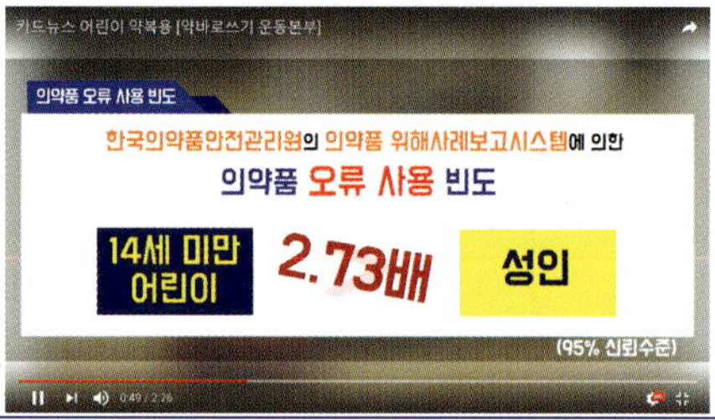

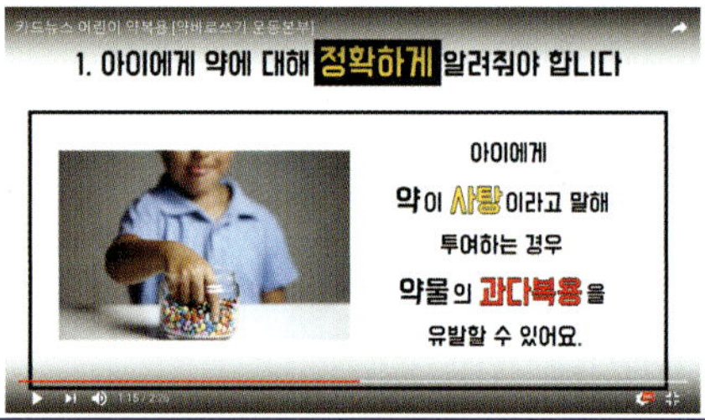

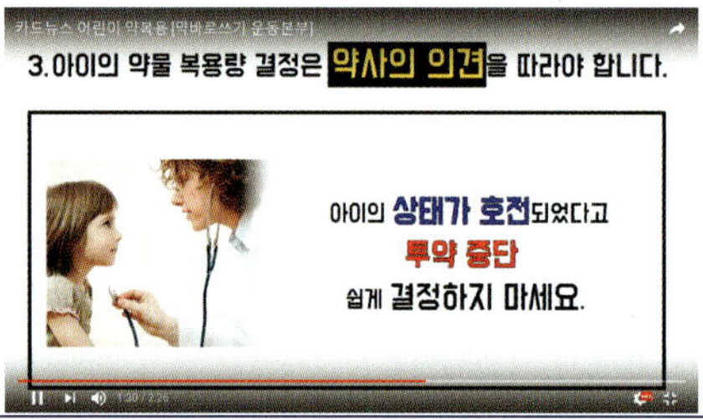

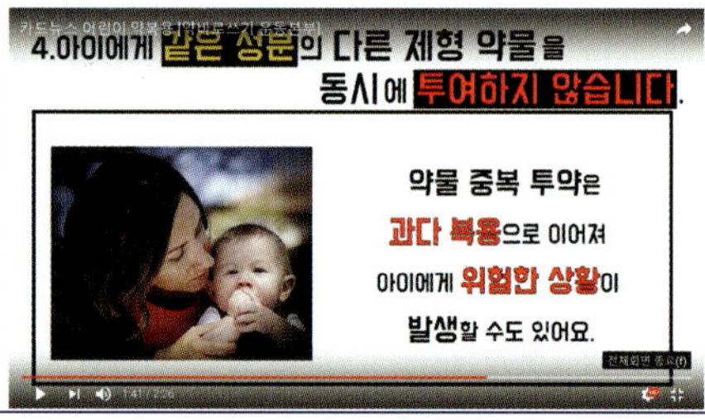

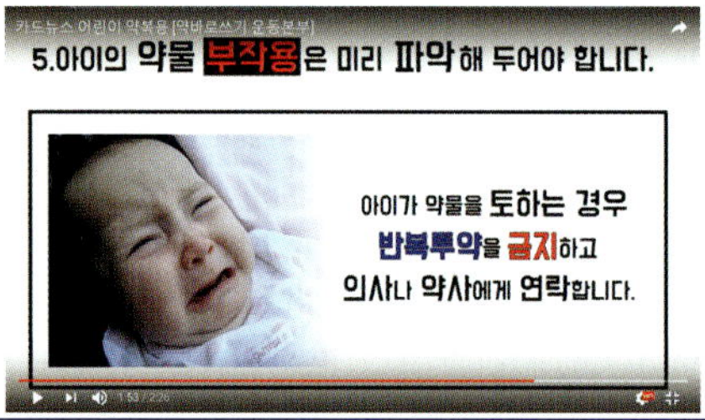

출처: 약바로쓰기운동본부.

Chapter 7

아동학대 및 예방교육

1. 아동학대 및 예방교육의 개념과 필요성

1) 아동학대의 개념과 예방교육의 필요성

아동학대란 보호자를 포함한 성인이 아동의 건강 또는 복지를 해치거나 정상적 발달을 저해할 수 있는 신체적·정신적·성적 폭력이나 가혹 행위를 하는 것과 아동의 보호자가 아동을 유기하거나 방임하는 것을 말한다(「아동복지법」 제3조 제7호). 또한 아동학대범죄란 아동학대 중 보호자에 의한 아동학대를 아동학대범죄로 규정(「아동학대범죄의 처벌 등에 관한 특례법」 제2조 제4호)하고 있다. 여기서 말하는 보호자란 친권자, 후견인, 아동을 보호·양육·교육하거나 그러한 의무가 있는 자 또는 업무·고용 등의 관계로 사실상 아동을 보호·감독하는 자(「아동복지법」 제3조 제3호)를 말한다. 아울러, 아동이 유아교육기관에서 보육 및 교육을 받는 시간 동안 당해 아동을 담당하는 유아 교직원도 보호자에 해당됨을 명심해야 한다. 여기서 아동이라 함은 「아동복지법」상 0세부터 만 18세 미만을 일컫는 용어로 영유아를 포함한다.

아동은 출생과 함께 '가족'이라는 울타리 속에서 부모나 형제자매와 관계를 맺으며 독립된 하나의 인간으로 탄생한다. 아동은 태어나면서부터 소중한 한 사람의 인격체로서 존중되어지고 사회와 가족으로부터 보호받으며 자신의 권리를 충분히 누리면서 살아갈 권리가 있다. 아동기의 특별한 발달 특징은 성인이 되어서도 영향을 미치게 되므로, 아동기의 안정된 애착 형성과 존중받는 인격체, 긍정적 자아존중감을 형성할 수 있도록 성인들의 각별한 관심과 보살핌이 필요하다. 나아가 이들에게 발달에 적합한 환경 제공과 다양한 교육 기회의 제공으로 아동 스스로 선택하고 참여하며 자신과 타인의 권리를 존중하고 배려할 수 있도록 해 주어야 한다.

2) 아동학대의 유형

아동학대의 유형은 '신체학대', '정서학대', '성학대', '방임 및 유기'로 크게 4가지로 구분할 수 있다.

'신체학대'란 보호자를 포함한 성인이 아동의 건강 또는 복지를 해치거나 정상적 발달을 저해할 수 있는 신체적 폭력이나 가혹 행위를 하는 것을 말하며(「아동복지법」 제3조 제7호), '정서학대'란 보호자를 포함한 성인이 아동의 건강 또는 복지를 해치거나 정상적 발달을 저해할 수 있는 정신적 폭력이나 가혹행위를 하는 것을 말한다(「아동복지법」 제3조 제7호). '성학대'란 보호자를 포함한 성인이 아동의 건강 또는 복지를 해치거나 정상적 발달을 저해할 수 있는 성적 폭력이나 가혹 행위를 하는 것을 말하며(「아동복지법」 제3조 제7호), '방임 및 유기'는 아동의 보호자가 아동을 유기하거나 방임하는 것을 말한다(「아동복지법」 제3조 제7호). 아동학대의 유형 및 구체적 행위는 다음과 같다.

[표 7-1] 아동학대 유형 및 구체적 행위

학대 유형	내용	구체적인 행위 예
신체 학대	보호자를 포함한 성인이 아동에게 우발적인 사고가 아닌 상황에서 신체적 손상을 입히거나 또는 신체 손상을 입도록 허용한 모든 행위를 말한다. ※ 36개월 이하의 영아에게 가해진 체벌은 어떠한 상황에서도 학대임	• 직접적으로 신체에 가해지는 행위(손, 발 등으로 때리는 행위, 꼬집고 물어뜯는 행위, 조르고 비트는 행위, 할퀴는 행위 등) • 도구를 사용하여 신체를 가해하는 행위(도구로 때림, 흉기 및 뾰족한 도구로 찌름 등) • 신체에 유해한 물질로 신체에 가해지는 행위(화학물질 혹은 약물 등으로 신체에 상해를 입힘, 화상을 입힘 등) • 완력을 사용하여 신체를 위협하는 행위(강하게 흔듦, 신체부위 묶음, 벽에 밀어붙임, 떠밀고 움켜잡음, 아동을 던짐, 몸을 거꾸로 매닮, 물에 빠뜨림 등)
정서 학대	보호자를 포함한 성인이 아동에게 행하는 언어적 모욕, 정서적 위협, 감금이나 억제, 기타 가학적인 행위를 말한다.	• 원망적, 거부적, 적대적 또는 경멸적인 언어폭력 등 • 잠을 재우지 않는 것 • 벌거벗겨 내쫓는 행위 • 형제나 친구 등과 비교, 차별, 편애하는 행위 • 가족 내에서 왕따시키는 행위

학대 유형	내용	구체적인 행위 예
정서 학대		• 아동이 가정폭력을 목격하도록 하는 행위 • 아동을 시설 등에 버리겠다고 위협하거나 짐을 싸서 쫓아내는 행위 • 미성년자 출입금지 업소에 아동을 데리고 다니는 행위 • 아동의 정서발달 및 연령상 감당하기 어려운 것을 강요하는 행위(감금, 약취 및 유인, 아동 노동 착취) • 다른 아동을 학대하도록 강요하는 행위
성 학대	성학대란 보호자를 포함한 성인이 자신의 성적 충족을 목적으로 18세 미만의 아동에게 행해지는 모든 성적 행위를 말한다. ※ 아동 성학대는 두려움이나 힘을 이용하여 이루어지기도 하지만, 놀이를 통해 착각하게 하는 방법이 사용되기도 함	• 자신의 성적 만족을 위해 아동을 관찰하거나 아동에게 성적인 노출을 하는 행위(옷을 벗기거나 벗겨서 관찰하는 등의 관음적 행위, 성관계 장면을 노출, 나체 및 성기 노출, 자위행위 노출 및 강요, 음란물을 노출하는 행위 등) • 아동을 성적으로 추행하는 행위(구강추행, 성기추행, 항문추행, 기타 신체 부위를 성적으로 추행하는 행위 등) • 아동에게 유사 성행위를 하는 행위(드라이성교 등) • 성교를 하는 행위(성기삽입, 구강성교, 항문성교) • 성매매를 시키거나 성매매를 매개하는 행위
방임 및 유기	방임이란 보호자가 아동에게 위험한 환경에 처하게 하거나 아동에게 필요한 의식주, 의무교육, 의료적 조치 등을 제공하지 않는 행위를 말하며, 유기란 보호자가 아동을 보호하지 않고 버리는 행위를 말한다.	• <u>물리적 방임</u> – 기본적인 의식주를 제공하지 않는 행위 – 불결한 환경이나 위험한 상태에 아동을 방치하는 행위 – 아동의 출생 신고를 하지 않는 행위, 보호자가 아동들을 가정 내에 두고 가출한 경우 – 보호자가 아동을 병원에 입원시키고 사라진 경우 – 보호자가 아동을 시설 근처에 두고 사라진 경우 – 보호자가 친족에게 연락하지 않고 무작정 아동을 친족집 근처에 두고 사라진 경우 • <u>교육적 방임</u> – 보호자가 아동을 특별한 사유 없이 학교(의무교육)에 보내지 않거나 아동의 무단결석을 방치하는 행위 ※의무교육은 초등(6년) 및 중학교(3년) 교육을 의미함(「교육기본법」 제8조 제1항) ※무단결석이란 정당한 사유 없이 계속하여 7일 이상 결석을 하는 경우임(「초·중등교육법 시행령」 제25조 제1항) • <u>의료적 방임</u> – 아동에게 필요한 의료적 처치 및 개입을 하지 않는 행위

출처: 중앙아동보호전문기관(2015. 5. 5.). 발췌.

3) 아동학대의 후유증

아동학대는 심각한 상처와 함께 심리적인 불안, 위축, 공격적인 행동, 사회성 결여, 신체발달 지연 및 인지발달 지체 등의 심각한 후유증을 남길 뿐 아니라 극단적으로는 사망에 이르는 경우도 있으며, 어렸을 때 학대를 경험한 아동의 경우 성인이 되어 자녀와 배우자 학대를 더 많이 하고 있음이 밝혀져 폭력의 학습(전이)이라는 면에서 또한 심각한 문제가 되고 있다. 학대받은 아동들이 흔히 보이는 여러 가지 증후와 후유증은 다음과 같다.

[표 7-2] 아동학대 유형별 신체적·행동적 징후

신체학대	정서학대	성학대	방임 및 유기
성인이 아동에게 신체적 손상을 입히 거나 이를 허용하는 모든 행위	성인이 아동에게 하는 언어폭력, 정서적 위협, 감금, 억제, 기타 가학적인 행위	성인이 아동에게 성적인 신체 접촉을 하거나 성적인 활동을 권유하거나 강요하는행위	아동의 양육과 보호를 소홀히 하여 정상적인 발달을 저해하는 모든 행위
징후	징후	징후	징후
• 설명하기 어려운 신체적 상흔 • 발생 및 회복에 시간차가 있는 상처(지속적으로 학대가 일어나고 있을 가능성이 있음) • 사용된 도구의 모양이 그대로 나타나는 상처 • 담배불 자국, 뜨거운 물에 데인 화상 자국 • 겨드랑이, 팔뚝 안쪽, 허벅지 안쪽 등 다치기 어려운 부위의 상처 • 공격적이거나 위축된 극단적 행동 • 부모에 대한 지나친 두려움	• 수면 부족으로 인한 후유증 • 언어장애, 비행, 기행(퇴행, 반사회적 행동 등) • 스트레스로 인한 탈모, 특정 물건을 빨고 있거나 물어뜯음 • 행동장애(반사회적, 파괴적 행동장애) • 실수에 대한 과잉 반응·극단 행동, 과잉 행동, 자살 시도	• 걷거나 앉는 데 어려움, 나이에 맞지 않는 성적 행동, 해박하고 조숙한 성 지식 • 타인, 동물, 장난감을 대상으로 하는 성적인 상호 관계 • 위축, 환상, 퇴행 행동, 특정유형의 사람들 또는 성에 대한 두려움 • 회음부의 통증·가려움 • 찢기거나 손실된 처녀막 • 질에 생긴 상처나 긁힌 자국 또는 홍진 • 항문 주변의 멍이나 찰과상 • 성병 감염 및 임신	• 발달 지연 및 성장 장애, 비위생적인 신체 상태, 계절에 맞지 않는 옷 • 머릿니, 빈대, 회충 등이 있음 • 악취가 지속해서 나는 경우 • 예방접종과 치료 불이행, 건강 상태 불량 • 특정한 사유 없이 무단결석 • 지속적 피로·불안정감 호소, 수업 중 조는 태도 • 도벽 등의 비행 행동

출처: 중앙아동보호전문기관(2019. 6. 20.). 아동학대예방을 위한 안내서.

4) 아동학대의 발생 원인

학대 행위자 개인적 요인으로는 어린 시절의 학대 경험, 폭력에 대한 태도, 자녀에 대한 비현실적 기대 및 자녀의 욕구에 대한 이해 부족, 알코올 남용, 약물 중독, 충동과 감정 조절의 무능력, 부모 역할에 대한 지식과 기술 부족, 낮은 자아존중감, 낮은 지적 능력, 대인 관계 기술 부족을 들 수 있으며, 아동 요인으로는 신체적, 정신적 또는 기질적으로 장애가 있는 등 미숙하고 허약한 아동, 문제 행동을 보이는 아동인 경우가 많다. 다음으로 사회·환경적 요인으로는 가족의 구조적 요인(빈곤, 실직, 사회적 고립 등), 아동을 부모의 소유물로 보는 관점, 아동을 존중하지 않는 사회, 체벌이 수용되는 사회, 경제적 불황 등의 요인으로 기인한다.

2. 아동학대 현황

1) 아동학대 최근 동향

중앙아동보호전문기관(2019)의 자료를 통하여 최근 아동학대 동향을 살펴보면 아동학대 신고 건수와 피해아동 수는 점점 더 증가하고 있는 것으로 나타나고 있으며, 아동학대 행위자의 80% 이상이 해마다 부모인 것으로 나타났다. 방임의 경우, 부모에 의한 발생률이 90% 이상을 차지하고 있다. 또한 아동학대 유형으로는 중복학대가 가장 많았으며, 다음으로 방임, 정서학대, 신체학대 순으로 나타나 보통 학대를 받는 아동은 여러 학대가 복합적으로 이루어지고 있는 것과 정서학대가 점점 높아지고 있는 것을 알 수 있다.

이처럼 아동학대는 단순한 개인의 문제가 아니라, 개인, 가족, 사회에 이르는 광범위한 사회 문제로 야기되고 있다. 특히 세대 간 전이가 많이 이루어지고 있음을 알 수 있으며, 아동기부터 학대를 받아온 아이들일수록 청소년, 또는 성인이 되면서 폭력을 휘두르는 등 공격성을 드러내는 경향이 높을수 있으며 어릴 적 신체·정서학대의 경험은 사회적, 정서적으로 아동에게 부정적인 영향을 미쳐 가출이나 비행 등의 문제로 연결될 수 있고 더 나아가 사회적 범죄까지도 야기될 수 있으므로 각별한 관심이 요구된다.

2) 아동학대 세부 현황 분석

(1) 아동학대 신고의무자 제도

「아동학대범죄의 처벌 등에 관한 특례법」 제10조에 의하면 아동학대 신고의무자 정의 및 역할에서 아동학대 신고의무자란 직무를 수행하면서 아동학대를 쉽게 발견할 수 있는 직업군을 의미하고 있다. 아동학대 신고의무자는 아동학대 의심 및 발견 즉시 112에 신고해야 한다(중앙아동보호전문기관, 2019).

아동학대 신고의무자가 직무를 수행하면서 아동학대범죄를 알게 된 경우나, 그 의심이 있는 경우에도 정당한 사유 없이 신고하지 아니한 경우 500만 원 이하의 과태료가 부과되며 1차 위반 시 150만 원, 2차 위반 시 300만 원, 3차 위반 시 500만 원의 과태료가 부과된다.

이때 「아동학대범죄의 처벌 등에 관한 특례법」, 「공익신고자 보호법」, 「특정범죄 신고자 등 보호법」에서 신고자 보호 조치 내용을 살펴보면, 신고자의 신원이 공개되는 것을 방지하고 동시에 신고자의 불이익 조치를 금지하고 있다. 즉 신고인의 인적 사항 등을 다른 사람에게 알려 주거나 공개 또는 보도한 사람을 3년 이하의 징역이나 3,000만 원 이하의 벌금에 처하고 있다. 아동학대 신고 요령과 신고의무자 범위를 살펴보면 다음과 같다(중앙아동보호전문기관, 2019).

① 아동학대 신고 요령

(가) 아동학대 의심 및 발견 시 아동보호전문기관과 상담이 가능하며, 아이지킴콜 112로 신고한다.
(나) 아동에게 응급 상황이 발생하거나 긴박한 상황의 경우 아동을 병원에 데려간 후 신고한다.
(다) 아동학대를 알게 된 경우나 학대 의심이 있는 경우에는 112에 신고한다.

아동학대 신고 절차를 정리해 살펴보면 다음과 같다.

[1단계]
아동학대 의심 및 발견
- 아동학대 유형 및 징후 인지
- 아동학대 의심 사항 확인
- 응급 상황 시 아동안전 우선 확보(예: 긴박한 상황의 경우 아동을 병원에 데려간 이후 신고)

→

[2단계]
아동학대 신고(112)
- 가능한 많은 정보를 파악하여 즉시 신고
- 학대 의심 내용 전달
- 아동 및 학대 행위자, 신고자 정보 전달

→

[3단계]
아동보호전문기관과 협력 유지
- 피해아동에 대한 재학대 여부 지속 관찰
- 의심스런 상황 발생 시 아동보호전문기관에 신속 전달

[그림 7-1] 아동학대 신고 절차

② 신고의무자의 범위 (「아동학대범죄의 처벌 등에 관한 특례법」 제10조 제2항)

법률명(약칭)	신고의무자	법률명(약칭)	신고의무자
아동학대처벌법	• 가정위탁지원센터의 장과 종사자 • 아동복지시설의 장과 종사자 (아동보호전문기관 제외)	영유아보육법	• 육아종합지원센터의 장과 종사자 • 어린이집의 장 등 보육교직원
아동복지법	• 아동복지 전담 공무원 • 취약 계층 아동에 대한 통합 서비스 지원 수행 인력	유아교육법	• 교직원 • 강사
가정폭력방지법	• 가정폭력 관련 상담소 • 가정폭력 피해자 보호시설의 장과 종사자	초·중등 교육법	• 교직원 • 전문상담교사 • 산학겸임교사 등
건강가정기본법	• 건강가정지원센터의 장과 종사자	학원법	• 학원의 운영자, 강사, 직원 • 교습소의 교습자, 직원
다문화가족 지원법	• 다문화가족지원센터의 장과 종사자	의료법	• 의료기관의 장과 의료인 • 의료기사
한부모가족 지원법	• 한부모가족복지시설의 장과 종사자	청소년기본법	• 청소년시설 • 청소년단체의 장과 종사자
사회복지사업법	• 사회복지 전담공무원 • 사회복지시설의 장과 종사자	청소년보호법	• 청소년 보호·재활센터의 장과 종사자
성매매피해자 보호법	• 지원시설 • 성매매피해상담소의 장과 종사자	장애인복지법	• 장애인복지시설의 장과 종사자로서 시설에서 장애아동에 대한 상담·치료·훈련 또는 요양 업무를 수행하는 사람
성폭력방지법	• 성폭력피해상담소 및 성폭력 피해자 보호시설의 장과 종사자 • 성폭력피해자통합지원센터의 장과 종사자	정신건강증진 및 정신질환자 복지서비스 지원에 관한 법률	• 정신건강복지센터 • 정신의료기관 • 정신요양시설 • 정신재활시설의 장과 종사자
소방기본법	• 구급대의 대원	아이돌봄 지원법	• 아이돌보미
응급의료에 관한 법률	• 응급의료기관 등에 종사하는 응급 구조사	입양특례법	• 입양기관의 장과 종사자

출처: 중앙아동보호전문기관(2019. 6. 20.). 아동학대예방을 위한 안내서.

③ 신고 접수

중앙아동보호전문기관의 아동학대에 대한 현황을 분석한 '2017년도 아동학대 통계'(2018. 3. 27) 자료를 살펴보면, 우리나라의 아동학대 신고 접수 건수는 총 34,185건으로 사회적 관심과 의무신고제 실시로 신고 건수가 점점 늘어나고 있는 것을 알 수 있다.

신고 접수 유형으로는 아동학대 사례가 대부분을 차지하고 있으며 신고자 유형도 신고의무자들이 대다수를 차지하고 있다. 따라서 아동학대에 대한 가정 및 사회적 관심과 예방 차원의 아동학대 예방교육이 절실히 요구되고 있음을 알 수 있다. 또한 사례 판단 결과 대부분의 사례가 아동학대로 밝혀지고 있다.

(2) 아동학대 유형 현황

아동학대 유형별 현황으로는 총 22,157건 중 중복학대가 10,778건으로 가장 높고, 다음으로 정서학대, 신체학대, 방임학대, 성학대순으로 나타났다. 즉, 학대를 받는 아동은 대부분이 중복학대를 받고 있으며 또한 가족 구조, 맞벌이 부부의 증가, 가치관의 변화 등 다양한 시대적 배경에 따라 가정에서 '방임'되고 있는 아동들이 점점 늘어나고 있으며, 상대적으로 정서학대의 비율이 높아지는 것을 알 수 있다.

(3) 아동학대 발생 장소

아동학대 발생 장소별 현황을 살펴보면, 총 22,157건 중에서 아동학대가 가장 높은 곳은 가정으로 17,835건이었으며, 다음으로 학교 1,332건, 어린이집 825건, 집 근처 또는 길가 401건, 유치원 268건, 학원, 친인척, 기타 683건 등의 순으로 나타났다. 대부분의 아동학대가 가정에서 일어나고 있음을 알 수 있으며, 다음으로 아동 관련 기관이라는 점에 주목할 필요성이 있다.

(4) 아동학대 행위자

아동학대 행위자별 현황으로는 22,157건 중 부모가 7,034건으로 가장 높았으며, 다음으로 대리양육자 3,286건, 친인척 1,063건, 타인 291건의 순으로 나타났다. 이를 통해 부모들의 아동에 대한 새로운 인식이 요구됨을 알 수 있으며, 특히 유아교육기관 종사자들의 아동학대 예방교육과 아동권리 존중에 대한 보육 및 새로운 생활지도 방법이 요구되고 있다.

(5) 피해아동 최종 조치 결과

피해아동 최종 조치 결과로는 원 가정보호, 분리보호 후 가정 복귀 순으로 나타나고 있으며, 아동학대 행위자의 최종 조치 결과로는 지속 관찰과 고소, 고발, 사건 처리, 아동과의 분리, 기관 의뢰 순으로 나타나고 있다.

3. 아동학대 조치에 관한 법규

1) 아동학대 관련 법

우리나라 아동복지와 관련된 최초의 법은 1961년 12월 30일에 제정된 「아동복리법」이다. 이 법은 6·25 전쟁 이후 사회 혼란과 국가 재정의 궁핍으로 '요보호아동'을 대상으로 제한적 입법이 되었으며, 1981년 4월 13일에 「아동복지법」으로 명칭이 변경되고 전문 개정되었다.

이 법의 취지는 우리나라 모든 아동의 건전 육성에 그 목적을 두었으나 보호체계는 역시 '요보호아동'이 발생한 후의 시설 수용보호에 머물러 있었다. 이후 사회의 변화와 함께 가정 내 아동학대, 약물 중독, 아동의 안전 문제 등의 새로운 아동복지 욕구를 수용할 수 있도록 법의 개정이 절실해졌다. 아동복지 관련 단체들의 노력으로 전면 개정된 「아동복지법」이 1999년 12월 7일자로 정기 국회를 통과하였고, 2000년 1월 12일자로 법률 제6151호로 공포, 2000년 7월 13일부로 시행되었다.

2011년 8월 4일에는 아동학대의 정의, 아동보호전문기관의 친권상실 선고 청구제, 아동학대 예방 홍보 강화, 신고의무자 확대 및 신고의무 강화, 상담원 신변안전 제도 등의 내용을 포함한 「아동복지법」 전부 개정 법률안이 공포되어 2012년 8월 5일부터 시행되고 있다. 또한 2014년 9월 29일부터 「아동학대범죄의 처벌 등에 관한 특례법」과 「아동복지법」 개정안이 공포되어 시행되었다. 이때부터 아동학대 신고 전화가 112로 통합되어 운영되고 있다. 2015년부터 개정된 「아동복지법」의 주요 골자는 아동학대에 대한 보호 체계의 마련과 함께 아동복지시설에 대한 안전기준 및 안전교육에 대한 법적 기준에 관한 것이었다.

우리나라에서 현재 시행 중인 아동학대 관련 법률은 「아동복지법」, 「성폭력방지 및 피해자보호 등에 관한 법률」, 「가정폭력범죄의 처벌 등에 관한 특례법」, 「형법」, 「청소년보호법」, 「아동·청소년의 성보호에 관한 법률」, 「교육기본법」, 「초·중등교육법」, 「초·중등교육법 시행령」, 「경찰관 직무집행법」 등이 있다.

2) 아동학대 예방 및 조치 관련 법규

「아동복지법」 제2조에 의하면, 아동학대는 보호자를 포함한 성인에 의하여 아동의 건강복지를 해치거나, 정상적인 발달을 저해할 수 있는 신체적, 정신적, 성적 폭력, 가해 행위 및 아동의 보호자에 의해 이루어지는 유기와 방임을 말한다. 특히 유기 행위는 2011년에 새롭게 추가되었다. 또한 2011년에 아동학대가 발생한 어린이집에 대한 조치 사항이 신설되었다.

4. 유아교육기관 아동학대 예방 및 사후관리

1) 아동학대 예방 및 조치 요령

보건복지부(2019)가 발간한 '보육사업안내' 지침서에 명시된 아동학대 예방 및 조치 요령은 다음과 같다.

- 어린이집 보육교직원은 「아동학대범죄의 처벌 등에 관한 특례법」 제10조의 규정에 의한 신고의무자로서 직무상 아동학대를 알게 된 경우 및 의심되는 경우 즉시 아동보호전문기관 또는 수사기관에 신고하여야 한다.

– 신고의무를 이행하지 않을 경우 500만 원 이하의 과태료를 부과함(「아동학대범죄의 처벌 등에 관한 특례법」 제63조)

– 신고인의 신분은 보호되며 그 의사에 반하여 신원이 노출되지 않음

- 보육교사 자격 취득 과정이나 보수교육 과정에 아동학대 예방 및 신고의무와 관련된 교육 내용을 1시간 이상 포함하도록 하여야 한다.

– 어린이집 원장은 보육교직원(「아동복지법」 제26조 제3항의 소속 신고의무자)에게 아동학대 예방 및 신고의무와 관련된 교육을 매년 1시간 이상 실시함(「아동복지법 시행령」 제26조)

– 「아동복지법」 제75조 제3항에 의거 원장은 아동학대 신고의무자에게 신고의 교육을 실시하지 아니한 경우 300만 원 이하의 과태료를 부과함

– 교육 시 중앙아동보호전문기관 홈페이지(www.korea1391.go.kr) 정보실에 등재된 표준교육 자료(전단지, PPT, 동영상)를 적극 활용하여 기관별 자체 교육을 실시함

- 아동학대 등 금지행위 위반 시 보육시설의 장 또는 보육교사의 자격을 취소할 수 있다.
  - 「아동복지법」 제48조 규정에 따라, 보건복지부장관은 어린이집의 장 또는 보육교사가 「아동복지법」 제3조 제7호의2에 따른 아동학대 관련 범죄로 처벌을 받은 경우에는 그 자격을 취소할 수 있다.

2) 유아교육기관 아동학대 사후관리

보건복지부(2019)의 '보육사업안내'에 명시된 유아교육기관 아동학대 사후관리와 수사기관 및 아동보호전문기관의 아동학대 개입 절차를 살펴보면 다음과 같다.

(1) 아동학대 개입 절차

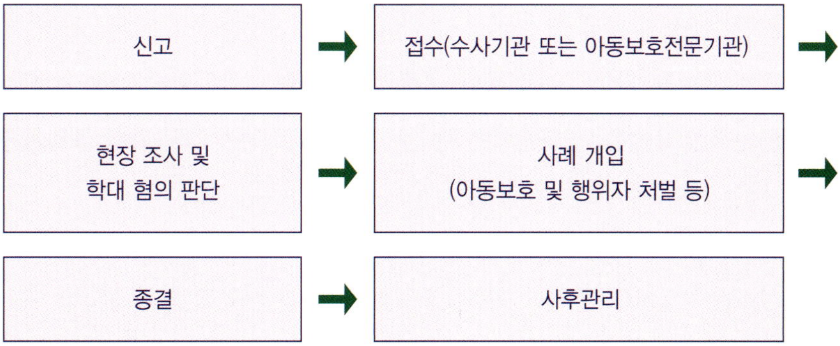

출처: 보건복지부(2019).

[그림 7-2] 수사기관 및 아동보호전문기관의 아동학대 개입 절차

(2) 아동학대가 발생한 시설에 대한 조치 사항

① 어린이집 설치·운영자(보육교직원 등 설치·운영자의 관리·감독 아래 있는 자 포함)가 「아동복지법」 제3조 제7호에 따른 아동학대 행위를 한 경우에는 법 제45조에 따라 1년 이내의 어린이집 운영 정지 또는 어린이집의 폐쇄를 명할 수 있다.

- 다만, 설치·운영자가 그 행위를 방지하기 위하여 상당한 주의와 감독을 게을리하지 아니한 경우 제외
- 설치·운영자의 상당한 주의와 감독 여부에 대해서는 학대행위 신고 여부 등을 종합적으로 고려하여 판단

② 아동학대 발생 시설은 법원 판결 이전이라도 해당 시설의 영유아 보호를 위해 관련 행정처분(어린이집 운영 정지, 보육교직원 자격 정지 등) 등을 적극 실시한다.

- 아동학대 발생 시 법원 확정 판결 등 형사 절차의 진행 상황을 지속적으로 관리하고, 특히 기소유예, 선고유예, 보호처분 등도 범죄 사실은 인정되므로 「영유아보육법」에 의한 행정처분 절차를 반드시 진행함

③ 각 시·도에서는 관할 시·군·구의 아동학대 발생 어린이집에 대한 행정처분 이행 실적을 분기별로 취합하여 매 분기 종료 후 익월 10일까지 보건복지부에 제출(서식 등은 별도 공문 통보)한다.

④ 평가인증 어린이집의 대표자, 원장 또는 보육교직원이 「아동복지법」 또는 「아동·청소년의 성보호에 관한 법률」을 위반한 경우 인증(참여)을 취소한다.

⑤ 아동학대 사례 인지 시 수사기관(관할 경찰서 또는 112)에 신고 및 관할 아동보호전문기관에 통보하여 합동 조사하거나 피해아동에 필요한 조치를 취하고 관련 내용을 시·도 및 보건복지부에 즉시 보고한다.

⑥ 아동학대 신고자에 대해서는 별도의 규정에 따른 포상금이 지급 가능하다.

3) 아동학대 체크 리스트

	체크 항목	체크란	
1	사고로 보기에는 미심쩍은 멍이나 상처가 발생한다.	예 ◻	아니오 ◻
2	상처 및 상흔에 대한 아동 혹은 보호자의 설명이 불명확하다.	예 ◻	아니오 ◻
3	보호자가 아동이 매를 맞고 자라야 한다는 생각을 갖고 있거나 체벌을 사용한다.	예 ◻	아니오 ◻
4	아동이 보호자에게 언어적, 정서적 위협을 당한다.	예 ◻	아니오 ◻
5	아동이 보호자에게 감금, 억제, 기타 가학적인 행위를 당한다.	예 ◻	아니오 ◻
6	기아, 영양실조, 적절하지 못한 영양 섭취를 보인다.	예 ◻	아니오 ◻
7	계절에 맞지 않는 옷, 청결하지 못한 외모를 보인다.	예 ◻	아니오 ◻
8	불결한 환경이나 위험한 상태로부터 아동을 보호하지 않고 방치한다.	예 ◻	아니오 ◻
9	성학대로 의심될 성 질환이 있거나 임신 등의 신체적 흔적이 있다.	예 ◻	아니오 ◻
10	나이에 맞지 않는 성적 행동 및 해박하고 조숙한 성 지식을 보인다.	예 ◻	아니오 ◻
11	자주 결석하거나 결석에 대한 사유가 불명확하다.	예 ◻	아니오 ◻
12	아동에게 필요한 의료적 처치 혹은 예방접종을 실시하지 않는다.	예 ◻	아니오 ◻
13	보호자에 대한 거부감과 두려움을 보이고, 집(보호기관)으로 돌아가는 것에 대해 두려워한다.	예 ◻	아니오 ◻
14	아동이 매우 공격적이거나 위축된 모습 등의 극단적인 행동을 보인다.	예 ◻	아니오 ◻
15	'아동학대 체크 리스트'의 1~14 항목에 해당되지는 않지만 그 외의 학대로 의심되는 경우 (학대 의심 사항 :)	예 ◻	아니오 ◻

- '아동학대 체크 리스트'는 아동학대 신고의무자가 직무 중에 학대로 의심되는 아동을 조기 발견하기 위해 활용되도록 제작되었습니다.
- 1개 문항 이상 "예"라고 체크된 경우, 아동학대를 의심해 볼 수 있는 상황입니다. 아동학대가 의심되면 아동학대 신고 전화 112로 반드시 신고해 주시기 바랍니다.

4) '아이지킴콜 112' 모바일 앱 활용 권장

아동학대 예방을 위한 '아이지킴콜 112' 모바일 앱

- 아동학대 신고의무자의 신고의무 강화 및 아동학대 예방에 대한 정보를 보다 쉽게 알리고 국민의 인식 향상 도모를 목적으로 보건복지부와 아동보호전문기관에서 함께 제작한 모바일 앱입니다.
- 신고 요령 및 문자 신고 방법, 전국아동보호전문기관 현황, 아동학대 예방과 관련된 다양한 교육 · 홍보 자료가 담겨 있으니 많은 이용바랍니다.

출처: 중앙아동보호전문기관(2019. 6. 20). 아동학대예방을 위한 안내서.

5) 성범죄 등 신고 의무

- 「성폭력방지 및 피해자보호 등에 관한 법률」 제9조에 따라, 어린이집의 보육교직원은 보호하는 사람이 성폭력 범죄의 피해자인 사실을 안 때에는 즉시 수사기관에 신고하여야 한다.
- 「아동·청소년의 성보호에 관한 법률」 제34조에 따라 어린이집의 보육교직원은 직무상 아동 대상 성범죄가 발생한 사실을 알게 된 때 즉시 그 사실을 수사기관에 신고하여야 하며, 신고를 하지 않거나 거짓으로 신고한 경우 300만 원 이하의 과태료가 부과된다.

Chapter 8

미디어 안전교육

1. 미디어 안전교육의 개념과 필요성

1) 미디어 안전교육의 개념

미디어는 어떤 작용을 한쪽에서 다른 쪽으로 전달하는 역할을 하며, '대중매체', '매개체(媒介體)', '매체(媒體)'로 순화하여 말하기도 한다. 활자 미디어, 전파 미디어를 거쳐 지금은 정보 통신 미디어가 급속히 발전하고 있다(표준국어대사전, 2020).

미디어는 TV와 비디오, 컴퓨터와 인터넷, 스마트폰, SNS, 태블릿 PC 등이며, 휴대가 간편하고 접근성이 뛰어나 현대인의 생활에서 중요한 역할을 하고 있다. 이에 따라 생활 속에서 미디어 사용이 확대되면서 미디어 중독 문제가 발생하게 되었다. 특히 미디어 이용 연령이 점차 하향화되면서 유아 및 청소년들의 미디어 안전에 대한 지도 문제가 중요하게 부각되고 있다.

미디어안전이란 우리가 일상생활에서 사용하는 다양한 전자 미디어가 미치는 부정적인 영향을 막기 위한 예방적인 측면을 의미한다(권덕수 외, 2014). 따라서 미디어 안전교육은 미디어 이용 방법, 이용 시간, 이용 프로그램 등의 내용을 포함하여 교육하고 적합하게 활용하는 습관을 형성할 수 있도록 하여 급변하는 정보화 사회에 적응할 수 있도록 도와야 한다(권덕수 외, 2014)

2) 미디어 안전교육의 필요성

미디어는 지식과 정보의 원천으로서 '벽이 없는 학교'라고 할 정도로 광범위한 경험을 제공하고 있으며 편리성으로 인해 성장기 영유아에게 막대한 영향력을 행사하고 있으나 그 역기능 또한 간과할 수 없다.

특히 인터넷은 많은 데이터를 무료 혹은 저렴한 비용으로 원하는 시간에 어느 곳에서나 원하는 정보를 얻을 수 있다는 특징이 있다. 또한 가상의 공간에서 다른 대상과 만나 대화하는 것이 가능하여 현실과는 다른 또 다른 세상을 체험하게 한다. 미디어는 비교적 성인들의 도움 없이도 기기만 있다면 원하는 정보나 대상을 탐색해 볼 수 있는 특징이 있어 더욱 매력적인 도구이다.

그러나 인터넷으로 얻는 다양한 정보는 사용자의 연령, 능력, 용도에 따라 그 가치가 결정될 수 있고 무엇보다 인터넷이 항상 정확하고 올바른 정보를 제공하지는 않는다. 특히 불건전한 정보나 불법 콘텐츠의 경우 아직 통제력이나 판단력이 부족한 영유아나 청소년들에게 노출될 경우 정신적, 정서적 어려움을 경험하게 할 수도 있다.

또한 최근에는 인터넷 사용 대상이 성인에서 청소년, 영유아로 하향화되고 있고, 인터넷 정보 제공자들이 정보 제공이라는 긍정적인 목적보다 상업적인 목적으로 인터넷을 수단화하여 사용하는 경향이 증가하고 있다. 바른 인터넷 사용 문화가 형성되기 전에 상업적 수단으로 빠른 시간 내에 비약했기 때문에 영유아나 청소년 스스로 불건전한 사이트에 대처하는 문화도 전무한 상태이다.

연령이 낮을수록 의도적이든, 호기심이든 불건전한 정보에 노출되면 피해를 입게 되므로 교육을 통해 스스로 미디어 환경에 안전하게 대처할 수 있는 능력을 키워 나가는 것이 필요하다. 과거와는 다르게 영유아가 또래와 함께 어울려서 놀이하기보다는 오락기, 컴퓨터, TV 시청 등 혼자 할 수 있는 놀이의 비중이 증가되었다. 또한 부모의 사회 활동이 많아지면서 영유아가 TV를 시청하거나 컴퓨터를 이용하는 시간에 혼자 방치하거나 습관적으로 TV를 켜두면서 미디어 사용에 대한 교육의 필요성을 인식하지 못하거나 부모 자신도 미디어에 많은 시간을 보내면서 미디어 중독에 노출되기도 한다(박은혜 외, 2011).

스마트폰의 보급이 확산되고, 인터넷 이용률의 증가, 콘텐츠의 다양화로 미디어가 생활 속에서 많이 사용되고 있으며, 이러한 과다한 사용은 미디어 의존을 심화시켜 심리적, 관계 행동적, 신체적으로 부정적인 영향을 미치고 있다. 이에 따라 미디어 안전교육이 더욱 필요한 시점이다.

2. 스마트폰 사용 실태 현황

한국정보화진흥원(NIA: National Information Society Agency)에서 스마트폰 과의존 실태 조사를 실시한 결과, 스마트폰 과의존 위험군은 18.6%로 조사되어 매년 상승 추세에 있는 것으로 나타났다.

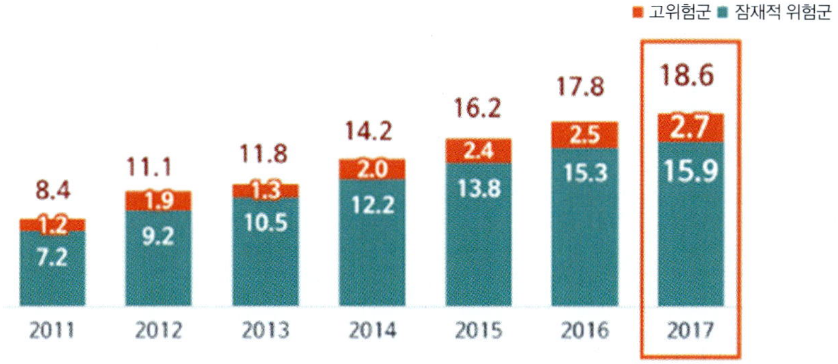

출처: 한국정보화진흥원(2017).

[그림 8-1] 연도별 스마트폰 과의존 위험군 현황

이를 연도별·대상별로 살펴본 결과, 청소년은 전 연령대 중 과의존 위험군 비율이 가장 높았으나, 소폭 감소 추세에 있고, 성인 60대는 과의존 위험군 비율이 전년 대비 증가하였으며, 상승 추세에 있다. 특히 전 연령 중 유아의 스마트폰 의존도가 최근 3년간 가장 큰 폭으로 증가한 것으로 나타났다(한국정보화진흥원, 2017).

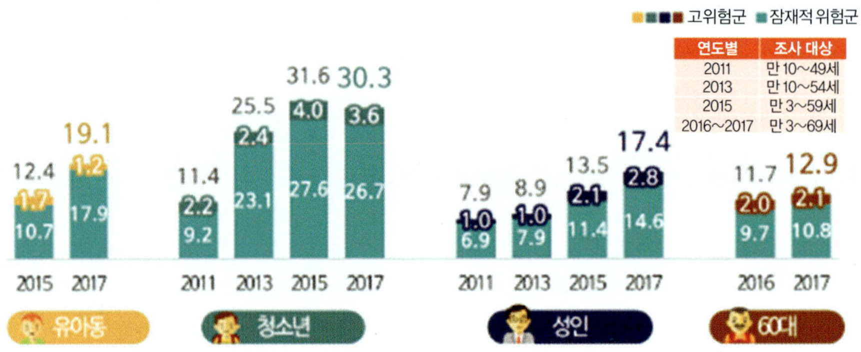

출처: 한국정보화진흥원(2017).

[그림 8-2] 연도·대상별 스마트폰 과의존 위험군 현황

3. 미디어 안전교육의 내용

영유아가 미디어를 안전하게 사용하려면 올바른 미디어 사용습관과 태도를 형성하도록 교육하는 것이 중요한다. 따라서 무조건 미디어로부터 격리시키기보다는 교육을 통해 미디어의 순기능과 역기능을 이해하고 적절하게 이용하는 방법을 알고 스스로 조절할 수 있도록 한다.

영유아가 미디어를 안전하게 사용하기 위해서는 다음의 내용을 알고 지킬 수 있도록 한다.

1) 안전한 미디어 사용법

- 정해진 시간만 전자 미디어를 이용한다(하루 30분 이내).
- 가족과 친구들, 여러 사람들과 어울리는 시간을 많이 갖는다.
- 전자 미디어를 이용할 경우 반드시 부모님과 함께한다.
- 음식을 먹으면서 전자 미디어를 사용하지 않는다.
- 전자 미디어 사용 시 제한 연령 표시의 의미를 알고 연령에 적합한 프로그램을 활용하거나 시청한다.
- 전자 미디어를 많이 사용하게 될 경우 발생하는 해로움에 대해 부모와 자녀가 자주 이야기한다.
- 실외에서 이루어지는 운동이나 취미 활동 등의 시간을 늘린다.

2) 스마트폰 사용 예절

- 식당에서 식사할 때: 다른 사람과 식사를 할 때는 꼭 필요할 때에만 스마트폰을 사용한다.
- 영화관에서 영화를 볼 때: 영화 관람에 방해가 되지 않도록 영화가 시작되기 전에 스마트폰의 전원을 끈다.
- 친구와 이야기를 할 때: 스마트폰은 잠시 가방에 넣어 두고 친구와 얼굴을 바라보며 이야기를 나눈다.
- 길을 걸을 때: 스마트폰을 보며 길을 걸으면 다른 사람과 부딪치거나 넘어질 수 있다. 스마트폰은 가방이나 옷에 넣고 꼭 필요한 경우에만 꺼내 멈춰 서서 사용한다.

3) 교사용 교육 자료

교사가 영유아에게 미디어 안전교육을 실시할 때 다음과 같은 사이트를 활용하여 교육할 수 있다.

- 한국소비자원 자료

강철소방대 파이어로보와 함께하는 스마트폰 이렇게 사용해요

- 유아 안전교육 장학 자료

경기도교육청(2016)의 '유아 안전교육 장학 자료'에는 인터넷 사용습관, 예절 등에 관한 활동계획안이 제시되어 있다.

- 인터넷을 사용하는 바른 습관을 만들어 봐요.
- 인터넷 예절을 알아 봐요.
- 스마트폰을 사용하는 올바른 습관을 형성해요.
- 스마트폰을 건강하게 사용하는 습관을 만들어 봐요.

4) 가정 연계 자료

미디어 사용은 주로 가정에서 이루어지므로, 다음의 자료를 활용하여 가정에서 교육이 이루어질 수 있도록 한다(경기도교육청, 2016).

부모교육 자료 ❶ – 유아용 인터넷 중독 경향성 예측 척도(관찰자용)

항목	전혀 그렇지 않다	그렇지 않다	그렇다	매우 그렇다
1. 평소 우울해 보인다.	1	2	3	4
2. 주의 깊게 생각하기보다는 순간적 기분에 따라 결정하는 편인 것 같다.	1	2	3	4
3. 매사에 절제력이 있어 보인다.	1	2	3	4
4. 신경이 과민하거나 긴장이 심해 보인다.	1	2	3	4
5. 별생각 없이 시간을 보내기 위해 인터넷을 하는 것 같다.	1	2	3	4
6. 인터넷을 통해 스트레스나 불쾌한 기분이 해소될 수 있다고 생각하는 것 같다.	1	2	3	4
7. 인터넷 이용을 제외한 여가 활동을 한다.	1	2	3	4
8. 스마트폰을 통한 미디어 환경에 몰입할 만큼 빠져든다.	1	2	3	4
9. 아이는 온라인 게임을 주중에 하루 평균 얼마나 사용합니까?	____시간 ___분			
10. 아이는 인터넷을 주중에 하루 평균 얼마나 사용합니까?	____시간 ___분			
총점				

유아용 인터넷 중독 경향성 예측 척도 채점 방법 및 해석

<table>
<tr><td rowspan="7">채점 방법</td><td rowspan="6">1단계 문항별</td><td rowspan="2">1,2,4,5, 6,7,8번 문항</td><td>전혀 그렇지 않다</td><td>그렇지 않다</td><td>그렇다</td><td>매우 그렇다</td></tr>
<tr><td>1점</td><td>2점</td><td>3점</td><td>4점</td></tr>
<tr><td rowspan="2">3번 문항</td><td>전혀 그렇지 않다</td><td>그렇지 않다</td><td>그렇다</td><td>매우 그렇다</td></tr>
<tr><td>4점</td><td>3점</td><td>2점</td><td>1점</td></tr>
<tr><td rowspan="2">9,10번 문항</td><td>30분 미만</td><td>30분~ 60분 미만</td><td>60분~ 90분 미만</td><td>90분 이상</td></tr>
<tr><td>1점</td><td>2점</td><td>3점</td><td>4점</td></tr>
<tr><td>2단계 총점</td><td colspan="5">1~10번 합계</td></tr>
<tr><th>유형</th><th>분류기준</th><th colspan="5">비고</th></tr>
<tr><td>고위험 사용자</td><td>29점 이상</td><td colspan="5">현재 인터넷 및 온라인 게임을 하는 데 과도한 시간을 보내고 있으며 인터넷에 빠져 있는 상태입니다. 목적이 있어 인터넷을 사용하기보다는 단순히 시간 보내기용으로 인터넷을 사용하는 경향이 높으며 평소 우울, 불안, 부적 정서 경향성이 높으며 충동성이 높고 절제력이 낮은 성격 특성을 갖고 있습니다. 인터넷을 통해 기분을 변화시키거나 스트레스를 해결하고자 하는 의도가 강하며 일상생활에서 인터넷 외에 즐길 수 있는 여가가 제한적입니다.
▶ 치료, 예방적 접근: 인터넷 중독 발생 가능성이 높은 집단입니다. 전문 치료기관에서 인터넷 이용에 대한 치료 및 상담을 받기를 권합니다.</td></tr>
<tr><td>잠재적 위험 사용자</td><td>29점 이상, 28점 이하</td><td colspan="5">인터넷 및 온라인 게임을 연령에 적절한 시간 이상으로 이용하고 있으며 인터넷을 통한 가상세계에 몰입할 만큼 빠져들고 있는 상태입니다. 비목적적으로 인터넷을 사용할 가능성이 높으며 평소 부적인 정서 상태를 종종 경험합니다. 또한 일상생활에서 다소 충동적이며 낮은 자기조절력을 종종 나타낼 수 있습니다. 인터넷에 대한 다소간의 비합리적 기대를 가지고 있으며 인터넷 외의 여가 활동이 다소 제한적입니다.
▶ 치료, 예방적 접근: 인터넷 중독 발생 가능성이 다소 높은 집단입니다. 인터넷 중독 예방기관에서 인터넷 이용에 대한 예방 상담을 받기를 권합니다.</td></tr>
</table>

유형	분류기준	비고
일반 사용자	26점 이하	인터넷을 자신의 목적에 맞게 사용할 수 있으며 시간을 적절히 조절할 수 있습니다. 비교적 긍정적인 정서 상태를 유지하고 있으며 자기조절력도 양호합니다. 인터넷에 대한 건강한 생각을 갖고 있으며 인터넷 외에 즐길 수 있는 여가가 충분합니다. ▶**치료, 예방적 접근**: 인터넷 중독 발생 가능성이 낮은 집단입니다. 건강한 인터넷 이용을 위해 지속적인 점검과 예방교육을 받는 것이 보다 도움이 될 수 있습니다.

출처: 한국정보화진흥원 인터넷중독예방상담센터.

부모교육 자료 ❷ – 생활 속 주의·보행 중 스마트폰 사용 위험

보행 중 스마트폰 사용 얼마나 위험한지 아시나요?

- 보행 중 스마트폰을 사용한 10명 중 4명이 사고 경험이 있음(교통안전공단, 2015)
- 보행 중 스마트폰 사용 사고 위험이 일반 보행 사고 위험 비율보다 76% 높음
- 일반 보행 시야각 120도, 보행 중 스마트폰 사용 시야각 10도
- 스마트폰 사용으로 인한 보행 중 교통사고 건수를 살펴보면, 2009년 437건에서 2013년 848건으로 두 배 가까이 증가함
- 스마트폰 과다 사용으로 인한 질병
  –거북목 증후군, 안구 건조증, 유령 진동 증후군, 디지털 치매 등

출처: 경기도교육청(2017). 나.침.반. 체험형 안전교육 프로그램.

부모교육 자료 ❸ - 스마트폰 바구니를 만들어서 사용해요

나를 지키고 침착하게 대처하려면 반드시 익혀야하는!!

엄마, 아빠와 함께하는 나·침·반 "사이버"안전교육 5月

스마트폰 바구니를 만들어요

스마트폰 바구니를 만들어요

▶ 가족 간의 대화가 부족한가요? 가족들과 소통이 잘 안되나요? 스마트폰 바구니, 일명 '스구니'는 가족들이 스마트폰을 한 곳에 모아놓는 바구니랍니다. 가족들의 바쁜 일정으로 인해 만나기 힘들고 대화가 점차 줄어들고 있는 요즘, 스마트폰을 내려놓고 가족의 얼굴을 보며 이야기를 나눠보면 어떨까요?

스마트폰 외에도 게임기와 TV리모콘 등, 가족의 대화를 방해하는 것들을 '스구니' 안에 넣고 '가족사랑 실천 운동'에 동참해 보시기 바랍니다.

가정에서 스마트폰 바구니 운동은 어떻게 하나요?

▶ 가정에 들어오면 가족 구성원 모두 스마트폰 바구니에 자신의 스마트폰을 넣어 둡니다.
▶ 급한 일이 있는 경우에는 가족과의 대화 후 꼭 필요한 만큼만 사용합니다.
▶ 스마트폰 바구니 운동과 함께 미디어 다이어트 운동을 실천하면 효과 만점입니다.

출처 : 스마트쉼센터<스마트폰 중독예방 실천노트>

⊙ 스마트폰 바구니 운동을 실천하는 방법

▶ 자녀와 함께 종이 상자에 든 과자를 하나 구입한다.
▶ 과자를 맛있게 먹고 과자상자 밖을 색종이나 색지를 이용하여 예쁘게 꾸민다.
▶ 가족 중에 스마트폰을 가진 수만큼 상자에 구멍을 뚫는다.
(구멍을 뚫는 것은 위험하오니 부모님이 도와주세요)
▶ 가족들이 함께 지킬 약속을 스마트폰 바구니에 쓰고 잘 보이는 곳에 놓는다.
▶ 스마트폰 바구니 운동을 잘 실천할 수 있도록 가족끼리 격려하고 도와준다.

TIP!

자녀와 함께 스마트폰 바구니의 필요성에 대해 이야기 나누고 난 후 어떤 상자로 어떻게 만들지 의논해 보세요. 부모님이 일방적으로 제시하는 것보다 자녀가 참여해서 함께 결정 했을 때 보다 관심을 가지고 책임감을 느끼며 스마트폰 바구니 운동에 적극적으로 동참하게 된답니다.

출처: 경기도교육청(2017). 나.침.반. 체험형 안전교육 프로그램.

부모교육 자료 ❹ - 보행 중 스마트폰 사용 금지 앱

Play 스토어(앱 스토어)에서 '보행 중' 검색 후 '보행 중 스마트폰 금지' 앱 다운로드	

출처: 경기도교육청(2017). 나.침.반. 체험형 안전교육 프로그램.

부모교육 자료 ❺ – 스마트폰 중독 예방 규칙 만들기

학 습 지

스마트폰 중독 예방 규칙 만들기

스마트폰 중독 예방을 위해 부모와 함께 실천할 수 있는 가정 내 규칙 만들기

◆ 아래 예를 참조하여 스마트폰 중독 예방을 위해 가정 내에서 부모와 함께 실천할 수 있는 규칙을 만들어 보자.

규칙 1. ______________________

규칙 2. ______________________

규칙 3. ______________________

규칙 4. ______________________

규칙 5. ______________________

<예시>

규칙 1. 나는 자정 이후에는 절대 스마트폰을 사용하지 않는다.
규칙 2. 나는 밥을 먹을 때에는 절대 스마트폰을 사용하지 않는다.
규칙 3. 나는 하루 1시간만 스마트폰을 이용하여 게임을 하겠다.
규칙 4. 나는 공부할 때 스마트폰을 꺼 놓겠다.
규칙 5. 나는 화장실에서 절대 스마트폰을 사용하지 않겠다.

TIP!

자녀와 함께 스마트폰 중독 예방의 필요성에 대해 이야기 나누고 난 후 가정 내 규칙을 만들어 보세요.
부모님이 일방적으로 제시하는 것보다 자녀가 참여해서 함께 결정 했을 때 보다 관심을 가지고 책임감을 느끼며 스마트폰 중독 예방에 적극적으로 동참하게 된답니다.

출처: 경기도교육청(2017). 나.침.반. 체험형 안전교육 프로그램.

부모교육 자료 ❻ – 스마트폰 이럴 때 사용할 수 있어요

• 자녀가 스마트폰으로 게임을 하거나 문자를 주고받을 때만 사용하고 있지는 않나요? 스마트폰을 스마트하게 사용하는 방법을 알려 주세요.

- 스마트폰의 달력을 이용해 계획을 저장할 수 있어요.
- 스마트폰을 이용해 언제 어디서든 전자책을 읽을 수 있어요.
- 스마트폰으로 궁금한 단어를 찾거나 공부할 수 있어요.
- 경찰 '112 긴급 신고 앱'을 이용해 위험할 때 경찰서에 도움을 요청할 수 있어요.

출처: 경기도교육청(2017). 나.침.반. 체험형 안전교육 프로그램.

부모교육 자료 ❼ – 인터넷 게임 안전지킴이가 되어 주세요

엄마, 아빠와 함께하는 나·침·반

인터넷 게임 안전지킴이가 되어보세요

인터넷게임 어떻게 사용하고 있나요?

▶ **아래 그림을 보면서 이야기 나눠보세요**
그림을 보니 어떤 생각이 드나요? 내 자녀는 이렇게 인터넷 게임을 하고 있지는 않나요?

- 계획한 컴퓨터 시간을 넘기면서 게임을 해요
- 운동을 하지 않고 게임만 해요
- 어두컴컴한 방, 밀폐된 방에서 혼자 컴퓨터를 해요
- 잠을 자야 할 시간이 넘었는데도 게임을 해요

▶ **자녀와 함께 오른쪽 선서문을 함께 작성하고 지켜보도록 해요**

인터넷을 건강하게 사용하는 약속을 정하고 가족들 앞에서 약속해보세요

선 서 문

선서

1. 나는 ______요일에는 인터넷게임을 사용하지 않을 것이며, 다른 요일에도 하루에 _____ 시간만 사용하겠습니다.
2. 나는 게임을 할 때 반드시 부모님 허락을 받고 하겠습니다.
3. 나는 밤 9시 이후에는 게임을 하지 않겠습니다.
4. 나는 내 스스로가 종료 버튼을 누르겠습니다.

나는 인터넷 게임 안전지킴이로서 나와 가족들이 인터넷 게임에서 탈출 할 수 있도록 도울 것을 선서합니다.

2017년 월 일

________학교 학년 반 _______

<출처 : 교육부<학교안전교육 7대 표준안 자료>

출처: 경기도교육청(2017). 나.침.반. 체험형 안전교육 프로그램.

부모교육 자료 ❽ – 스마트폰 바른 사용 실천 가이드

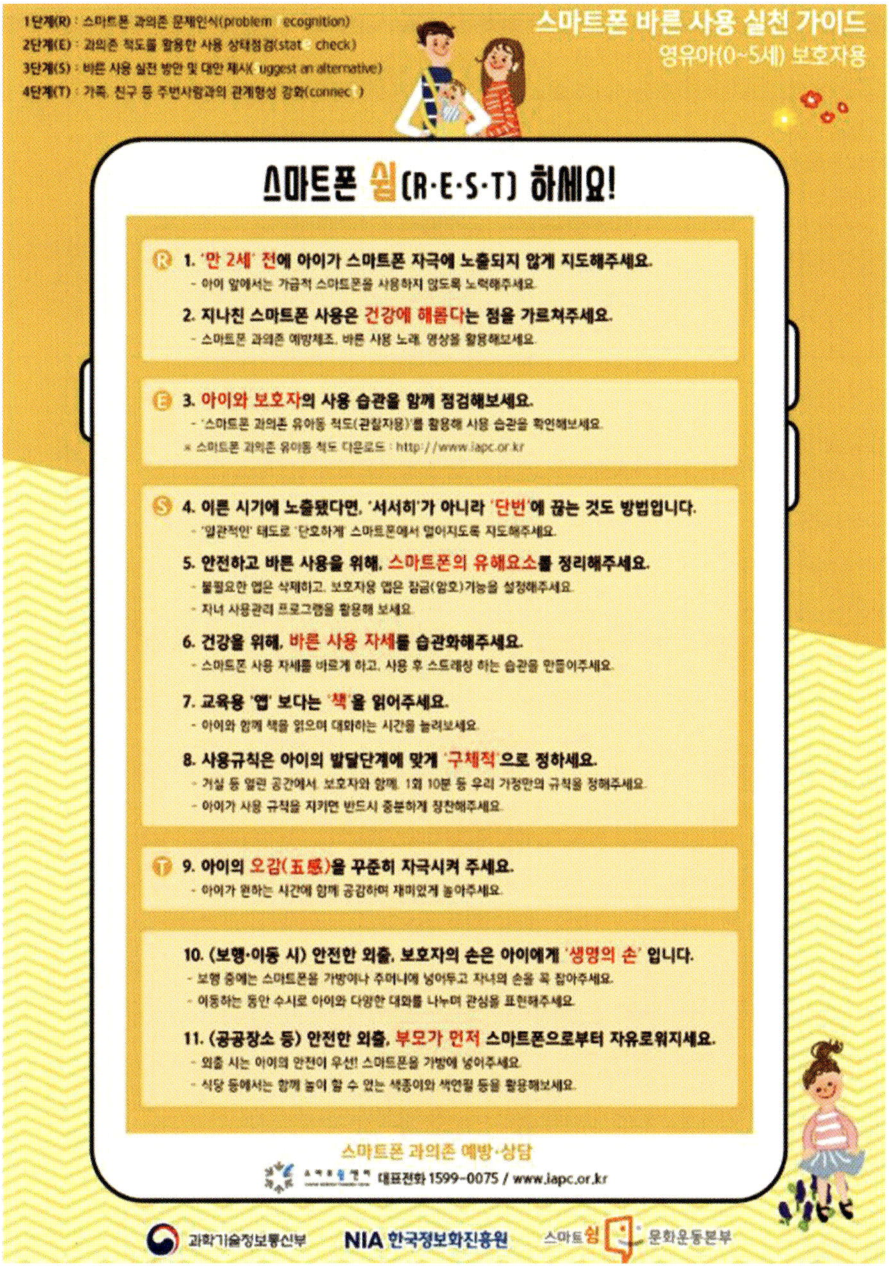

출처: 성남교육지원청(2010).

부모교육 자료 ⑨ – 미디어 안전교육 활동계획안

활동명	활동 유형	활동 내용	활동 자료
스마트폰, 바르게 사용해요	이야기 나누기	1. '스마트폰, 바르게 사용해요' 동영상 보기(9분 5초) 2. 동영상을 보고 스마트폰에 대한 유아들의 경험 이야기 나누기 3. 스마트폰 중독 의미 알아보기 4. 스마트폰 중독을 예방하기 위한 약속 정하기 – 시간 정해 놓고 보기(10분) – 부모님과 함께 보기 – 아침에 일어나서 그리고 잠자기 전에는 하지 않기 – 나이에 맞는 것만 보기	'스마트폰, 바르게 사용해요' 동영상 (인터넷 쉼센터)
바른 어린이 스마티즌	음률 활동	1. '바른 어린이 스마티즌' 동요 노랫말을 이야기처럼 들려주기 2. 유아들과 동요 노랫말 읽어 보기 3. '바른 어린이 스마티즌' 동요 동영상을 보기 4. 동영상을 보며 노래 부르기 5. 이야기 나눈 내용을 중심으로 '바른 어린이 스마티즌' 동요를 개사해서 불러 보기	'바른 어린이 스마티즌' 동영상, 악보 (인터넷 쉼센터)
스마트폰 보다 더 즐거운 놀이	신체 활동	1. 스마트폰이 하고 싶은 생각이 들 때는 언제이며, 왜 스마트폰이 하고 싶은 마음이 드는지 이야기 나누기 2. 스마트폰을 많이 사용할 경우 신체의 변화에 대해 알아보기 – 거북목 증후군, 손목 터널 증후군, 안구 건조증 3. 스마트폰 이외에 즐거움을 줄 수 있는 다양한 신체 활동에 대해 이야기해 보고 유아들과 직접 해 보기 – 맨손 체조: 제자리 멀리 뛰기, 신호 따라 방향 바꾸기, 마주 보고 손뼉 치기 – 색판: 색판아 놀자, 색판 모양나라 – 파라슈트: 낙하산놀이 – 신문지: 신문지 중심 잡기, 신문지 공을 받아라 – 종이컵: 종이컵 중심 잡기, 종이컵 성 쌓기 – 줄: 줄 따라 걷기, 둘이서 줄넘기 – 탄력밴드: 탄력밴드 스트레칭, 캥거루 되어 보기 – 풍선: 막대로 풍선 나르기, 발로 전달하는 풍선	신체 활동 자료
가족과 함께 놀이했어요	가정 연계	1. 가정 통신문을 통해 주말 동안 '스마트폰 대신 가족과 함께 운동해요' 활동지를 제공 2. 주말에 가족과 운동한 활동지를 보고 유아들의 생각과 느낌 나누기	가정 연계 활동지

출처: 교육인적자원부(2007).

Chapter 9

식품 안전교육

1. 식품 안전교육의 개념과 필요성

영유아는 신진대사가 활발하여 에너지 소비도 단위 체중당 비교할 때 성인보다 많은 열량과 다량의 영양소가 필요하다. 이 시기에 필요한 영양이 충분하지 못하면 영양장애 또는 영양결핍이 될 수 있고 성장 및 발육이 지연되며 뇌조직 발달에도 부정적인 영향을 미칠 수 있어 영유아기는 평생의 건강을 좌우하는 중요한 시기라고 할 수 있다(신은수 외, 2010). 과거와 달리 영유아 주변에는 신선식품을 포함한 자연식품뿐만 아니라 가공식품, 냉동식품 등 식품첨가물이 함유된 풍부한 먹거리가 있어 식품에 대한 안전한 선택, 관리가 요구된다. 또한 식중독과 같은 식품 관련 사고를 유발하기도 하므로 가정과 연계하여 올바른 식습관 지도는 물론 식품 안전교육을 통해 건강을 지키며 바람직한 식습관을 지니도록 체계적인 교육이 이루어져야 할 것이다(채혜선 외, 2014).

1) 식품 안전교육의 개념

식품안전은 식품에 의해 발생하는 건강상의 위험으로부터 안전하게 보호하는 것을 의미한다. 즉 감염병이나 천연적, 인위적 독소 물질에 의한 급성, 만성 중독과 같이 식품에 의한 병해의 위험으로부터 벗어나는 것이다. 따라서 식품 안전교육은 영유아가 식품 섭취로 인해 건강에 위해를 입지 않도록 하고 양질의 식품을 선택하여 건강하게 성장할 수 있도록 돕는 교육을 의미한다(권덕수 외, 2014).

2) 식품 안전교육의 필요성

현대 사회가 발달하면서 다양한 가공식품을 섭취할 기회도 많아지고 있으며 외식산업의 발달로 집 밖에서 자주 음식을 먹게 되고 어릴 때부터 유아교육기관에 다니면서 집단급식을 하게 되기도 한다, 그리하여 이에 따른 식품첨가물 및 환경호르몬, 잔류된 농약, 중금속 및 환경 오염, 유전자 조작 농산물, 비위생적인 포장용기 사용, 유통기한이 지난 식품을 섭취하는 등 유아들이 섭취하는 식품에 대한 안전을 위협하고 있다.

이는 영유아들의 안전과 건강에 심각한 영향을 줄 수 있다. 영유아들은 성인보다 면역력이 약하기 때문에 영유아들이 또래끼리 집단급식을 하게 되는 유치원이나 어린이집에서는 식품 안전관리에 각별히 주의를 기울이고 신경을 써야 한다. 영유아들이 안전하고 영양가 있는 식품을 섭취하기 위해서는 부모와 교사의 역할이 매우 중요하다.

2. 식품 안전교육의 내용

1) 식중독

식중독이란 식품의 섭취에 연관된 인체에 유해한 미생물 또는 미생물이 만들어 내는 독소에 의해 발생한 것이 의심되는 모든 감염성 또는 독소형 질환(「식품위생법」 제2조 제10호)을 말하며, 세계보건기구(WHO)는 '식품 또는 물의 섭취에 의해 발생되었거나 발생된 것으로 생각되는 감염성 또는 독소형 질환'으로 규정하고 있다.

(1) 식중독의 분류

① 미생물 식중독

- 세균성 식중독

– 감염형: 살모넬라, 장염 비브리오, 콜레라, 비브리오 불니피쿠스, 리스테리아 모노사이토제네스, 병원성 대장균, 바실러스 세레우스 등

– 독소형: 황색포도상구균, 클로스트리디움 퍼프린젠스, 클로스트리디움 보툴리눔 등

- 바이러스성 식중독

– 노로, 로타, 아스트로, 장관아데노, A형 간염, E형 간염, 사포 바이러스 등

- 원충성 바이러스 식중독

– 아질아메바, 람블편모충, 작은와포자충, 원포자충, 쿠도아 등

② 자연독 식중독

- 동물성: 복어독, 시가테라독 등
- 식물성: 감자독, 원추리, 여로 등
- 곰팡이: 황변미독, 맥각독, 아플라톡신 등

③ 화학적 식중독

- 고의 또는 오용으로 첨가되는 유해 물질: 식품첨가물 등
- 본의 아니게 잔류, 혼입되는 유해 물질: 잔류 농약, 유해성 금속화합물 등
- 제조, 가공 저장 중에 생성되는 유해 물질: 지질의 산화생성물, 니트로아민 등
- 기타 물질에 의한 중독: 메탄올 등
- 조리기구 포장에 의한 중독: 녹청(구리), 납, 비소 등

(2) 식중독 안전교육

식품의약품안전처 식품안전나라에서 식중독 예방 3대 요령과 계절별 식중독 예방 요령을 안내한 내용은 다음과 같다.

① 식중독 예방 요령

- 식중독 예방 3대 요령

– 손 씻기: 손은 30초 이상 세정제(비누 등)를 사용하여 손가락, 손등까지 깨끗이 흐르는 물에 헹군다.

– 익혀 먹기: 음식물은 속까지 충분히 익혀 먹는다(예: 중심부 온도가 75℃ 어패류는 85℃에서 1분 이상).

– 끓여 먹기: 물은 반드시 끓여서 마신다.

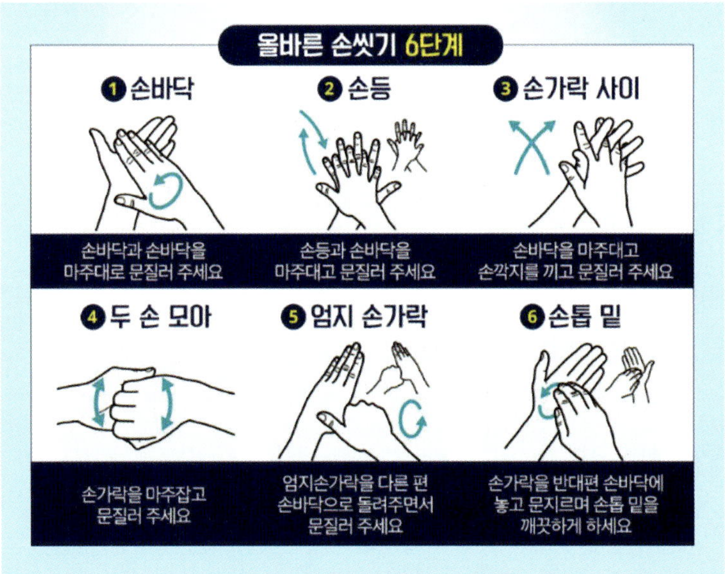

출처: 식품의약품안전처 식품안전나라.

[그림 9-1] 식중독 예방 3대 요령과 바른 손 씻기 방법

- 유제품의 식중독 예방 및 주의점
  - 우유, 치즈 등 유제품의 경우 하절기에는 유통기한 내에도 변질사고가 발생할 수 있으니 유통기한을 반드시 확인한다.
  - 용기가 부풀어 있는 팩 우유는 변질 위험이 있으므로 주의한다.
  - 마시기 전 맛, 냄새, 모양 등을 확인한다.
  - 용기에 입을 대고 마신 뒤 남겨 둔 우유는 침에 있는 소화효소가 들어가 빨리 변질되므로 주의한다.
  - 우유에서 쓴맛이 나거나 시큼한 냄새 또는 약품 냄새가 나거나 내용물에 덩어리진 부유물이 보일 때는 변질된 것이다.
  - 반드시 냉장 보관을 한다.
  - 구입 후 빠른 시간 내에 섭취한다.

② 계절별 식중독 예방 요령

- 여름철 식중독 예방 요령

여름철에는 기온 상승으로 인한 식중독 발생이 급증할 수 있으므로, 가정이나 집단급식소 등에서 음식물을 취급·조리 시 다음과 같은 점에 각별히 주의하여야 한다.

- 집단급식소 등에 납품되는 식재료들이 적절한 온도 관리 없이 외부에서 방치되지 않도록 식재료 보관과 부패 변질에 주의한다.
- 샐러드 등 신선 채소류는 깨끗한 물로 잘 세척하고, 물은 되도록 끓여서 마신다.
- 육류나 어패류 등을 취급한 칼·도마는 교차 오염이 발생하지 않도록 구분하여 사용하여야 하며, 만약 별도의 칼·도마가 없을 경우에는 과일 및 채소류에 먼저 사용한 후 육류나 어패류에 사용하여 교차 오염을 최소화시켜야 한다.

– 나들이, 현장 체험학습, 야유회 등을 갈 경우 이동 중 준비해 간 김밥, 도시락 등의 보관 온도가 높아지거나 보관 시간이 길어지지 않도록 아이스박스를 사용하는 등 음식물 섭취 및 관리에 주의하여야 한다.

● 겨울철 식중독 예방 요령

겨울철에는 노로바이러스 식중독이 주로 발생하는데, 이유는 기온이 낮아지면서 개인 위생관리가 소홀해지고, 실내에서 주로 활동하게 됨에 따라 노로바이러스에 감염된 사람의 구토물이나 분변 등에 의해 간접적으로 다른 사람에게 전파되거나, 오염된 지하수로 처리한 식재료 등을 날로 섭취할 경우 주로 발생할 수 있다. 겨울철에는 식중독 예방을 위해 다음과 같은 점에 주의한다.

– 식품 조리 종사자는 손 씻기 등 개인 위생관리를 철저히 한다.
– 음식물은 반드시 충분히 익혀서 먹어야 한다.
– 설사, 구토 증상이 있는 사람의 구토물을 처리할 경우에는 반드시 일회용 장갑을 착용하고, 오물은 비닐 봉투에 넣어 봉하여 처리하고, 염소계 소독제(락스)를 이용하여 신속하게 세척 소독하여 노로바이러스 감염 확산을 방지하여야 한다.
– 노로바이러스는 사람 간 2차 감염을 일으킬 수 있으므로, 오염된 표면은 염소계 소독제로 철저히 세척·소독하고 바이러스에 감염된 옷과 이불 등은 비누를 사용하여 뜨거운 물로 세탁하여야 한다.
– 노로바이러스에 감염된 급식소 종사자는 완치 후에도 2주 정도 조리 업무에 종사하지 말아야 한다.

● 휴가철 식중독 예방 요령

휴가철인 7~8월은 식중독균이 왕성하게 번식하는 계절로 음식물 취급에 각별히 주의하여야 한다. 특히 여행 전후 가정에서, 또한 여행지에서 다음의 식중독 예방 요령을 실천하여야 한다.

- 항상 모든 음식은 한번에 먹을 수 있는 분량만 만들거나 구입하여 사용한다.
- 유통기한이 경과하였거나 불확실한 식품, 상온에 일정 기간 방치하여 부패·변질이 우려되는 음식은 과감히 버린다.
- 여행지에서 직접 취식하는 경우 항상 신선한 식재료를 구입하고, 물은 끓이거나 정수된 것을 사용한다.
- 노로바이러스는 사람 간 2차 감염을 일으킬 수 있으므로, 오염된 표면은 염소계 소독제로 철저히 세척·소독하고 바이러스에 감염된 옷과 이불 등은 비누를 사용하여 뜨거운 물로 세탁하여야 한다.
- 여행 중에도 식사 전, 조리 시에는 반드시 손을 씻는다.
- 자동차 트렁크나 내부에 음식을 보관하지 말고 반드시 아이스박스 등을 이용하며 가급적 빠른 시간 내에 섭취한다.
- 길거리 음식이나 위생 취약시설의 음식 섭취를 자제한다.
- 산이나 들에서는 버섯이나 과일 등을 함부로 따먹지 않는다.
- 어린이, 노약자 등 면역력이 약한 사람들은 설사 증상이 있을 경우 탈수를 방지하기 위하여 끓인 보리차에 설탕과 소금을 조금 넣어 마시게 한다.
- 여행 전 냉장고에 오래 보관할 수 없는 음식이나 유통기한이 임박한 식품은 모두 버린다.
- 여행 후 주방의 칼, 도마, 행주 등은 열탕 소독을 하거나, 소독제를 이용하여 소독한 후 잘 말려서 사용한다.

● 장마철 식중독 예방 요령

장마철에는 많은 강우량으로 하수나 하천 등이 범람해 채소류, 지하수 등에 병원성 대장균과 같은 식중독균과 노로바이러스 등이 오염될 수 있으므로 특별히 주의를 기울여야 한다. 따라서 장마철에는 모든 음식물을 익혀 먹도록 해야 하며 부득이 생식할 경우 수돗물로 철저히 세척하여 섭취할 것과 다음의 사항을 반드시 지켜야 한다.

- 침수되었거나 의심되는 채소류나 음식물은 먹지 말고 반드시 폐기한다.
- 냉장고에 있는 음식물도 주의하고, 유통기한 및 상태를 꼭 확인한다.
- 행주, 도마, 식기 등은 매번 끓는 물 또는 가정용 소독제로 살균한다.
- 물은 반드시 끓여 먹는다.
- 실외에 있는 된장, 고추장 독에 비가 새어 들지 않도록 주의한다.
- 설사나 구토 증상이 있으면 신속하게 병원으로 가서 치료를 받는다.

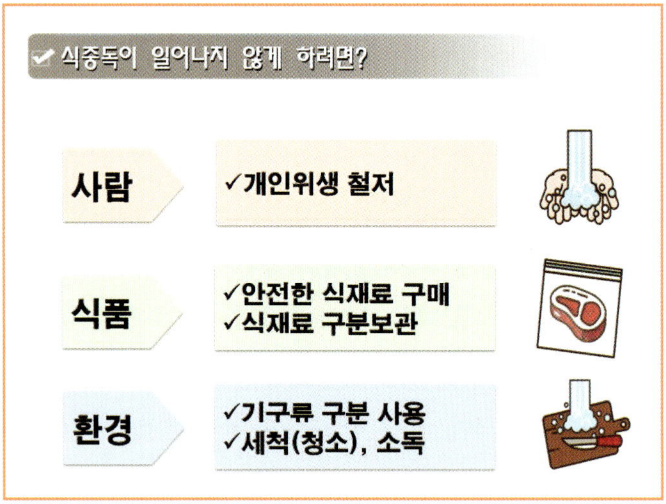

출처: 식품의약품안전처.

[그림 9-2] 식중독 예방법

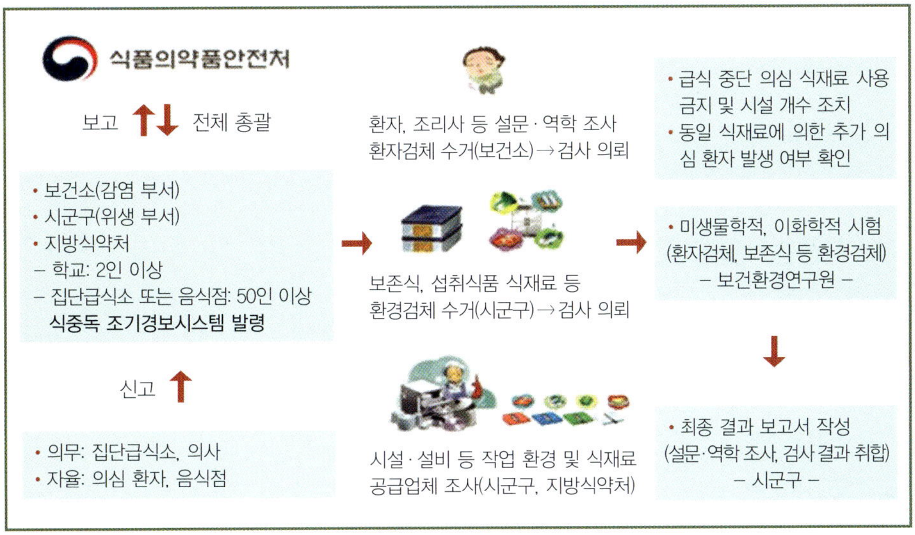

출처: 식품의약품안전처.

[그림 9-3] 식중독 조기경보시스템
(식중독 발생 학교와 동일한 식재료를 사용하는 학교에 주의 경보)

3. 식품첨가물

식품첨가물이란 식품을 제조·가공 또는 보존하면서 식품에 첨가하고 혼합하는 등에 사용되는 물질을 말한다(「식품위생법」 제2조 제2항).

식품첨가물은 식품을 제조·가공, 보존할 때 식품의 상품적 가치의 향상, 기호성 증진, 보존성의 향상, 품질 향상, 영양 강화, 풍미 및 외관 향상 등 여러 가지 목적으로 식품에 첨가되는 물질을 총칭하는 것으로, 식품의 품질을 좋게 하는 등의 목적으로 사용하는 물질이다.

식품첨가물은 식품이 상하지 않도록 오래 보존할 수 있게 하는 식중독 방지의 역할도 하고 가공식품을 만들 수 있게 하며 영양을 강화시켜 준다. 또한 색깔이나 향, 식감 등을 증대시키면서 품질을 향상시키기도 한다. 그러나 이러한 긍정적인 역할 이외에 식품첨가물이 식품을 섭취하면서 오랫동안 몸속에 쌓이게 되면 다양한 질병을 유발시킬 가능성이 크므로 식품첨가물 사용기준을 정하여 인체에 유해하지 않도록 식품의약품안전처에서 관리하고 있다.

식품첨가물이 반드시 나쁘다는 생각보다는 적정한 양을 섭취할 수 있도록 식습관교육을 하는 것이 더 바람직하다.

1) 식품첨가물을 안전하게 섭취하는 방법

- 가공식품 및 패스트푸드 섭취는 하루에 1~2가지만 섭취한다.
- 외식보다는 가정에서 조리한 음식을 섭취한다.
- 성분표가 복잡한 가공식품은 많이 섭취하지 않는다.
- '~맛', '~향'이 표시된 식품 섭취를 줄인다.
- 색깔이 지나치게 알록달록한 식품은 먹지 않는다.

● 과자 한 봉지는 한 번에 다 먹어도 될까?

가공식품의 경우 제품에 따라 1회 제공량을 정해서 표시하고 있다. 2011년 2월 한국소비자원의 자료에 의하면, 제품별 1회 제공량 차이가 너무 큰 경우가 많았다. 동종 제품의 1회 제공량 범위가 2.5배 차이 나는 경우도 있어 과자나 빙과류 등 어린이가 과량 섭취할 수 있는 제품은 1회 제공량을 비교하여 선택해야 한다.

[표 9-1] 과자류의 1회 제공기준량 및 허용 범위

<table>
<tr><th colspan="2">식품</th><th colspan="2" rowspan="2">1회 제공기준량</th><th rowspan="2">1회 제공량
허용 범위</th></tr>
<tr><th>식품군</th><th>식품 유형</th></tr>
<tr><td rowspan="5">과자류</td><td>과자</td><td colspan="2">30g</td><td>20~59g</td></tr>
<tr><td rowspan="3">캔디류</td><td>양갱</td><td>30g</td><td>20~59g</td></tr>
<tr><td>푸딩</td><td>100g</td><td>67~199g</td></tr>
<tr><td>그 밖에 해당 식품</td><td>100g</td><td>67~199g</td></tr>
<tr><td>빙과류</td><td colspan="2">100g(ml)</td><td>67~199g(ml)</td></tr>
</table>

출처: 식품의약품안전청(2010).

- 신호등 표시제

2011년부터 어린이 기호식품에 대해 신호등 표시제 시행을 하고 있다. 당류, 지방, 포화지방, 나트륨 등의 영양소를 표시하며 어린이 건강에 영향을 많이 미치는 것으로 알려져 있고 과잉 섭취가 우려되는 높은 성분의 함량을 선정기준으로 하고 있다.

[그림 9-4] 신호등 표시제 이미지

- 그린 푸드존(Green Food Zone)

그린 푸드존은 안전하고 위생적인 식품판매 환경을 조성하여 어린이들이 식품안전을 보호받도록 학교 주변 200m 범위 안의 구역을 정하여 관리하는 것을 말한다.

초·중·고교 매점과 학교 주변 200m 이내에 있는 문방구, 슈퍼마켓 등에서 건강저해식품, 부정·불량식품, 유해 식품첨가물 등의 판매를 금지시키는 제도이다.

[그림 9-5] 그린 푸드존 이미지

● 고카페인 음료의 바른 섭취 방법

카페인은 커피, 녹차, 초콜릿 등에 들어 있는 성분으로 각성 효과가 있어 음료에 식품첨가물로 사용되고 있다. 카페인을 일정 기준 이상으로 첨가한 음료제품을 고카페인 음료라고 부른다(식품의약품안전처 기준, 카페인 함량 1ml당 0.15mg 이상).

고카페인의 일일 섭취 권장량은 다음과 같다.

– 청소년과 어린이는 몸무게 1kg당 2.5mg으로 계산한다.
– 성인의 하루 카페인 권장량은 400mg, 임산부는 300mg이다.

고카페인을 과잉 섭취 시 부작용이 나타날 수 있는데, 이를 신체 부위별로 살펴보면 다음과 같다.

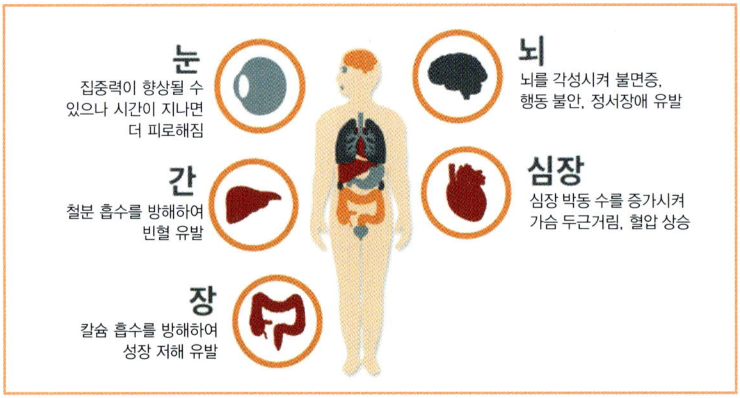

출처: 식품의약품안전처.

[그림 9-6] 카페인 과잉 섭취 시 부작용

- 카페인 중독 예방 방법

– 카페인 음료 섭취를 서서히 줄여 나간다.

– 카페인 음료 대신 충분한 물을 마신다(허브차도 좋다).

– 채소와 과일로 비타민, 무기질 등을 섭취한다.

– 카페인 없는 음료(카페인 함량 확인)를 마시고 규칙적인 운동을 한다.

- 카페인 과다 섭취 진단

카페인 과다 섭취 여부를 다음의 진단표를 통해 확인해 볼 수 있다.

[표 9-2] 카페인 과다 섭취 진단표

	증 상	그렇다	아니다
1	침착하지 못하고, 안절부절못한다.		
2	신경질적으로 변하고 예민해진다.		
3	쉽게 흥분하고 격앙된다.		
4	불면증이 있다.		
5	설사를 한다.		
6	기분이 좋아졌다 나빠졌다 변덕스럽게 변한다.		
7	우울하고 의기소침해진다.		
8	소변을 자주 본다.		
9	얼굴이 상기되며 홍조를 띤다.		
10	위장장애로 소화 불량 등이 온다.		
11	근육 경련이 있다.		
12	두서없이 생각하고 말한다.		
13	조용한 상태로 있지 못하고 늘 어수선하다.		
※ 고카페인 음료를 마시는 사람 중 위의 항목의 5가지 이상이 '그렇다'에 해당하면 중독을 의심해 보아야 한다.		( )개	( )개

출처: 교육부.

4. 식품 알레르기

식품 알레르기란 식품 중의 성분이 항원이 되어 발병하는 알레르기 반응이다. 원인 항원으로는 동식물성 단백질이 대부분이지만, 전분이나 지방질도 될 수 있다. 식품 섭취 후, 수십 분 내에 증상이 나타나는 즉시형, 수시간~수일간 발병하는 지연형이 있으며 증상은 피부 발진, 호흡 곤란, 소화기장애 등 다양하다. 주로 피부에 발진이 일어나는 등의 증상이 많지만 호흡 곤란을 일으키는 경우에는 짧은 시간 내에 적절한 조치를 하지 않으면 사망에 이를 수도 있다.

1) 식품 알레르기를 일으키는 식품

알레르기를 유발하는 식품으로는 50가지 이상의 식품이 보고되고 있지만 우유, 계란, 땅콩, 대두, 밀, 견과류, 새우나 게 등의 갑각류, 조개류, 생선 등이 원인 식품의 90% 이상을 차지한다. 생선도 알레르기를 일으키는 주요 식품으로 알려져 있으나 생선의 종류가 매우 많고 나라마다 섭취하는 생선의 종류가 다르기 때문에 나라별 차이를 고려해서 관리해야 한다.

우리나라의 경우 쇠고기, 돼지고기, 닭고기와 같은 육류를 알레르기를 일으키는 주요 식품으로 인식하고 있지만, 일반적으로 육류는 알레르기를 잘 일으키지 않는 것으로 보고되고 있다.

땅콩의 경우 미국에서는 가장 문제가 되는 알레르기 식품 중 하나이지만 비슷한 수준으로 땅콩을 섭취하는 중국은 땅콩 알레르기가 커다란 문제로 나타나지 않는다. 이렇게 차이가 나는 원인으로는 조리법을 들 수 있는데, 즉 미국은 땅콩을 주로 볶아서 섭취하는 반면 중국은 주로 튀겨서 먹기 때문이며, 땅콩을 볶아서 먹는 경우 알레르기성이 증가하는 것으로 보고되었다(식품의약품안전처, 식품안전나라).

2) 식품 알레르기로 오해할 수 있는 증상

식품을 섭취했다고 하여 일어나는 반응을 모두 알레르기 반응이라고 할 수는 없다. 식품 알레르기 반응은 식중독, 약리적 반응, 대사성 반응의 3가지 종류가 있다.

[표 9-3] 식품 알레르기 반응의 종류

분류	원인	예시
식중독	세균, 자연독 등 유해한 성분이 함유된 식품	• 여름철 날달걀을 먹었더니 발열, 설사 → 달걀에 부착된 살모넬라균의 혼입 • 버섯을 먹고 설사, 구토 → 자연독에 의함 • 신선도가 좋지 않은 고등어 등 등푸른 생선을 먹고 두드러기 발생 → 식품 내의 히스타민에 관여
대사성 반응	식품이 대사되는 과정에서 발생되는 이상 반응	• 발효 요구르트를 먹으면 괜찮은데 우유를 마시면 설사하는 경우 → 우유를 소화하는 효소가 부족
약리적 반응	식품에 함유된 화학물질	• 간 참마로 인해 입 주변이 간지러움 → 음식 내의 아세틸톨린이 관여 • 오래 발효된 치즈를 먹으면 몸이 가벼움 → 치즈 내에 있는 티라민이 관여

출처: 한영신, 이윤나(2016).

● 식품 알레르기 예방 방법

알레르기를 유발하는 식품 섭취 시 심하면 사망에까지 이를 수 있으므로 무엇보다도 중요한 것은 식단에서 알레르기를 유발하는 식품을 제거하여 섭취를 차단해야 한다. 특히 가정에서 관리하기 어려운 가공식품의 경우 더욱 주의해야 한다. 가공식품을 선택할 때에는 원재료명 및 함량을 확인하여 알레르기 유발식품이 포함되어 있는지 살펴보아야 하며, 주의 사항에 알레르기를 유발하는 식품과 같은 제조시설에서 만들어졌는지 확인하고 구매해야 한다.

● 식품 알레르기 표시 제도

한국인에게 알레르기를 유발할 수 있는 알레르기 유발 물질 21가지를 식품의약품안전처에서 '식품 등의 표시기준'에 지정하고 있어, 이들 식품이 함유된 경우 제품 겉면에 반드시 표시하도록 하고 있다. 알레르기 유발 물질 21가지를 살펴보면 다음과 같다.

21가지 식품 (제품 겉면 표시 대상)

- 난류(가금류에 한함), 우유, 메밀, 땅콩, 대두, 밀, 고등어, 게, 새우, 돼지고기, 아황산류(이를 첨가하여 최종 제품에 SO_2로 10mg/kg 이상 함유한 경우에 한함), 복숭아, 토마토, 호두, 닭고기, 쇠고기, 오징어, 조개류(굴, 전복, 홍합 포함)

출처: 식품의약품안전처.

[그림 9-7] 한국인 식품 알레르기 유발 물질(21가지)

Chapter 10

실종예방 및 유괴, 현장학습 안전교육

1. 실종예방

1) 실종예방교육의 필요성

경찰청(2015)에 의하면 영유아기는 발달상 아직 미성숙한 시기이므로 보호자들과 나들이 또는 유아교육기관을 통하여 견학이나 현장 체험학습 시 실종사고가 종종 일어나고 있다. 특히 봄이나 가족 행사가 많은 5월의 경우 가장 많은 미아 발생과 실종사고가 일어나고 있음을 알 수 있다. 따라서 보호자의 주의가 요구되며 영유아 스스로 미아 발생에서 실종으로 이어지지 않도록 실종예방교육을 통하여 미연에 사고를 예방해야 한다.

2) 실종예방지침

실종아동전문기관의 실종예방지침을 살펴보면, 미아예방 3단계 구호를 강조하고 있으며 부모님과 일반인들의 실종예방 수칙을 알려 주고 있다.

꼭꼭이의 미아예방 3단계 구호란?

1 단계 멈추기

아이가 일단 길을 잃거나 부모와 헤어지면 제자리에 서서 부모를 기다리게 합니다. 부모님 역시 자녀가 사라지면 왔던길을 되짚어 갑니다. 아이가 당황하지 않고 자리에 잘 있어 준다면 아이를 쉽게 찾을 수 있을 것입니다.

2 단계 생각하기

혼자 부모님을 기다리며 서 있기란 쉬운 일이 아니지만 자신의 이름과 연락처 등을 생각하고 기다리게 합니다.
평소 자신의 이름과 부모님 이름, 부모님 연락처, 주소 등을 잘 외우고 있는 아이라 할지라도 일이 발생되면 쉽게 기억하지 못할 수도 있습니다.

2단계는 자신이 신상명세를 기억하도록 노력하는 단계입니다. 10번씩 외우며 기다리도록 하고 부모는 빠른시간 내에 자녀를 찾아가야 합니다. 평소에 자녀와 함께 연습해서 익숙해 져야 하는 부분입니다.

3 단계 도와주세요

부모님이 찾으러 갈 수 없을 때나 자녀가 길을 잃었을 경우 주위에 있는 아주머니(아이와 함께 있는)에게 도움을 요청하도록 교육합니다. 또한 가까운 곳에 공중전화를 찾아'긴급통화-112'를 눌러 경찰에게 도움을 요청하게 합니다.
공중전화는 위치추적이 가능하며 더불어 노점을 하는 어른보다는 신분이 확인될 수 있는 건물 안 가게에 들어가 도움을 구하도록 교육 하는 것이 좋습니다.

부모님 수칙

01 / 자녀와 함께 다니고, 자녀를 집에 혼자 있게 하지 않기
02 / 이름, 나이, 주소, 연락처, 부모님 이름 등을 기억하도록 가르치기
03 / 자녀의 정면사진을 최소 6개월 단위로 미리 찍어두고 소지하고 다니기
04 / 자녀의 신상정보는 겉으로 잘 보이지 않는 곳에 기입하거나 넣어두기
05 / 위급상황 시 대처방법을 알려주고 몇 번씩 같이 연습 해보기
06 / 꼭꼭이의 실종예방 3단계 구호(멈추기! 생각하기! 도와주세요!)를 암기시키기
07 / 부모와 헤어졌을 때는 돌아다니지 않고 제자리에 멈춰 서 있게 가르치기
08 / 길이 어긋나 못 만났을 경우 부모에게 전화
(수신자 부담-부모님 연락처)를 하거나 경찰(긴급통화-112)에 도움을 요청하도록
09 / 외출시 자녀의 착의사항을 기억하기

일반인 수칙

01 절대 아이를 다른 곳으로 데려가거나 자신의 집으로 데려가지 않기
02 겁먹은 아이를 잘 달래어 진정시켜 주기
03 그 자리에 서서 아이의 부모를 함께 기다리기
04 아이의 이름과 연락처 등을 물어보기
05 안내방송이나 주위에 도움 요청하기
06 경찰청 182에 신고하고 인근 지구대에 데려다주기
07 실종아동 발견 당시 상황을 정확히 설명하기

출처: 실종아동전문기관 사이트(2019. 1. 6.). 실종예방지침. 발췌.

[그림 10-1] 실종예방을 위한 수칙

또한 실종 발생 즉시 경보 발령, 수색, 출입구 감시, 경찰과의 협조 등 조기 발견에 필요한 최소한의 내용만 규정하고, 세부 내용은 보건복지부에서 제공하는 표준 매뉴얼을 참고하여 시설의 특성 및 상황에 맞도록 자체적으로 시행토록 하였다. 실종아동전문기관의 실종예방지침 내용을 살펴보면 다음과 같다.

실종예방지침

제1조(목적) 이 고시는 「실종아동등의 보호 및 지원에 관한 법률」(이하 '법'이라 한다) 제9조의3 제1항에 따라 불특정 다수인이 이용하는 시설에서 실종아동 등을 조기에 발견하기 위하여 필요한 사항을 정함을 목적으로 한다.

제2조(정의) 이 고시에서 사용하는 용어의 정의는 다음과 같다.

1. "아동등"이란 법 제2조 제1호에 따른 아동등을 말한다.
2. "실종아동등"이란 법 제2조 제2호에 따른 실종아동등을 말한다.
3. "관리주체"란 법 제9조의3 제2항에 따른 관리주체를 말한다.
4. "신고자등"이란 실종아동등의 발생사실을 신고한 자, 보호자, 실종아동 등을 목격한 사실이 있는 자를 말한다.
5. "복합시설"이라 함은 1개의 건물 또는 장소에 2개 이상의 다중이용시설이 설치된 시설을 말한다.

제3조(실종신고 담당부서 업무분장) ① 관리주체는 실종아동등의 조기발견을 위해 부서 또는 근무자별 배치장소, 역할을 사전에 지정하여야 한다.

② 관리주체는 조기발견을 위해 시설의 특징을 고려한 자체지침을 마련하여야 하고, 지침을 적용하는 시설임을 표시할 수 있다. 이때, 보건복지부에서 제공하는 표준 매뉴얼을 참고할 수 있다.

제4조(실종아동등 발생시 신고에 관한 사항) ① 누구든지 다중이용시설에서 실종아동 등이 발생하였을 경우 관리주체에게 신고할 수 있다.

② 신고를 받은 관리주체는 신고자 등으로부터 실종아동 등의 성명, 연령, 성별, 신체특징 등 관련 정보를 파악하고 이를 기록·관리하여야 한다. 이때 범죄 관련 실종으로 의심되는 경우 관리주체는 즉시 관할 경찰관서의 장에게 신고하여야 한다.

제5조(실종아동등 발생상황 전파와 경보발령) 관리주체는 실종아동등이 신고되는 경우 즉시 안내방송으로 발생상황을 전파하고 경보를 발령하여야 한다. 다만, 소음 등으로 인하여 안내방송이 효과적이지 못할 것으로 예상되는 경우 다른 수단으로 대체할 수 있다.

제6조(출입구 감시 및 수색절차) ① 관리주체는 실종아동 등이 신고된 경우 신속하게 시설의 출입구에 종사자를 배치하여 출입자의 감시 등 필요한 조치를 취하되, 조치가 불가능할 경우에 즉시 관할 경찰관서의 장에게 신고하여야 한다.

② 관리주체는 이용자에게 공개된 장소뿐만 아니라 이용자의 접근이 제한되는 장소 및 시설에 대해서도 수색을 실시하여야 한다.

제7조(실종아동 등의 미발견) ① 관리주체는 실종아동 등을 발견하지 못하였을 때는 실종아동 등의 보호자의 동의를 얻어 관할 경찰관서의 장에게 실종아동 등 발생사실을 신고하여야 한다.

② 관리주체는 경찰에 신고한 후에도 수색을 계속하여야 하며 관할 경찰관서의 장의 요청에 적극 협조하여야 한다.

제8조(경보의 해제) ① 관리주체는 실종아동 등이 발견되어 보호자 등에게 인계되었을 때에는 발령된 경보를 해제하여야 한다.

② 관리주체는 실종아동 등이 발견되지 않았을 경우, 경보발령 지속여부에 대하여 관할 경찰관서의 장과 협의한 후 해제할 수 있다. 이때 관리주체는 관할 경찰관서 장의 의견을 적극 반영하여야 한다.

제9조(복합시설의 실종아동등 발생 및 조치) 복합시설에서 실종아동 등이 발생할 경우 각 시설의 관리주체는 실종아동 등의 발견을 위해 실종아동 등의 발생사실과 경보전파, 수색실시 등 조치내용을 상호 통보하는 등 협력하여야 한다.

제10조(교육·훈련에 관한 사항) 관리주체는 시설·장소의 종사자들을 대상으로 자체지침을 중심으로 신고접수 요령, 실종아동등의 발생상황 전파, 출입구 감시 및 수색 절차 등에 교육·훈련을 연1회 이상 실시하고, 훈련 실시 후 30일 이내에 일시·장소, 주관자, 참여인원, 교육 내용 등을 관할 경찰관서의 장에게 보고하여야 한다.

제11조(재검토기한)「훈령·예규 등의 발령 및 관리에 관한 규정」(대통령훈령 제248호)에 따라 이 고시 발령 후의 법령이나 현실여건의 변화 등을 검토하여 이 고시를 폐지하거나 개정 등의 조치를 하여야 하는 기한은 2017년 7월 1일까지로 한다.

출처: 보건복지부(2014. 7. 29.). 다중이용시설 실종예방지침 시행 보도자료.

3) 실종아동 발생 건수

경찰청(2015)에 의하면 실종아동 발생 건수는 5월 가정의 달에 가장 많은 것을 알 수 있다. 이 시기에는 가족 야외나들이나 유아교육기관에서 야외 활동 시 각별한 주의가 요구된다. 아울러 2018년부터 각 지자체 및 경찰서에서는 아동 실종 예방을 위한 '사전지문 등록제'를 실시하고 있다. 경찰청(2015)이 조사한 실종아동 발생 건수를 살펴보면 다음과 같다.

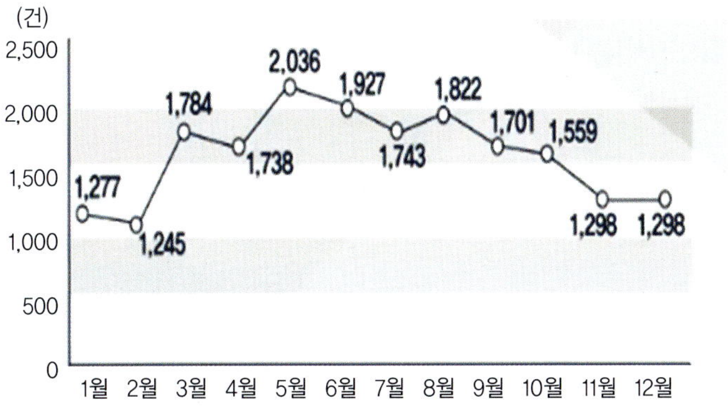

출처: 경찰청(2015).

[그림 10-2] 실종아동 발생 건수(2015년)

4) 실종아동 발생 시 방송 안내문(예시)

고객 여러분께 안내 말씀을 드리겠습니다. 빨강 셔츠에 청바지, 나이키 테니스 운동화를 신은 5세 남자아이를 찾고 있습니다. 남자아이는 짧은 머리에 키는 120cm, 약간 통통한 체형입니다. 아이를 보호하고 계신 분은 고객만족센터로 연락해 주시기 바랍니다. (2회 반복, 5분마다 방송)

출처: 보건복지부(2014. 7. 29.). 다중이용시설 실종예방지침 보도자료.

5) 실종 신고 요령

실종아동전문기관에서 제시하고 있는 실종 신고 요령은 전화 국번 없이 112로 신고하며, 실종 신고 시에는 아래와 같은 사항들을 유념할 것을 당부하고 있다.

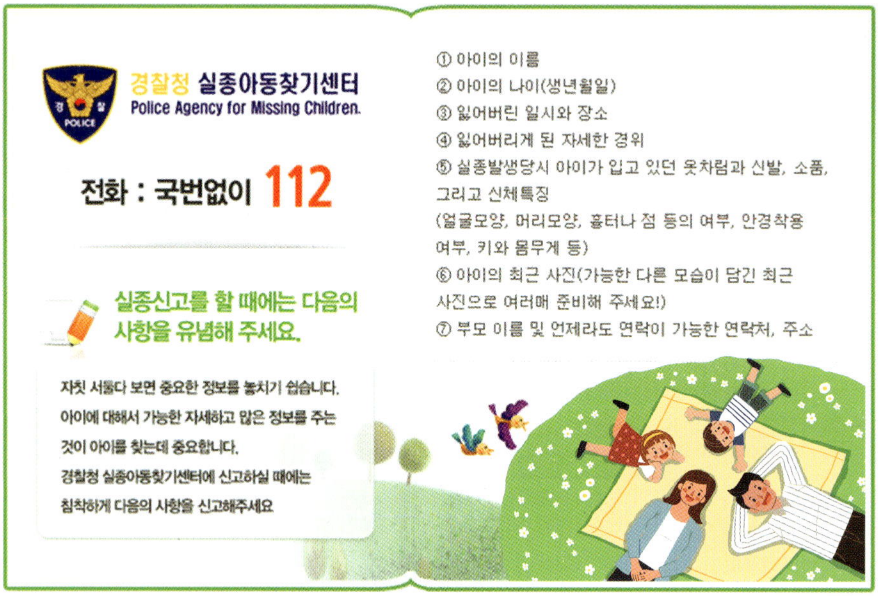

출처: 실종아동전문기관 사이트(2019. 1. 6.). 발췌.

[그림 10-3] 실종 신고 시 유의점

2. 유괴

흔히 어른들이 아이들에게 유괴를 목적으로 속임수를 쓰거나 친절하게 다가오는 경우가 많다. 따라서 아이들은 속임수로부터 자기 자신을 보호하기 위해서는 연습이 필요하다.

가장 좋은 연습 방법은 교사나 어른들이 역할극을 통하여 아이들을 속이는 상황을 직접 연출해 보이며 실제 상황에 대처할 수 있는 판단력을 기르는 것이 중요하다. 또한 대부분의 어른들은 좋은 사람이라는 것도 알려 줌으로써 어른에 대한 신뢰가 깨어지지 않도록 해야 할 것이다. 그리고 상황에 따라 완벽하게 예의 바른 아이가 안전한 아이는 아니라는 것과 나쁜 어른들이 언제나 험상궂고 무섭게 생긴 것은 아니라는 것을 알 수 있도록 하는 것도 중요하다. 아이들에게 유괴나 나쁜 목적으로 어른들이 흔히 사용하는 속임수들은 다음과 같다.

유괴 등을 목적으로 아이들에게 흔히 사용하는 속임수들

- 내가 길을 찾는데 같이 도와줄 수 있겠니?
- 내가 재미있는 마술 보여 줄까?
- 네 엄마가 병원에 있는데 나보고 너를 데리고 오라고 그랬어.
- 아이스크림 먹을래?
- 택배 왔어요! 집에 문 좀 열어 줄래?

위와 같이 속임수로 영유아들에게 접근하여 유괴하는 경우가 일어날 수 있으므로 이러한 속임수에 대한 대처 방법을 미리 유추해 보고 어떻게 대응할 것인지에 대해 토론해 보는 것도 좋은 예방 방법이다. 실종아동전문기관에서 말하는 낯선 어른들에게 대처하는 방법과 부모와 자녀의 입장에서 알아 두어야 하는 부모 수칙과 자녀 수칙을 살펴보고자 한다.

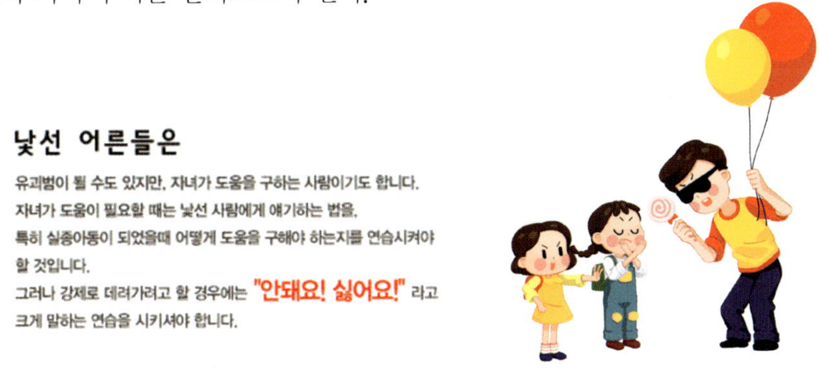

출처: 실종아동전문기관 사이트(2019. 1. 6.). 발췌.

[그림 10-4] 낯선 어른들에게 대처하는 방법

부모님 수칙

01 비상시를 대비하여 자녀의 친구나 그 가족들, 주변 사람들을 미리 알아 두세요.
02 자녀의 이름, 주소, 전화번호 등은 눈에 띄는 곳에 적어놓지 마시고 옷 안, 신발 안, 가방 안 등 보이지 않는 곳에 써 주세요.
03 부모의 허락 없이는 낯선 차를 타거나 아는 사람의 차라도 타지 않도록 교육하세요
04 혼자 있게 하지 마세요.(차 안, 유모차, 공중 화장실 갈 때 등)
05 낯선 차가 접근하면 차량 근처로 가지 않게 하세요.
06 누군가 억지로 데려가려고 할 때 "안돼요!싫어요!" 라고 외치게 하세요.
07 자녀들이 어디에 있는지 항상 관심을 갖고 지켜보세요.
08 자녀들이 자신을 스스로 보호할 수 있도록 수칙들을 반복해서 연습시키세요

자녀 수칙

01 누군가 강제로 데려가려 하며 "안돼요!싫어요!" 라고 소리치며 발버둥쳐요. 그리고 아는 사람이 있는지, 안전한 곳이 있는지, 밝은 사람이 많은 곳으로 뛰어가 도움을 청해요.
02 밝고 환한 곳에서 친구들과 함께 놀아요.
03 낯선 사람이 이름, 사는 곳, 전화번호를 물어보면 절대 알려주면 안돼요.
04 아는 사람이 같이 가자고 해도 따라가지 말고 부모님께 먼저 말씀 드리고 허락을 받으세요.
05 만약 집에 혼자 있을 때에는 문과 창문을 꼭 잠그고 있어요.
06 만약 집에 혼자 있을 때 누군가 찾아오면 "쉿!" 하고 없는 척을 해요.
07 만약 말을 하게 되면 부모님이 바쁘시니 나중에 오시라고 전해요.
08 하루 어떤 일들이 있었는지 엄마, 아빠와 얘기해 보아요.

출처: 실종아동전문기관 사이트(2019. 1. 6.). 발췌.

[그림 10-5] 유괴예방을 위한 부모님과 자녀 수칙

3. 현장학습

현장학습이란 영유아들이 교실 밖 생활 현장에서 직접 체험하고 경험하게 함으로써 시야를 넓혀 보다 잘 이해하게 할 수 있는 효과적인 방법이다. 따라서 자연, 지역사회, 공공기관 등 유아교육기관 내에서 경험할 수 없는 사물 및 기관들을 찾아가 직접적이며 구체적으로 관찰하는 활동이라 볼 수 있다. 또한 교육목적에 부합한 궁금한 것에 대해 생활 속 현장의 관련 전문가와의 만남을 통해서 개인적인 경험에 새로운 지식을 만들어 가는 학습이다.

1) 현장학습 전 준비 사항

(1) 계획 수립

교사는 현장학습 전 진행할 준비 사항을 포함하여 원의 연간 행사와 지역사회 축제, 절기 등을 고려하여 학기 초에 미리 현장학습 계획을 수립한다. 이때 영유아의 연령, 놀이 주제와 흥미를 고려하여 안전한 장소를 선택한다. 사람이 많은 장소를 이용할 경우에는 인적 자원(학부모 봉사자, 보조교사 등)을 활용하여 안전한 견학이 이루어질 수 있도록 한다. 또한 미세먼지나 폭염 등 갑작스런 기상이변을 대비하여 실내에서 대체 활동이 이루어질 수 있도록 미리 계획하여야 한다. 이러한 견학 일정은 학부모 모임이나 운영위원회 등을 통하여 현장학습 장소, 이동 방법, 소요 경비 등에 대한 의견을 미리 수렴, 반영하여 계획토록 한다.

(2) 부모 공지 및 동의

유아교육기관은 견학 계획에 대해 부모에게 미리 공지를 하여 부모들이 견학이나 현장학습 실시에 대한 내용을 알고 유아들의 컨디션에 따라 참여 여부를 선택할 수 있도록 한다. 공지 방법은 구두가 아닌 가정 통신문, 홈페이지, 어린이 수첩(가정과 연계용), 월간 또는 주간계획안 등을 이용해 문서로 공지하며, 동의서는 부모의 자필이 들어간 동의서를 받아야 한다. 가정으로 동의서를 보내어 확인 서명을 받거나 부모가 수시로 원을 방문할 경우엔 원내에서 참가 여부에 대한 동의서를 받도록 한다. 공지 내용은 날짜, 시간(출발, 도착), 장소, 대상, 활동 내용, 비용 등이며 목적지와 당일 날씨에 따른 바람직한 옷차림을 안내한다. 만약 점심 및 간식 준비가 필요하다면 교사는 '상하기 쉬운 유제품이나 녹기 쉬운 초콜릿 등은 피해주세요.' 등 구체적으로 안내한다. 또 뚜껑이나 마개가 있는 쥬스 등은 미리 따서 닫아 두어 유아에게 사용법을 미리 알려 주도록 한다. 부모가 현장학습에 참여할 경우 부모 참여에 대한 동의서도 받아야 한다.

(3) 사전 답사

현장학습 전 가장 중요하고 필요한 것이 원장이나 교사의 사전 답사이다. 최근에는 직접 현장 답사를 가는 대신 홈페이지나 홍보용 영상을 통하여 이동 경로를 파악하고 유선으로 답사 시 체크해야 할 부분 등을 파악하기도 한다. 다시 말해 교사는 출발 지점에서부터 도착 지점까지 영유아들을 어떻게 안전하게 이동시킬 것인지, 각 교사들을 어떻게 배치할 것인지 파악해야 하며, 활동 장소 주변에 비상구, 화장실, 휴식 장소, 의무실, 인근 병원 등의 위치를 알아 두어 안전사고에 대비한다. 만약 사전 답사 중 이동 경로나 현장학습 장소에서 위험 요인으로 사고가 날 가능성이 있거나 부적절한 경우 야외 활동 장소를 바꾸고 담당 관리자에게 알려 위험 요소를 미리 제거해 줄 것을 요청한다.

(4) 현장학습 계획표 및 시간표 세부 일정 작성

교사가 사전 답사까지 마쳤다면 다음은 현장학습에 대한 전반적인 계획표 및 시간별 세부 일정을 작성한다. 계획표 내용은 담임교사 외 모든 교직원을 인솔교사로 포함하여 계획하며 시간별, 장소별로 교사 역할을 분담하여 작성한다.

① 현장학습 계획표 내용

기재 내용	내 용
일시	• 년, 월, 일, 출발 시간, 도착 시간
장소	• 소재지, 야외 활동, 장소명, 이동 경로
이동 방법	• 운전자 정보(이름, 소속, 연락처 등), 차량 종류(대형, 소형), 차량 수(인승 표시), 편도 소요 시간 ※ 어린이 보험, 안전띠 유무 등을 미리 파악한다.
대상 원아	• 연령별, 반별, 총 인원수
인솔교사	• 반별 교사 외 모든 교직원 포함, 총 인원수
준비물	• 교사 및 유아에게 필요한 물, 응급 상비약, 비상연락망 등 ※ 장거리 이동 시, 유사시에 사용할 어린이용 이동 변기 등을 준비한다.
소요 경비	• 관람료, 교통비, 주차료 등
활동 관련	• 주제, 활동 목표, 시간에 따른 활동 내용, 사진

② 현장학습 시간별 세부 일정 내용(박물관 견학의 예시)

기재 내용	내 용
시간	• 소요 시간 (OO분)
장소	• OO유치원(출발지) → OOO(도착지) 이동 경로 확인 • 화장실 다녀오기 • OO 둘러보기 • 간식 먹기 • OO 체험하기 • OOO(출발지) → OO유치원(도착지) • 이동 준비
담당 교사 (역할 분담)	• 점심 식사 • 공연장 이동, 관람료 결제 등 • 착석 지도: OOO교사 • 화장실 인솔: OOO교사 • 버스 승차 지도: OOO교사 • 자리 배치 및 안전띠 착용 지도: 각 반 담임교사
내용	• 시간과 장소에 따른 세부 내용 작성 등

(5) 유아 및 유아교사 안전교육 실시

원장은 야외 활동 인솔교사를 대상으로 교사 안전수칙, 유아가 지켜야 할 안전수칙, 응급 상황별 응급처치 등에 대한 교사교육을 사전에 실시하며, 교사는 유아를 대상으로 현장학습 시 영유아가 지켜야 할 약속과 주의 사항에 대한 안전교육을 실시하여야 한다.

(6) 간단한 구조법 및 응급처지 요령 숙지

안전교육을 통하여 간단한 구조법과 응급처치에 대해 미리 익혀 두고 현장학습 전 다시 한번 숙지한다.

(7) 비상약품, 비상연락처, 유아 명단, 기타 물품 소지

교사는 비상 구급상자(탄력붕대, 삼각건, 반창고, 소독약, 연고 등)를 잘 챙기며 약품의 유효기간을 확인한다. 비상시 대비 비상연락망(기관 전화번호, 교직원 연락처, 유아 보호자 연락처 등)을 수립하고 소지한다. 또한 각 반별 유아 명단과 총 인원수, 핸드폰, 호루라기, 일정표, 유아 여벌 옷 등 기타 물품들도 잊지 말고 챙겨야 한다.

(8) 유아 및 유아교사 복장 확인

유아의 바람직한 옷차림은 계절에 맞는 활동하기 편한 옷이 좋다. 즉 장식물(끈, 레이스 등)이 달리지 않은 옷이 적합하다. 신발은 가벼운 운동화가 좋다. 햇빛이 뜨거운 날일 경우 챙이 달린 모자를 준비한다. 그리고 유아뿐만 아니라 교사도 견학을 위한 활동적이고 편안한 옷차림이 필요하다. 또한 교사의 복장은 유아들이 한눈에 알아볼 수 있도록 단체 조끼나 티셔츠를 입는 것도 좋은 방법이다. 특히 교사는 유아를 위해 챙겨야 할 물건들이 많으므로 뒤로 메는 가방이나 크로스 가방이 적절하다.

(9) 유아 및 운전자 협조 요청

운전자는 차량 안전에 대한 안전약속을 유아에게 하고 교사는 유아 및 운전자에게 차량 안전에 대한 협조를 구하며 원장은 운전자에게 안전수칙에 대한 내용을 숙지시키고 확인 서명을 받아야 한다. 특히 안전띠 착용은 필수이다.

2) 현장학습 및 야외 활동 중 주의 사항

(1) 이동 시

현장학습 시 도보로 이동을 하거나 차량을 이용하게 된다. 이때 교사는 안전을 위해 미리 유아들과 견학 시 주의해야 할 사항들에 대하여 알 수 있도록 한다. 또한 안전을 위하여 언덕이나 계단을 오르고 내릴 때에는 평지와는 달리 난간을 잡고 스스로 안전하게 몸을 이동하도록 안내한다. 교사의 걸음걸이는 유아들의 속도에 맞추어 이동하며 장시간 걸을 경우에는 그늘이 있는 곳에서 쉴 수 있도록 배려한다.

차량을 이용한다면 운행 전 운전자의 정보와 차량안전에 대한 협조를 구한다. 즉 견학차량의 보험 가입, 유아용 안전띠 유무, 통학차량 신고 여부 등에 대하여 미리 체크한다. 또한 차량 운행 시 유아용 안전띠를 반드시 착용하고 목적지에 도착하여 차에서 내리기 전까지 안전띠를 계속 착용할 수 있도록 한다.

운행 후 차가 완전히 정차한 후 교사는 유아의 안전띠를 풀어 주며 교사가 먼저 하차하여 차량 출입구 우측에 서서 영유아를 안전하게 내리도록 도와주고 먼저 내린 유아는 차 주변에 돌아다니지 않도록 하며 안전한 장소에서 기다리게 한다. 마지막으로 유아가 모두 내렸는지 다시 한번 확인하도록 한다. 하차 시에는 2명 이상의 교사가 각자 차량 내부와 외부에서 임무를 분담하여 안전하게 모두 하차할 수 있도록 하는 것이 좋다. 최근 아동용 통학차량에는 '잠자는 아이 벨'이 설치되어 있어 교사가 반드시 제일 뒷자석부터 아래 바닥에 이르기까지 유아들의 전원 하차를 확인한 후 안전벨을 누르고 하차하게 된다.

(2) 활동 시

활동 시에는 안전하게 활동이 이루어지도록 교사의 역할 분담을 미리 하여 활동을 돕도록 한다. 또한 충분한 휴식 시간을 갖도록 하고 활동 중 용변이 급한 유아가 있을 경우 화장실에 데리고 가 활동에 지장이 없도록 한다.

간식 및 식사 시간에는 음식물 섭취 전에 손을 씻거나 위생 물수건을 미리 챙겨 깨끗이 닦도록 하며, 준비한 음식은 상하지 않는 재료나 간식을 준비토록 사전에 공지한다.

3) 현장학습 후 확인 사항

(1) 영유아 인원 및 소지품 확인

현장학습 전 과정 중에 영유아 인원을 수시로 확인하고 현장학습이 끝난 후 유치원으로 출발하기 전에 유아 인원을 최종 점검하고 가지고 온 소지품을 확인하여 잃어버린 물건이나 두고 온 물건이 없는지 확인한다.

(2) 손 씻기 및 건강 상태 확인

야외 활동 후 질병을 예방하기 위해 반드시 손을 깨끗이 씻도록 하며 유치원에 도착한 유아들의 건강 상태를 세심히 살핀다. 만약 현장학습 중 유아들이 다치거나 사고가 일어났다면 일어난 사고에 대해 구체적으로 부모에게 전달하도록 한다. 모든 유아들의 건강 상태를 확인한 후 적당한 온도에서 휴식을 취하면서 오늘 현장학습에서 있었던 일들에 대하여 이야기를 나눈다.

(3) 현장학습 평가

교사는 현장학습 중에 일어난 일들을 기억하여 활동 관련 평가 및 안전 관련 평가를 한다.

● 현장학습 평가표 작성

기재 내용	내 용
현장학습 활동명	• 관람 제목, 체험명, 견학명 등 (예: 딸기 농장, 주말 농장, 숲 체험 등)
일시	• 년, 월, 일, 시간
장소	• 현장학습 장소 주소
대상	• 현장학습에 참여한 인원수 / 반 인원수 (결석한 유아가 있을 때는 사유를 적어 두어 지속적으로 견학 참여 여부를 파악할 수 있도록 한다.)
활동 관련	• 활동 결과 및 평가, 안전 평가, 사진

교사는 유아들과 함께 즐겁고 안전한 견학이 될 수 있도록 많은 준비와 계획을 세우며 견학을 마무리할 때까지 긴장을 놓치지 않고 안전하게 마칠 수 있도록 한다. 평가는 다음 견학 시 반영토록 한다.

Chapter 11

놀이 안전교육

1. 놀이 안전교육의 개념과 필요성

1) 놀이 안전교육의 개념

놀이란 영유아가 일상생활 속에서 자발적으로 하는 행위이며, 놀이를 통해 영유아의 발달이 이루어진다. 영유아는 신체가 발달함에 따라 놀이의 유형이 점차 확장되면서 자전거, 수영 등 다양한 운동까지 즐기게 된다.

놀이안전이란 영유아가 일상생활 속에서 놀이를 즐겁고 안전하게 하는 것을 의미하며, 이를 통해 건강한 마음과 몸을 단련하도록 돕는 것이다(권덕수 외, 2014). 또한 놀이 안전교육이란 영유아가 놀이안전과 관련된 지식과 기술을 습득하여 스스로 놀이 안전 규칙을 지키면서 안전하게 놀이하는 습관을 형성하도록 돕는 것이다(이화영, 2008). 따라서 영유아가 안전한 놀이 환경 속에서 안전하게 놀이할 수 있도록 하는 것뿐만 아니라 놀이안전과 관련된 교육을 통해 스스로 안전하게 놀이할 수 있도록 하는 것이 중요하다.

2) 놀이 안전교육의 필요성

영유아는 호기심이 많아 신체 활동에는 적극적으로 참여하지만 상황을 판단하는 능력이 미숙하여 놀이 중 발생하는 위험한 상황을 인식하거나 예측하는 능력이 부족하여 잦은 사고가 발생한다.

또한 영유아의 안전사고는 놀이 환경을 조성하거나 관리하는 성인의 부주의로 인해 발생하기도 한다. 예를 들어, 파손된 놀이기구나 놀잇감을 방치하거나 안전하지 않은 공간에서 놀이하도록 허용하는 것이다. 영유아의 발달에 대한 이해 부족으로 적합하지 않은 위험한 놀이나 운동을 허용하는 경우에도 발생한다.

이상의 내용을 종합하면 놀이와 관련된 안전사고는 영유아의 발달 특성이나 물리적, 인적 환경 요인에 의해 발생한다. 따라서 영유아의 안전한 놀이를 위해서 성인이 영유아 발달에 적합한 안전한 실내외 놀이 환경(놀잇감 포함)을 마련하고 관리하는 것을 최우선으로 하되, 영유아에게 놀이 안전교육을 실시하여 안전하게 놀이하고 운동하는 습관을 형성하도록 하는 교육도 중요하다.

2. 놀이 안전사고 현황

1) 발달 단계에 따른 안전사고

가정에서 대부분의 시간을 보내는 영아기(만 1세 미만)와 걸음마기(만 1~3세)에는 침실이나 거실의 가구 또는 바닥재로 인한 사고가 많이 일어나나, 유아기(만 4~6세)부터는 실외 활동이 많아지는 시기라 놀이터의 시설이나 완구에 의해 일어나는 사고가 많다. 즉 안전사고는 영아기에는 주로 주위 환경에 의해 발생하나, 성장함에 따라 환경보다는 영유아의 행동적 특성에 따라 발생하는 비율이 높다.

사고를 유발하는 품목을 시기별로 살펴보면, 영아기에는 침실 가구(849건, 36.3%)나 거실 가구(198건, 8.5%)가 가장 사고가 많았으며, 걸음마기에는 바닥재(1,765건, 14.5%), 침실 가구(1,358건, 11.1%)가, 유아기에는 바닥재(592건, 10.0%), 놀이터 시설(575건, 9.7%)이 사고가 많은 것으로 나타났다. 따라서 안전사고는 영아기에에서 걸음마기나 유아기로 성장하면서 실외 활동이 증가하면서 발생한다는 것을 알 수 있다.

영유아기 발달 단계별 주요 위해 품목을 살펴보면 다음과 같다.

[표 11-1] 발달 단계별 주요 위해 품목 (단위: 건, %)

순위	영아기(만 1세 미만)	걸음마기(만 1~3세)	유아기(만 4~6세)
1	침실 가구(849, 36.3)	바닥재(1,765, 14.5)	바닥재(592, 10.0)
2	거실 가구(198, 8.5)	침실 가구(1,358, 11.1)	놀이터 시설(575, 9.7)
3	유아용 가구(194, 8.3)	거실 가구(1,057, 8.7)	침실 가구(451, 7.6)
4	바닥재(156, 6.7)	주방 가구(718, 5.9)	문(332, 5.6)
5	주방 가구(96, 4.1)	문(684, 5.6)	완구(329, 5.6)
6	문(82, 3.5)	완구(636, 5.2)	놀이장비 및 액세서리 (313, 5.3)
7	주방 가전(72, 3.1)	학생용 및 서재용 가구 (499, 4.1)	거실 가구(311, 5.3)
8	완구(52, 2.2)	유아용 가구(473, 3.9)	학생용 및 서재용 가구(200, 3.4)
9	유가공품(49, 2.1)	놀이터 시설(410, 3.4)	계단 및 층계(168, 2.8)
10	학생용 및 서재용 가구 (46, 2.0)	주방 가전(278, 2.3)	여행·문화·놀이시설 및 서비스(164, 2.8)

출처: 한국소비자원(2018).

영유아기 발달 단계에 따른 안전사고의 주요 사례를 살펴보면 다음과 같다.

[표 11-2] 발달 단계별 주요 안전사고 사례

영아기(만 1세 미만)	걸음마기(만 1~3세)	유아기(만 4~6세)
• **추락사고:** 2017년 조○○(여, 7개월)은 잠을 자던 중 침대에서 떨어져 머리에 타박상을 입고 응급실을 통해 내원하여 치료를 받음	• **부딪힘 사고:** 2017년 5월 이○○(남, 만 3세)은 서랍장에 부딪쳐 눈썹 부위의 열상을 입고 응급실 통해 내원하여 치료를 받음	• **눌림 · 끼임 사고:** 2017년 8월 이○○(남, 만 5세)은 자전거를 타다가 자전거 바퀴에 발이 끼어 발목의 타박상 입고 응급실 통해 내원하여 치료를 받음

출처: 한국소비자원(2018).

2) 놀잇감 안전사고

한국소비자원(2014)에서는 3년(2011~2013년)간 발생한 안전사고를 분석하여 사망 및 장애 등 심각한 위해로 연결될 수 있는 특정 유형을 발견하였다. 이 중 완구 등의 삼킴으로 인한 사고는 영유아에게 심각한 위해를 줄 수 있다고 보고하였다. 완구 및 인형과 같은 놀잇감의 경우 2011년 215건, 2012년 237건, 2013년에는 298건으로 점점 증가하였다.

완구, 인형과 같은 놀잇감이 총 750건으로 제일 많았고, 구슬 540건, 동전 328건, 건전지 146건, 자석 127건의 순으로 삼킴사고를 유발하는 것으로 나타났다. 삼킴사고를 유발하는 품목을 살펴보면 다음과 같다.

[표 11-3] 완구 등 삼킴사고 위해 사례 현황 (단위: 건)

사고 관련 주요 품목	2011년	2012년	2013년	합계
기타 완구, 인형	215	237	298	750
구슬	157	187	196	540
동전	80	114	134	328
건전지	23	67	56	146
자석	39	48	40	127
기타	1,255	1,741	2,034	5,030
전체 삼킴사고	1,769	2,394	2,758	6,921

출처: 한국소비자원(2014).

영유아에게 삼킴사고는 매우 위험한데, 이는 성인이 인식하지 못하는 사이에 체내로 들어간 이물질이 합병증을 유발할 수 있기 때문이다.

3) 실외 놀이시설 안전사고

2018년 한 해 동안 실외 놀이시설에서 발생한 사고를 놀이기구별, 손상 유형별, 사고 유형별로 살펴보면 다음과 같다(행정안전부, 2019).

[표 11-4] 놀이기구별 안전사고 (단위: 건)

놀이기구명	조합놀이대	건너는 기구	오르는 기구	그네	합계
건수	101	61	41	25	228

출처: 행정안전부(2019).

[표 11-5] 손상 유형별 안전사고 (단위: 명)

손상 유형	골절	치아 손상	베인 상처	신경/근육/힘줄 손상	합계
명수	237	15	8	6	266

출처: 행정안전부(2019).

[표 11-6] 사고 유형별 안전사고 (단위: 건)

사고 유형	추락	충돌	넘어짐	접질림	합계
건수	212	32	26	6	276

출처: 행정안전부(2019).

2018년 실외 놀이시설에서 발생한 사고 원인을 살펴보면, 이용자 부주의로 인한 사고가 282건(98.7%)으로 가장 많았으며, 시설 결함 3건(1.0%), 기타 1건(0.3%) 순으로 나타났다. 놀이시설과 관련된 사고 발생 원인을 살펴보면 이용자 부주의로 인해 발생되는 사건이 대부분인 것으로 파악되어 영유아의 이용수칙 준수 및 성인에 의한 안전지도와 관리가 필요한 것으로 나타났다. 최근 3년간 사고 원인별 추이를 살펴본 결과는 다음과 같다.

[표 11-7] 사고 원인별 사고 발생 추이 (단위: 건)

구분	사고 건수	이용자 부주의	시설 결함	개인 질환	기타
2016년	338	333	5	–	–
2017년	322	315	4	–	3
2018년	286	282	3	–	1
최근 3년간 평균	315	310	4	–	1

출처: 행정안전부(2019).

[표 11-8] 한국소비자원의 위해 정보 접수 사례

사례 1	사례 2
2010년 11월 경기도 고양시 김○○의 자녀(남, 만 5세)가 놀이터 조립형 미끄럼틀이 무너지면서 인중을 부딪혀 상해를 입음	2010년 11월 경기도 고양시 덕양구 허○○의 자녀(여, 만 6세)는 철봉에서 안전매트가 없는 시멘트 바닥으로 떨어져 팔 골절상을 입음

출처: 소비자안전국(2011).

4) 물놀이 안전사고

최근 5년간(2013~2017년) 물놀이 안전사고 발생 현황을 살펴보면, 6월 초순부터 물놀이 안전사고가 많이 발생하는 것으로 나타났다(행정안전부, 2018).

[표 11-9] 시기별 물놀이 안전사고 발생 현황 (단위: 명)

구분	합계	6월				7월				8월			
		소계	초순	중순	하순	소계	초순	중순	하순	소계	초순	중순	하순
2013년	37	6	3	–	3	14	1	6	7	17	5	9	3
2014년	24	8	4	2	2	10	2	1	7	6	5	–	1
2015년	36	6	1	3	–	10	2	3	5	22	14	4	4
2016년	35	3	1	1	1	12	3	1	8	20	12	6	2
2017년	37	4	1	3	–	17	1	7	9	16	8	7	1

출처: 행정안전부(2018).

장소별 물놀이 안전사고 현황을 살펴보면 2017년을 기준으로 '하천과 강'이 가장 많았고, '바닷가(갯벌·해변)', '해수욕장', '계곡'의 순으로 나타났다(행정안전부, 2018).

[표 11-10] 장소별 물놀이 안전사고 발생 현황 (단위: 건)

구분	합계	하천 · 강	해수욕장	계곡	유원지	저수지	바닷가	기타
2013년	37	19	7	10	–	–	1	–
2014년	24	14	3	4	–	–	2	1
2015년	36	21	4	6	1	–	4	–
2016년	35	19	3	1	–	–	12	–
2017년	37	22	5	4	–	–	6	–

출처: 행정안전부(2018).

2014~2016년까지 발생한 어린이 익사사고 사망 유형을 살펴보면, 냇가나 강 등의 자연수가 30.4%로 가장 많았고, 목욕통 7.6%, 수영장 5.4% 순으로 나타났다. 다만, 5세 미만의 익사사고 사망은 목욕통이 많았고, 이후 연령부터는 자연수가 많았다(통계청, 2018).

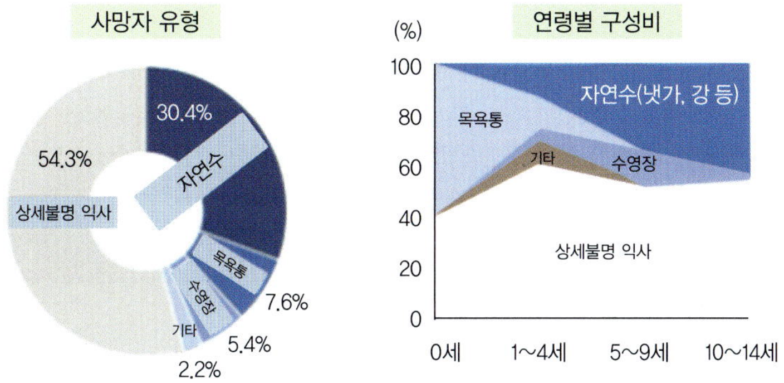

출처: 통계청(2018).

[그림 11-1] 어린이 익사사고 사망자 유형 및 연령별 구성비(2014~2016년)

5) 스포츠 안전사고

(1) 자전거 안전사고

한국소비자원(2014)에서 분석한 2011~2013년까지 승용물에서 발생한 중상 이상 위해 사례 현황에 따르면, 어린이 자전거로 인한 사고가 중증 이상의 치료를 요하는 큰 사고로 이어지는 것으로 나타나 영유아가 자전거를 탈 때는 안전하게 이용할 수 있도록 교육하는 것이 필요하다. 이러한 중상 이상 위해 사례를 살펴보면 다음과 같다.

[표 11-11] 승용물에서 발생한 중상 이상 위해 사례 현황 (단위: 건)

물품명	2011년	2012년	2013년	합계
어린이 자전거	11	3	6	20
기타 승용물	3	1	0	4
일반 자전거	1	1	0	2
유모차	0	1	1	2

출처: 한국소비자원(2014).

특히 9세 이하의 연령에서 발생하는 자전거 사고는 6월에 가장 많이 발생하는 것으로 나타났다(통계청, 2018).

[표 11-12] 9세 이하 자전거 사고 응급환자 현황(2012~2016년) (단위: 명)

구분	연평균	1월	2월	3월	4월	5월	6월	7월	8월	9월	10월	11월	12월
9세 이하	4,103	40	52	196	363	707	740	524	411	510	391	125	44

출처: 통계청(2018).

(2) 가정 내 운동기구 안전사고

한국소비자원(2017)에서 조사한 연령별 위해 발생 장소를 교육시설과 가정으로 구분하여 살펴보면, 집에서 발생하는 사고가 압도적으로 많다. 교육시설에서 발생하는 사고는 만 1세 미만의 영아 0.2%, 만 1~3세 걸음마기 영아 3.4%, 만 4~6세 유아 7.9%로 가정에서 일어난 경우와 비교해 보면 비율이 낮다. 그러나 교사로서 영유아가 교육시설에서 안전수칙을 준수하며 활동할 수 있도록 장소별로 빈발하는 사고 유형과 행동 요령 등을 숙지하여 안전교육을 실시하는 것이 필요하다.

[표 11-13] 연령별 위해 발생 장소별 현황 (단위: 건, %)

장소	영아기(만 1세 미만)	걸음마기(만 1~3세)	유아기(만 4~6세)
교육시설	13(0.2)	1,267(3.4)	1,280(7.9)
가정	6,212(91.6)	30,071(80.4)	9,955(61.3)

출처: 한국소비자원(2017).

한국소비자원(2019)에 따르면 바쁜 일상생활과 미세먼지 등으로 가정 내 운동기구를 두고 간편하게 운동할 수 있는 홈트레이닝이 인기를 끌면서 안전사고가 많이 발생한다고 보고하였다. 최근 3년간(2016~2018년) 발생한 만 10세 미만 연령의 홈트레이닝 사고 현황을 살펴보면 다음과 같다.

[표 11-14] 10세 미만 홈트레이닝 사고 현황(2016~2018년) (단위: 건, %)

구분	영아기 (만 1세 미만)	걸음마기 (만 1~3세)	유아기 (만 4~6세)	취학기 (~만 9세)	합계
건수(비율)	12(9.7)	62(50.0)	30(24.3)	20(16.0)	124(100.0)

출처: 한국소비자원(2019).

연령별로는 '10세 미만'이 124건으로 전체의 61.4%를 차지해 가장 많았으며, 그중에서 위험 환경에 대한 인식이 부족하고 신체발달이 완전하지 못한 만 1~3세 영유아의 사고 비율이 50.0%(62건)로 가장 높은 것으로 나타났다.

홈트레이닝 품목별 위해 원인 현황으로는 '실내 사이클'로 인한 사고가 29.0%(60건)으로 가장 많았으며 '러닝머신' 25.1%(52건), '아령' 22.2%(46건), '짐볼' 14.0%(29건) 순이었다. 품목별 위해 원인을 분석한 결과, '실내 사이클'은 기구에서 추락하는 사례(28.3%)가 많았고, '러닝머신'과 '짐볼'은 미끄러짐·넘어짐(각 42.3%, 41.4%), '아령'은 충격(65.2%)에 의한 안전사고가 많이 발생하였다.

홈트레이닝 품목별 위해 원인을 살펴보면 다음과 같다(한국소비자원, 2019).

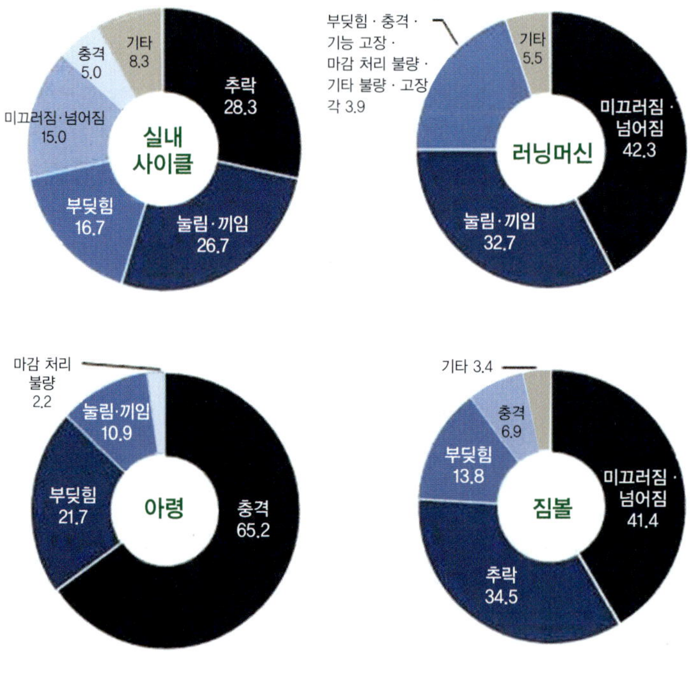

출처: 한국소비자원(2019).

[그림 11-2] 홈트레이닝 품목별 위해 원인 (단위: %)

3. 놀이 안전교육의 내용

1) 법에 근거한 놀이 안전교육 내용

어린이집 안전교육의 근간이 되는 「아동복지법」(제31조, 시행령 제28조와 별표 6)에 근거한 5대 영역 중 본 장의 내용을 다루는 영역은 제시되어 있지 않다. 유치원 안전교육의 근간이 되는 「학교안전사고 예방 및 보상에 관한 법률」(시행규칙 제2조[학교안전교육의 실시])에 근거한 안전교육 7대 영역 중에는 '생활안전'에 해당된다. 본 장에서는 놀잇감, 실외 놀이기구, 물놀이, 스포츠, 가정에서의 놀이안전에 대한 내용을 중심으로 살펴보도록 한다.

[표 11-15] 놀이 안전교육의 내용

<table>
<tr><th>어린이집 안전교육</th><th rowspan="2">본 교재에서 다룰 안전교육의 내용</th><th>유치원 안전교육</th></tr>
<tr><th>「아동복지법」에 근거한 5대 안전교육 영역</th><th>「학교안전사고 예방 및 보상에 관한 법률」 학교안전교육 7대 영역</th></tr>
<tr><td>–</td><td rowspan="2">놀잇감,
실외 놀이기구,
물놀이,
스포츠,
가정에서의 놀이안전</td><td>생활안전</td></tr>
<tr><td></td><td>1. 교실, 가정, 등·하굣길에서 안전하게 생활하기
2. 안전한 장소를 알고 안전하게 놀이하기
3. 놀이기구나 놀잇감, 도구의 바른 사용법을 알고 안전하게 사용하기
4. 실종, 유괴, 미아 상황 알고 도움 요청하기
5. 몸에 좋은 음식, 나쁜 음식 알기

생활안전 내용 체계
1. 시설 및 제품 이용 안전
2. 신체활동 안전(체육 및 여가활동 안전)
3. 유괴미아사고 예방</td></tr>
</table>

2) 어린이집 평가와 유치원 평가에 따른 놀이 안전교육 내용

(1) 어린이집 평가에서의 놀이안전

한국보육진흥원(2019)에서 제시한 놀이교육과 관련된 내용을 살펴보면 지표 3-1의 실내외 청결과 안전에 관련된 부분과 지표 3-5의 놀이기구 및 놀잇감에 대한 안전한 사용과 안전교육에 대한 부분이 해당된다.

① 평가지표에 따른 놀이안전 내용

평가지표 3-1에는 교사로서 놀이 공간과 놀잇감 및 보육실의 물품을 안전하게 관리하는 내용이 제시되어 있으며, 평가지표 3-5에는 영유아에게 놀이와 관련된 안전교육을 실시할 것에 대한 내용이 포함되어 있다.

[표 11-16] 어린이집 놀이안전에 대한 평가지표

지표 3-1. 실내외 공간의 청결 및 안전 중
• 3-1-2 실내외 공간을 영유아의 안전을 위해 위험 요인 없이 관리하고 있다. • 3-1-3 실내외 놀잇감이 안전하고, 위험한 물건을 안전하게 보관·관리하고 있다. • 3-1-3-① 보육실 내 놀잇감에 파손된 부분이 없다. • 3-1-3-② 실내외 공간에 비치된 놀잇감에 파손된 부분이 없다. • 3-1-3-③ 보육실 내의 위험한 물건을 안전하게 보관·관리한다. • 3-1-3-④ 실내외 공간의 위험한 물건을 안전하게 보관·관리한다.
지표 3-5. 안전교육 및 사고 대책 중
• 3-5-1-③ 영유아가 놀이기구와 놀잇감을 안전하게 사용하도록 지도한다. • 3-5-1-④ 계절 및 날씨 관련 놀이 안전수칙을 준수한다.

출처: 한국보육진흥원(2019).

② 평가지표에 따른 교사의 역할

실내외 놀잇감을 관리하고, 특히 영아(만 0~1세, 만 2세)가 놀이 시 놀이기구나 놀잇감을 위험하게 사용하지 않는지 항상 주시하고 긍정적인 방법으로 지도해야한다. 특히 교사는 실외 활동을 하는 영유아에게 계절이나 날씨에 따라 필요한 조치를 취해야 한다.

계절 및 날씨 관련 놀이 안전수칙의 예

- 여름철에는 날씨가 너무 더운 시간을 피해 실외 활동 시간을 조정하도록 한다.
- 햇볕이 강하고 더운 시간대에는 영유아가 모자를 쓰거나 차양막 또는 그늘에서 놀이를 할 수 있도록 한다.
- 햇볕이 강하고 더운 시간대에 장시간 바깥놀이나 물놀이를 할 경우 자외선 차단제를 바른다.
- 비가 많이 내리는 날씨에 산책을 할 경우 필요에 따라 우산, 비옷, 장화 등을 갖추고 실시한다.
- 추운 겨울날 바깥놀이를 할 때 영유아는 따뜻한 겉옷과 장갑 등을 갖추어야 한다.
- 황사나 미세먼지 농도가 '나쁨' 이상일 경우, 실외 활동을 자제하고 실내 신체 활동으로 대체한다.

출처: 한국보육진흥원(2019).

평가인증 시 원장과 교사 관찰 평가

- 햇볕이 강하고 더운 시간대에 바깥놀이를 나갈 경우 어떠한 조치를 하는가?
- 황사가 있거나 미세먼지 농도가 높은 날에는 어떻게 조치하는가?

– 관찰이 어려운 경우에는 면담으로 확인한다.

출처: 한국보육진흥원(2019).

(2) 유치원 평가에서의 놀이안전

유아교육진흥원(2019)에서 제시한 유치원 평가지표 중 놀이안전과 관련된 부분을 살펴보면 다음과 같다.

① 평가지표에 따른 놀이안전 내용

[표 11-17] 유치원 놀이안전에 대한 평가지표

지표 3. 교육 환경 영역 중 유아에게 적합한 실내외 시설 · 설비
• 유아의 안전을 위해 시설 · 설비는 견고하고 시설 · 설비 간의 일정한 공간을 확보한다. • 유아를 위한 놀이터는 상해가 발생하지 않고 갈등이 일어나지 않도록 장애물이 없는 넓은 공간이어야 한다. 유아가 자유롭게 탐색하고 이동할 수 있도록 안전하게 설계, 관리한다. • 유아, 유치원 및 시설에 대한 보험에 가입되어 있다. • 시설 안전점검을 위한 운영 계획 수립, 실행, 사후관리가 체계적으로 이루어지고 있는지 확인한다.
지표 4. 실내외 교육 환경의 구성 및 활용의 적합성 중
• 유아의 안전을 위해 어린이 놀이시설을 관련 법에 따라 설치 및 검사(「어린이 놀이시설 안전 관리법」 제12조 제1항, 제2항)한다. • 어린이 놀이시설 설치자는 어린이 놀이시설을 관리 주체에게 인도하기 전에 대통령령이 정하는 방법 및 절차에 따라 안전검사기관에서 설치검사를 받아야 하며, 설치 후 시설기준 및 기술기준에 적합성을 유지하고 있는지를 확인하기 위해 안전검사기관에서 2년에 1회 이상 정기 시설검사를 받아야 한다. • 놀이시설 안전점검의 예: 미끄럼틀 경사가 완만한지, 미끄럼틀 아래 착지하는 곳이 위험하지 않은지 점검
지표 5. 교재 · 교구의 제공 및 관리의 적절성 중 교재 · 교구의 적절한 관리
• 교재 · 교구를 영역별, 주제별로 구분하여 활용하기 쉽게 적합한 공간에 정리, 관리해야 한다.

출처: 유아교육진흥원(2019).

[표 11-18] 유치원 평가에서 시설 안전점검 운영 계획

안전점검 계획 시	안전점검 시행 시	안전점검 시행 후
연간 계획을 수립하고 업무 분담과 책임 이행에 대한 안전점검 조직 구성, 시설관리 지침 등을 마련하여 명문화한다.	유아의 특성을 고려하여 수시점검과 정기점검으로 분류하여 실시한다.	안전 담당자는 안전점검 결과를 기록하여 비치하고 개선 사항은 즉시 수정 · 기록한다. 연말에 유치원 내 자체 평가 실시를 통해 시설 개보수 및 안전점검 계획에 개선 사항을 반영한다.

출처: 유아교육진흥원(2019).

4. 유아교육기관에서의 놀이안전

1) 놀잇감 안전

(1) 교사로서의 놀잇감 안전

유아교육기관에서 놀이를 위해 사용하는 놀잇감은 영유아교육에서 중요한 역할을 한다. 이를 구입하거나 제작하여 사용할 때 점검해야 할 내용은 다음과 같다(보건복지부 외, 2019).

① 교재·교구 구입이나 제작 시 참고할 점

- 교재·교구와 기물의 올바른 사용법에 대한 안내
- 발달에 따른 적합한 크기의 견고한 교재·교구 선정
- 무독성이고 불가연성의 재질로 된 것 확인
- 제작 교구인 경우 모서리를 둥글게 잘라 제작
- 빛이 반사되어 눈에 부담이 되므로 가능하면 코팅한 교재·교구는 피하기
- 영아를 위해 너무 크거나 푹신한 인형은 피하기
- 영아반의 경우 2.5cm보다 작은 크기의 교재·교구는 삼킬 위험이 있으므로 피하기
- 영유아에게 인기 있는 교재·교구는 동일한 것으로 여러 개 구비
- 부서진 것은 즉시 폐기하고 새것으로 교환
- 수리가 필요한 것은 방치하지 않고 즉시 수리
- 건전지나 자석, 기타 작은 부속물이 빠지지 않았는지 확인

② 놀잇감 세척관리

영아의 경우는 발달 특성상 놀잇감을 입으로 빨거나 무는 경우가 많다. 이러한 경우 다음과 같은 방법으로 세척관리를 하는 것이 필요하다(한국소비자원, 2017).

[표 11-19] 놀잇감 세척관리 방법

원목 놀잇감	헝겊 놀잇감	플라스틱 놀잇감	고무 놀잇감
• 미지근한 물이나 찬 물수건으로 닦는다. • 마른 수건으로 물기를 닦아 건조하거나 그늘에 말린다.	• 수시로 먼지를 털어내고 전용세제를 풀어 손세탁한다. • 건전지가 내장되어 있어 물세탁이 어려운 경우 먼지를 자주 털어 내도록 한다.	• 따뜻한 비눗물에 담가 세탁한 후 따뜻한 물로 헹군다. • 마른 수건으로 닦은 후 그늘에 말린다.	• 유아용 세제나 샴푸를 이용해서 스펀지로 닦고 헹군다.

〈장난감 교구류 자외선 살균 소독기 설치〉

교사는 어린이집 영아들이 사용하는 장난감을 수시로 정기적으로 세척하여 관리한다.
이를 위해 장난감 교구류 자외선 살균 소독기를 설치하여 영유아가 낮잠을 자는 동안 혹은 퇴근 시에 자외선으로 살균 소독한다.

어린이집에 설치된 자외선 살균 소독기

출처: 남대문우리누리어린이집.

(2) 영유아의 놀잇감 안전(놀이안전 규칙)

선생님! 도와주세요

▶영아/유아반

- 영유아만 두고 교실을 비우지 않기
- 영유아를 돌보며 행정 업무나 수업 준비 등의 일 처리하지 않기(특히 가위 사용)
- 영유아가 있는 곳에서 뜨거운 음료나 음식 먹지 않기
- 놀잇감이나 교실 환경을 매일 점검하고 보수하기

▶영아반

- 영아가 놀잇감이나 우유병을 물고 다니지 않게 점검하기
- 보행기를 탈 때는 주변에 위험한 물건이 있는지 점검하기
- 걸려 넘어질 만한 놀잇감 수시로 정리하기

사고 사례 – 이물질 삼킴(교구) 사고

▶사고 경위 및 발생 원인: 자유선택활동 시간 놀이 중 자석 교구를 가지고 놀던 유아가 손과 입으로 여러 차례 뜯다가 자석을 삼킴. 각기 다른 창자에 위치한 자석이 붙어 천공 및 괴사 직전 상태에서 개복하여 제거함
▶예방 수칙: 어린이집에서 사용하고 있는 자석 교구에 대하여 정기적 점검을 통해 파손되거나 노후된 교구 파기 필요

파손된 자석 교구

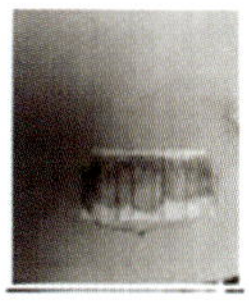
개복술 후 환아

▶사고 경위 및 발생 원인: 만 2세 영아가 플라스틱 소재 포도 모양 장난감 교구(가로 4cm, 세로 3.5cm)를 가지고 놀던 중 이를 삼켜 질식하여 결국 사망
(※ 병원 이송 과정 지연으로 인해 적절한 응급 대처 미흡)
▶예방 수칙: 영아의 코, 귀, 입에 들어갈 만한 작은 크기의 교구(직경 3.5cm)는 제공하지 않도록 함

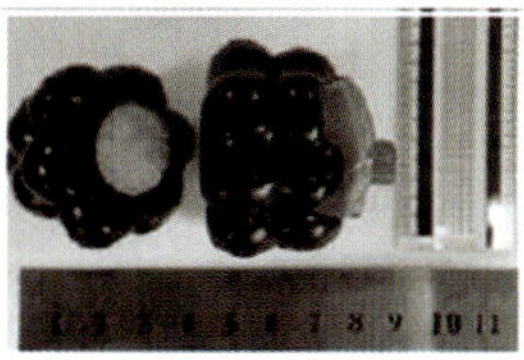

출처: 보건복지부, 어린이집안전공제회, 중앙육아종합지원센터(2019).

2) 실외 놀이시설 안전

(1) 교사로서의 실외 놀이시설 안전

① 영유아를 위한 픽토그램 부착 안내

픽토그램이란 사물, 시설, 행위 등을 대중들이 쉽게 알아볼 수 있도록 상징적인 그림으로 나타낸 것이다. 이를 영유아가 잘 볼 수 있는 곳에 부착하고 픽토그램을 이해할 수 있도록 교육하여 안전하게 놀이하도록 한다.

출처: 행정안전부. 어린이놀이시설안전관리시스템.

[그림 11-3] 픽토그램 예시

② 어린이 놀이시설 설치검사 및 정기 시설검사

어린이 놀이시설을 설치한 후 설치기준에 적합성 여부를 확인하기 위해 검사를 실시하며 사후 정기적으로 놀이시설을 점검하여 안정성 여부를 확인한다.

어린이 놀이시설 안전관리 매뉴얼

▶어린이 놀이시설의 설치검사

- 설치자가 설치검사 합격증과 함께 놀이시설을 관리 주체에게 인도함

▶어린이 놀이시설의 정기 시설검사

- 2년에 1회 이상
- 불합격 시 이용 금지(이용 금지 표시 예시 참조)

이용 금지 안내판(1m×1m) 예시	봉쇄 테이프 예시
본 시설은 안전기준에 미달되어 「어린이 놀이시설 안전관리법」 제13조에 따라 이용 금지된 시설로서 안전검사 합격 시까지 시설물 이용을 일시적으로 금지하오니, 임의 이용에 따른 안전사고가 발생하지 않도록 어린이 보호자와 시민 여러분의 협조를 당부드립니다. ○○유치원(어린이집) 원장 ○○○ (문의전화: 02-123-1234)	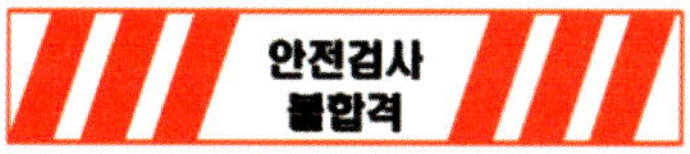

출처: 행정안전부(2018). 어린이 놀이시설 안전관리 매뉴얼.

놀이시설은 월 1회 이상 안전점검을 실시하고 실시대장(「어린이 놀이시설 안전관리법 시행규칙」 별지 제16호 서식)을 작성하여 최종 기재일로부터 3년간 보관한다.

[표 11-20] 놀이시설 안전점검 실시대장

점검일	점검 결과				특이 사항	안전관리자(인)
	양호	요주의	요수리	이용 금지		

출처: 보건복지부(2019).

3) 물놀이 안전

영유아가 물놀이를 할 경우에는 반드시 구명조끼를 착용하도록 한다. 성인이 보호 관찰한다고 하지만 순간적으로 사고가 일어날 수 있기 때문이다. 요즘에는 구명조끼, 목튜브를 넘어 '퍼들 점퍼'라는 물놀이 안전용품이 있는데, 벨트를 이용해 양팔과 가슴에 착용하는 유아용 물놀이 용품을 의미한다. '퍼들 점퍼'는 팔과 몸통에 끼울 수 있어 안정적으로 영유아가 수영을 즐기고 물놀이 사고도 예방할 수 있다(통계청, 2018).

물놀이 시 다음과 같은 안전수칙을 교육하여 지키는 것이 중요하다(행정안전부, 2018).

- 수영을 하기 전에는 손, 발 등의 경련을 방지하기 위해 반드시 준비 운동을 하고 구명조끼를 착용한다.
- 물에 처음 들어가기 전 심장에서 먼 부분(다리, 팔, 얼굴, 가슴 등의 순서)부터 물을 적신 후 들어간다.
- 수영 도중 몸에 소름이 돋고 피부가 당겨질 때에는 몸을 따뜻하게 감싸고 휴식을 취한다.
- 물의 깊이가 일정하지 않고 갑자기 깊어지는 곳은 특히 위험하니 물 깊이를 알 수 있는 곳에서만 물놀이를 한다.
- 건강 상태가 좋지 않을 때, 배가 고프거나 식사 후에는 수영을 하지 않는다.
- 물놀이 중에는 껌이나 사탕을 먹지 않는다.
- 자신의 수영 능력을 과신하여 무리한 행동을 하지 않는다.
- 장시간 계속 수영하지 않으며, 호수나 강에서는 혼자 수영하지 않는다.
- 물에 빠진 사람을 발견하면 주위에 소리쳐 알리고(즉시 119에 신고), 구조에 자신이 없으면 함부로 물속에 뛰어들지 않는다.

- 수영에 자신이 있더라도 가급적 주위의 물건들(튜브, 스티로폼, 장대 등)을 이용해 안전한 구조를 한다.

물놀이 안전수칙을 정리해 살펴보면 다음과 같다.

수영하기 전에는
반드시 준비 운동을 하고
구명조끼 착용

물에 들어갈 때는
심장에서 먼 부분(다리⇨
팔⇨얼굴⇨가슴)부터

소름이 돋고
피부가 당겨질 때는
몸을 따뜻하게 하고 휴식

물이 갑자기
깊어지는 곳은
특히 위험!

건강 상태가 좋지 않을 때,
배가 고플 때, 식사 후에는
수영 NO!

수영 능력 과신은 금물,
무모한 행동 NO!

장시간 수영 NO!
호수나 강에서
혼자 수영 NO!

물에 빠진 사람을 발견하면
주위에 소리쳐 알리고
즉시 119에 신고

구조 경험이 없는 사람은
무모한 구조 NO!
함부로 물에 뛰어들면 NO!

가급적 튜브, 장대 등
주위 물건을 이용한
안전한 구조

출처: 행정안전부(2018). 2018년 7월 재난안전상황 분석 결과 및 중점관리 대상 재난안전사고.

[그림 11-4] 물놀이 안전수칙

4) 자전거 안전

유아가 사용하는 자전거를 안전하게 사용하는 방법은 다음과 같다(행정안전부, 2019).

(1) 자전거 안전 사용 방법

키 높이에 맞는 자전거 탑승하기	안전장구 구비하기	정기적으로 브레이크 점검하기

구매 전 탑승해 보고 페달을 돌리기가 편한지 확인, 돌릴 때 다리를 쭉 펴게 되면 관절에 무리가 감	저전거 헬멧 착용은 의무, 눈에 잘 띄는 옷 입혀 주기, 무릎 보호대 등의 보호구로 부상 방지	브레이크 오작동으로 많은 사고가 발생하므로 안전을 위해 자전거 점검 필수

교통법규 알기	

횡단보도 건널 때는 내려서 이동함 자전거를 타고 건널 경우 '운전자'로 내려서 끌고 갈 경우 '보행자'로 인정됨	저전거는 「도로교통법」상 차로 분류됨 전용도로가 없다면 길의 우측 가장자리로 통행해야 하고, 밤에는 전조등과 후미등을 켜야 함

출처: 행정안전부(2018). 2018년 6월 재난안전상황 분석결과 및 중점관리 대상 재난안전사고.

(2) 자전거 안전수칙

출처: 행정안전부(2018).

5. 가정에서의 놀이안전

1) 영유아의 발달 특성에 기초한 양육

영유아는 주변의 다양한 물건에 대한 호기심으로 인해 쉽게 안전사고에 노출되기 쉽다. 또한 주변의 위험한 장소에 대한 판단 능력이나 위험 상황에 대한 대처 능력이 부족하다. 가정에서도 자녀의 발달 특성에 대해 알고, 적합한 양육을 하는 것은 중요하다. 영유아의 연령별 발달 특성과 그에 따른 양육 방법을 살펴보면 다음과 같다(한국소비자원, 2017).

① 영아기(만 1세 미만)의 발달 특성

- 출생부터 생후 1개월까지의 시기를 신생아기, 그 이후부터 만 1세 미만까지의 시기를 영아기라고 한다.

- 신체발달: 신생아는 하루에 16~18시간의 수면을 하며, 자극에 대한 반사행동을 보이다가 차츰 목 가누기, 앉기, 걷기 등의 기본적인 대근육 발달이 이루어지며 이후 손 뻗기, 잡기, 쥐기 등의 소근육 발달이 점진적으로 이루어진다.
- 정서발달: 부모나 주 양육자와 애착 관계가 형성되는 시기이다.

② 영아기(만 1세 미만) 발달 특성에 기초한 양육

- 1세 미만의 영아는 가정에서 대부분의 시간을 보내므로 보호자의 부주의로 인하여 안전사고가 발생하지 않도록 해야 한다. 특히 보호자의 시야에서 벗어나지 않도록 주의하여 스스로 보호할 수 없는 영아가 다치는 일이 없도록 한다.
- 영아의 안전사고는 대부분 침대나 소파 등의 가구에서 떨어지는 추락사고이므로 이를 예방하기 위해 실내 가구에 보호 장비를 설치한다.
- 피부가 약한 영아이므로 부딪침이나 넘어짐 등에도 타박상, 열상 등의 피부 손상을 입을 수 있으므로 주의하고, 특히 화상사고가 일어나지 않도록 주의한다.

③ 걸음마기(만 1~3세)의 발달 특성

- 신체발달: 신체 중 머리의 비중이 점점 작아지는 시기로서 신체 균형이 이루어져 자세가 안정적이다. 또한 스스로 신체를 조절하는 능력이 발달함에 따라 뛰기, 계단 오르기 등이 가능하다.
- 언어 및 사고 발달: 언어와 상징을 사용하여 사고하며, 분류하는 능력이 발달하여 단순한 사물을 분류하는 것이 가능하다.

④ 걸음마기(만 1~3세) 발달 특성에 기초한 양육

- 초기에는 신체발달 중 균형 감각이 완전하지 않아 걸음걸이가 안정적이지는 않지만 걷기를 통해 행동 반경이 넓어진다. 이를 통해 미끄러지거나 넘어지는 사고가 발생한다.
- 걸음마기 영아가 생활하는 공간에는 미끄럼 방지 처리가 된 바닥재를 사용하거나 충격 완화가 되는 어린이용 바닥매트를 사용한다. 또한 욕실에서의 미끄럼 사고를 방지하기 위해 바닥에 물기를 제거한다.
- 불안정한 걸음걸이를 통해 주변 환경에 대한 인식이 부족하여 생활 가구에 부딪히는 사고가 발생할 수 있으므로 사전에 예방하기 위해 모서리에 모서리 보호대 등의 안전용품을 부착한다.
- 주변에 대한 호기심은 많지만 신체의 조절 능력이나 민첩성이 부족하므로 현관과 승강기, 자동차 문에 의한 끼는 사고가 발생할 수 있으므로 주의를 기울인다.
- 호기심이 많은 시기라 손에 잡히는 물건을 입으로 가져가거나 코나 귀에 넣어 보는 시도 등을 하여 이물질 관련 사고가 발생하기 쉽다. 이를 통해 기도 폐쇄나 중독사고가 일어나기 쉬우므로 영유아의 손이 닿는 곳에 작은 크기의 장난감, 콩 등 작은 물건이나 의약품, 세제 등의 생활 속 화학제품에 대한 관리를 철저히 한다.
- 연령에 알맞은 완구를 구입하고 영유아가 사용하는 방법을 잘 지키며 사용할 수 있도록 한다.

안전이 인증된 제품을 구입해 주세요

- 안전인증이란, 어린이 제품 중 가장 위해성 정도가 높은 제품을 대상으로 받는 인증검사이다. 규제 강도가 가장 높고 2년에 한번씩 반드시 인증검사를 받아야 한다.

국가통합인증마크	안전인증 품목 범위

출처: 국가기술표준원.

⑤ 유아기(만 4~6세) 발달 특성

- 신체발달: 신체의 움직임이 안정적이고 유연해지면서 소근육 발달도 안정적으로 이루어져 양손을 이용한 활동이 가능하다.
- 언어 발달: 이야기할 수 있는 어휘의 수가 급증하며 또래와의 상호작용이 활발해지면서 점차 집단놀이를 즐기게 된다.

⑥ 유아기(만 4~6세) 발달 특성에 기초한 양육

- 유아교육기관에서의 생활이나 외부 활동이 많아지는 시기이므로 유아교육기관에서는 적절한 안전교육을 실시하고 가정 내에서는 보호자의 관리 감독이 필요하다.

- 이 시기 유아는 자기중심적 사고를 통해 위험 상황을 인식하는 데 한계가 있으므로 안전한 환경을 구성하고 이를 유지하도록 노력한다.
- 미끄러짐이나 넘어지는 사고가 가장 많이 발생하므로 특히 욕실에는 미끄러짐을 방지하는 바닥재를 설치하여 사고를 예방하는 것이 필요하다.
- 놀이터나 키즈 카페 등의 놀이 장소에서 안전수칙을 지키며 놀이할 수 있도록 하며, 기구 및 계단 등에 완충재와 보호대 등 안전장치를 설치하여 안전을 확보한다.
- 유아가 날카로운 물건·완구를 가지고 놀지 않도록 주의하고 모서리 등을 둥글게 처리하여 유아가 다치지 않도록 한다.

2) 안전한 가정 환경 구성

부모는 다음과 같은 내용을 숙지하는 것이 필요하다(중앙보육정보센터, 2008).

- 식탁: 잡아당겨서 음식이 떨어지지 않도록 식탁보 사용을 자재한다.
- 가구: 영유아가 쉽게 여닫을 수 없는 것을 선택하여 배치하고 잠금장치를 권한다.
- 침대: 안전대가 흔들리지 않도록 점검하고, 뛰지 않도록 주의를 준다.
- 창문: 창문에는 안전장치를 설치하고 주변의 의자 등을 딛고 올라가는 일이 없도록 가구를 배치한다.
- 가스레인지 위의 조리기구: 음식이 담긴 조리기구는 영유아가 잡아당기면 화상을 입을 수 있으므로 손잡이를 안쪽으로 돌려 놓는다.
- 선반: 자주 사용하는 그릇은 꺼내기 쉬운 곳에 두고 깨지기 쉬운 그릇은 높은 곳에 두지 않는다.
- 전기밥솥과 포트: 가열 후 발생하는 수증기에 화상을 입을 수 있으므로 주의해서 사용한다.

● 칼이나 가위: 잠금장치를 하여 영유아의 손이 닿지 않도록 보관한다. 칼을 꺼내거나 넣을 때 발등에 칼이 떨어지지 않도록 조심한다.

[표 11-21] 가정 내 어린이 보호 안전장치의 설치 유형

손 끼임 방지 보호대, 경첩 끼임 방지장치, 도어 체크	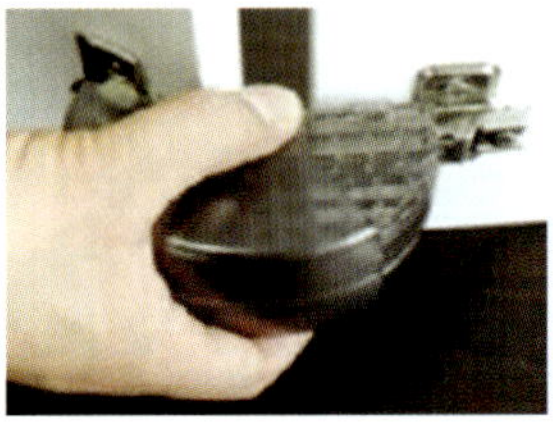	
유리문에는 붙이는 비산 방지용 필름, 테이프		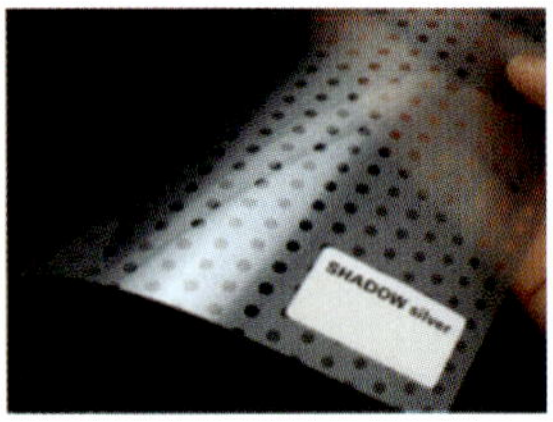
방·거실·부엌·화장실 등 보관함·서랍의 안전걸쇠·잠금장치		
추락사고 예방을 위한 창문난간 보호대, 안전망		
충돌 시 충격 완화를 위한 가구 모서리 완충용품		

감전사고 예방을 위한 콘센트 안전 커버, 안전 콘센트, 안전 멀티탭		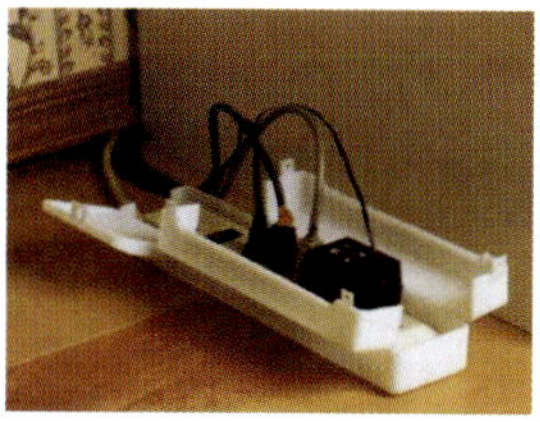
가정용품이 앞으로 넘어 지지 않도록 고안된 안전 브라켓	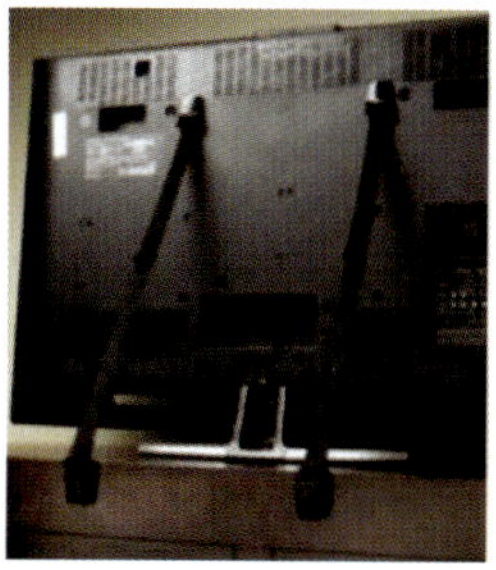	

출처: 소비자안전국(2011).

가정에서 홈트레이닝을 할 때 빠르게 작동하거나 무거운 운동기구가 주로 사용되므로 안전사고에 대비해 알맞은 사용법과 보관법을 숙지해야 한다. 특히 영유아가 운동기구 주변에 머물거나 기구를 가지고 놀면서 안전사고가 발생할 수 있으므로 다음과 같은 보호자의 각별한 주의가 요구된다(한국소비자원, 2019).

- 운동기구 구입 즉시 부품이 헐겁거나 날카로운 부분은 없는지 확인한다.
- 영유아가 접근하지 않는 장소에서 기구를 이용하거나 보관한다.
- 운동 시에는 주변을 깨끗하게 정리하고 운동을 한다.
- 운동 전후에는 기구의 전원 상태를 확인한다.
- 운동기구의 하자가 발견되면 즉시 제조 판매업체에 연락하고 소비자가 위해를 입거나 위해가 예상되는 경우 한국소비자원 소비자위해감시시스템(www.ciss.go.kr)에 신고한다.

출처: 한국소비자원(2019).

[그림 11-5] 가정 내 운동기구 사용 시 주의 사항

참고 자료 ❶ – 가정 통신문을 통한 부모 안전교육 자료

어린이 안전사고 이렇게 예방하세요

▶부모 안전교육의 내용

- 영유아 안전사고 유형(가정 내, 실외 활동 시)
- 안전사고 발생 시 응급처치법
- 안전사고 예방 점수를 알아보기 위한 체크 리스트

▶어린이 안전사고 예방을 위한 수칙(체크 리스트)

	항목	예	아니오
1	영아의 숙면을 위해 푹신한 침대를 사용합니다.		
2	자녀가 건전지를 삼켰을 경우 물이나 우유를 마시게 합니다.		
3	서랍장에는 무거운 물건을 윗칸에 두어 서랍장이 넘어지지 않게 합니다.		
4	영유 주변에 크기가 작은 물건이나 장난감을 두지 않습니다.		
5	화상 부위에 얼음을 직접 대어 환부의 열을 내립니다.		
6	안전사고가 가장 많이 일어나는 발달 단계는 '걸음마기'입니다		
7	블라인드 끈은 자녀의 손이 닿지 않는 높이로 조절합니다.		
8	팔을 심하게 부딪쳐 타박상이 있는 경우, 곧바로 환부에 온찜질을 합니다.		
9	출혈이 발생한 경우, 상처 부위에 15분 정도 물을 뿌립니다.		
10	영아의 경우, 입과 코를 함께 덮고 너무 강하지 않게 숨을 불어넣어 인공호흡을 합니다.		

10개 모두 정답	9~7개	6~4개	3개 이하
완벽합니다.	거의 완벽하지만 조금 더 분발해 주세요	분발하세요.	자녀의 안전사고 예방을 위해 각별한 주의가 필요하다.

출처: 한국소비자원(2017).

참고 자료 ❷ – 부모 안전교육 정보

자녀와 함께 주말에 방문 가능한 안전체험관

- 광나루안전체험관/보라매안전체험관 http://safe119.seoul.go.kr/
- 송파안전체험관 http://www.isafeschool.com/songpa/
  (프로그램: 가족과 함께 하는 주말안전체험교실, 가족과 함께 하는 주말자전거교실, 대학생 견학 프로그램)
- 시흥 어린이안전체험관 KIDSEPIA
  (주소: 경기도 시흥시 배곧4로 94-52 도시정보통합센터 1층)
- 전북119안전체험관 http://safe119.sobang.kr
- 충청남도 천안 안전체험관 https://safe.cn119.go.kr/
- 충청북도 어린이안전체험관 http://safe.cbsec.go.kr/
- 부산 119안전체험관 https://safe119.busan.go.kr/
- 울산안전체험관 http://fire.ulsan.go.kr/safety/

지도를 통해 안전을 직접 확인해 보자

- 생활안전지도 사이트: http://www.safemap.go.kr/main/smap.do
- 생활안전지도 사이트는 국민 개개인이 생활 주변 위험에 관심을 가지고 스스로 대처할 수 있도록 8가지 안전 정보(교통안전, 보건안전, 치안안전, 재난안전, 시설안전, 맞춤안전, 사고안전, 산업안전)를 지도 위에 표현한 서비스이다.
- 지도를 통해 부모와 자녀가 함께 집근처 혹은 방문하는 곳의 안전을 직접 확인해 볼 수 있다.

참고 자료 ❸ – 물놀이 안전교육 활동계획안

<table>
<tr><th colspan="2">구명조끼를 입어요</th></tr>
<tr><td>활동 목표</td><td>• 구명조끼의 필요성과 사용 방법을 안다.
• 직접 입어 보는 경험을 한다.
(신체운동 · 건강 〉 안전하게 생활하기 〉 안전하게 놀이하기)</td></tr>
<tr><td>활동 자료</td><td>구명조끼 입는 방법의 그림 자료(아래), 구명조끼(가정에서 수급)
<table>
<tr><td></td><td></td><td></td><td></td></tr>
<tr><td>① 자기 몸에 맞는 구명조끼를 선택한다.</td><td>② 가슴 조임줄을 풀어 준다.</td><td>③ 구명조끼를 몸에 걸친다.</td><td>④ 가슴 단추를 채운다.</td></tr>
<tr><td></td><td></td><td></td><td></td></tr>
<tr><td>⑤ 2인 1조로 가슴 조임줄을 당겨 준다.</td><td>⑥ 다리 사이로 생명줄을 뺀다.</td><td>⑦ 생명줄을 건다.</td><td>⑧ 구명조끼 착용을 완료한다.</td></tr>
</table></td></tr>
<tr><td>활동 방법</td><td>① 물놀이를 했던 경험에 대해 이야기 나눈다.
② 물놀이를 안전하게 하는 방법에 대해 이야기한다.
③ 구명조끼의 역할에 대해 알아본다.
④ 구명조끼를 입는 방법에 대해 이야기 나눈다.
⑤ 구명조끼를 직접 입어 본다.
⑥ 구명조끼를 입어 본 소감을 이야기한다.</td></tr>
</table>

출처: 교육부(2016).

Chapter 12

응급처치교육

1. 응급처치의 개념과 필요성

응급처치란 응급환자에게 행해지는 기도의 확보, 심장박동 등의 회복, 기타 생명의 위협이나 증상의 현저한 악화를 방지하기 위하여 긴급히 필요로 하는 처치를 의미한다(홍용윤, 2011). 즉 위급환자 발생 시 전문 의료진의 진료 전에 행해지는 즉각적, 임시적 처치를 의미한다.

신속하고 정확한 응급처치의 여부에 따라 응급환자의 아픔을 최소화하고 추후 응급환자의 생사 그리고 회복의 속도 등에 영향을 미칠 수 있기 때문에 응급처치가 중요하다. 따라서 평소 응급처치의 지식, 기술과 관련된 교육을 받아 비상시 사용할 수 있도록 한다.

2. 안전사고에 대한 응급처치 내용

1) 응급처치의 원칙

영유아에게 사고가 발생했을 때 교사는 우선 침착함을 유지하며 사고를 당한 영유아의 부상 정도와 부상의 원인을 빠르게 파악하여 신속 정확하게 응급처치를 실시해야 한다. 다음은 응급 상황 발생 시 지켜져야 할 원칙이다(스포츠안전재단, 2018; 중앙보육정보센터, 2009).

① 응급처치자의 안전을 확보한다.
② 환자나 부상자의 생사는 전문 의료진이 판단한다.
③ 전문 의료인이 진단하기 전에 가급적 의약품 사용은 자제한다.
④ 응급환자에게 음식물을 섭취하게 할 경우 기도 폐쇄의 위험이 있고 추후 전문 의료인이 실시하는 응급수술이나 검사 시 문제가 발생할 수 있으므로 금한다.

⑤ 긴급한 문제부터 우선적으로 해결한다. 예를 들어 여러 환자가 있을 경우 중증환자부터 우선 처치하되 중증환자 구분이 어려울 경우에는 119에 신고하여 상담한다.

⑥ 119나 의료기관에 도움을 요청할 경우 환자의 상태 및 응급처치의 내용을 정확히 설명한다.

⑦ 사고 현장에서 응급처치로 의식이 회복되었더라도 전문 의료인에게 반드시 인계한다.

2) 응급처치 대상자에 대한 판단

교사는 영유아에게 발생하는 응급 상황이나 대상자에 대한 신속하고 정확한 판단을 통해 대처하는 것이 필요하다. 자극에 반응하지 않거나 부르거나 흔들어 깨워도 일어나지 않는 경우, 아이가 이물질을 삼킨 경우, 높은 곳에서 떨어진 경우, 심한 화상, 호흡 곤란, 출혈이 멈추지 않는 경우와 같이 생명의 위협이 있는 경우는 응급 상황으로 응급의료기관에 도움을 요청해야 한다(홍종윤, 2011). 특히 열이 날 때나 토할 때는 즉각적인 의료 조치가 필요하다(권혜진 외, 2012; 중앙보육정보센터, 2009). 이처럼 응급 상황은 응급의료기관에 즉시 도움을 요청해야 하는 상황과 유아교육기관 주변의 연계 병원을 방문해야 할 상황으로 구분할 수 있다.

[표 12-1] 즉시 응급처치가 이루어져야 할 상황

열이 날 때	토할 때
• 4개월 이상의 영아가 40℃ 이상의 고열이 날 때 • 매우 아파 보이거나 점점 아픈 것이 심해진다고 판단될 때 • 빠르게 숨을 쉬거나 놀지 못할 때	• 반복적으로 심하게 토할 때 • 탈수 현상이 있을 때 • 심한 복통을 호소하거나 배가 평소보다 부은 듯 보일 때

그러나 일상적인 열이나 지혈된 찢어진 상처, 두드러기, 삔 경우에는 유아교육기관과 가까운 병원에 내원하여 치료를 받도록 한다.

3) 응급 상황 대처를 위한 준비

(1) 사전 준비

- 모든 교사는 사전에 심폐소생술 등의 응급처치법과 안전에 관한 교육을 받는다.
- 영유아가 접근할 수 없는 안전한 장소에 구급상자를 비치한다.
- 응급 상황 처리 절차를 마련하고 모든 교사가 이를 숙지하며, 눈에 띄는 벽면에 게시한다.
- 응급 상황 발생 시 조치에 대한 부모와의 비상연락망을 확보하고, 응급처치 동의서를 받는다.
- 산책이나 현장학습 시 휴대용 구급상자 및 비상연락망을 지참한다.
- 응급사고 발생 시 작성할 사고 보고서를 준비한다.

(2) 응급처치를 위한 의료용 재료 및 약품 준비

유아교육기관에서는 들고 다닐 수 있는 상자 형태의 구급상자를 마련하고 지정된 장소에 구급상자를 비치한다. 구급상자에는 구급약품 이외에도 응급의료기관 전화번호, 긴급 연락처, 약품의 사용 요령 등을 기록한다. 또한 정기적으로 약품을 보충하고, 유통기한을 확인하여 구비한다. 다음은 유아교육기관에 비치해야 할 응급처치 약품 목록이다(윤선화 외, 2010).

[표 12-2] 유아교육기관 응급처치 약품 목록

약품상자 사진	응급처치 약품 목록		
	의료용 재료	바르는 약(외용제)	먹는 약(내용제)
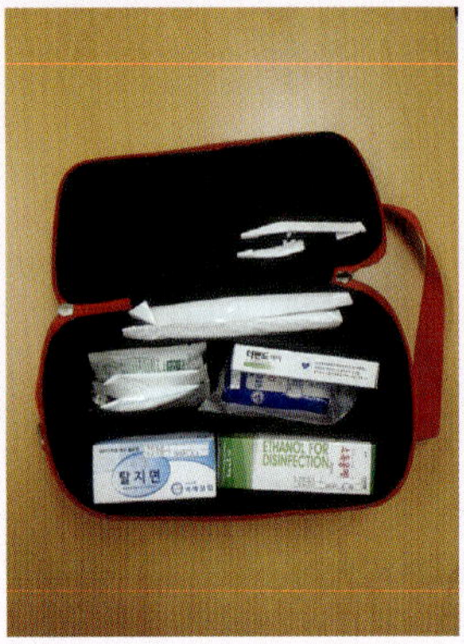 사진 출처: 일산법원어린이집.	• 붕대, 거즈, 소독 솜 • 삼각 붕대, 탄력 붕대 • 칼, 가위, 핀셋, 면봉 • 족집게, 반창고 • 설압자 • 체온계 • 일회용 장갑 • 일회용 밴드 • 각종 부목 • 얼음 주머니 • 소형 전등 • 쿠션 • 들것	• 베타딘, 포비돈 • 상처용 외용 연고 • 스테로이드계의 피부 연고 • 근육용 마사지 연고 • 화상용 바셀린 거즈 • 관장약 • 생리 식염수 • 벌레 물린 데 바르는 연고나 파스 • 바셀린 로션	• 어린이용 설사약 • 멀미약 • 진통제 • 해열제(아스피린 제외) • 소화제

출처: 윤선화 외(2010).

4) 응급 상황 대처법

교사로서 응급 상황이 발생했을 때 다음과 같이 대처하도록 한다(어린이집안전공제회, 2016).

- 침착하게 어떤 안전사고인지 파악한다. 교사가 안전사고 발생 시 당황한다면 사고를 당한 영유아나 나머지 영유아가 당황하거나 불안해할 수 있다. 사고를 파악할 때는 누가, 어떻게, 어디를 다쳤는지 확인하고 사고 발생 현장에 남아 있는 위험이나 또 다른 사고의 위험이 없는지 판단한다.
- 다친 영유아의 부상 정도를 파악하여 적절한 조치를 취한다.
- 구조대나 응급실에 구조를 요청한다.

- 부모에게 연락한다.
- 응급 상황을 목격한 영유아를 안심시킨다.
- 사고 보고서를 작성한다.

5) 응급 상황 신고 방법

- 응급 상황이 발생하면 그 즉시 119에 신고한다.
- 응급사고를 당한 영유아의 상태를 119에 정확히 설명한다.
- 전화를 끊지 않고 119의 응급처치 요령을 전달받는다.
- 119 구급대가 현장에 도착하기 전까지 교사는 사고를 당한 영유아에게 응급처치를 실시한다.

응급상황 신고 시 전달 내용

- 유아교육기관 주소 ··· ○○구 ○○동 ○○번지 ○○유치원/어린이집
- 주변 건물 ··· 가까운 거리에 있는 큰 건물(빌딩, 은행 등)
- 환아의 상태 ··· 호흡과 맥박 상태, 상처 정도 등을 설명
- 전화번호 ··· 유치원/어린이집 번호(경우에 따라 개인 핸드폰 번호)

6) 응급 상황 시 부모와의 소통 방법

유아교육기관 실내외에서 응급 상황이나 안전사고가 발생했을 때 영유아에게 신속한 응급처치를 실시하는 것과 해당 영유아 부모나 보호자에게 연락하여 상황을 설명하는 것은 중요하다. 다음과 같은 내용을 참고하여 부모와 소통하는 것이 필요하다(어린이집안전공제회, 2016).

- 응급처치 후 즉시 부모에게 연락하여 사고에 대해 상세히 설명한다.
  - 사고 장소, 상황, 영유아의 상태, 응급처치, 병원 방문 유무 등을 상세히 설명한다.
  - 사고로 인해 놀란 부모의 감정에 공감해 준다.
  - 사고가 난 날 영유아가 귀가 후 다시 부모에게 연락하여 영아유의 상태를 묻고 사고에 대한 유감을 전달한다.
- 부모와 지속적으로 소통하려고 노력한다.
  - 사고를 당한 영유아가 등원하지 않았을 때는 영유아의 상태와 유아교육기관에 등원 가능한 날을 확인한다.
  - 등원 시에는 유아교육기관에서 주의해야 할 상황 등을 부모에게 질문하고 하원 시에는 하루 일과에 대해 설명한다.
- 부상과 관련된 후속 정보를 확인한 후 이를 부모에게 전달한다.
  - 사고에 대한 보상과 관련된 처리 절차나 제출 서류 등을 확인하여 전달한다.

3. 상황별 응급처치 방법

교사는 응급 상황을 파악하고 적합한 응급처치 방법을 알고 적절하게 사용하는 것이 필요하다. 유아교육기관이나 가정에서 발생할 수 있는 사고에 따른 응급처치 방법은 다음과 같다(보건복지부, 2015; 홍종윤, 2011).

1) 심폐소생술과 자동제세동기 사용법

(1) 심폐소생술의 의미와 중요성

심폐소생술(CPR: Cardiac Pulmonary Resuscitation)이란 심장박동을 멈추고 숨을 쉬지 않는 사람에게 흉부를 압박하여 산소가 포함된 혈액을 뇌로 보내 주고 인공적으로 호흡을 불어넣어 주는 것이다.

심정지가 발생한 후 4분 이내로 심폐소생술을 실시하면 뇌손상의 가능성은 거의 없으나 10분 이상 지속된다면 심한 뇌손상 또는 뇌사가 된다. 이로써 뇌의 손상이나 사망을 지연시키고자 사고 현장에서 신속하게 실시하는 것이 효과적이며, 일반적으로 환자가 다시 정상적으로 숨을 쉬거나 119 구급차가 도착할 때까지 반복하여 시행해야 한다.

일반인 심폐소생술 시행률은 2008년 1.9%에서 2017년 21%로 약 11배 증가하였고, 이로 인한 급성 심정지 환자의 생존율은 2008년 2.5%에서 2017년 8.7%로 약 3.8% 증가하였다(대한심폐소생술협회, 2017). 따라서 영유아교사로서 일반 심폐소생술과 영유아 심폐소생술을 익혀 응급 상황에서 사용하는 것은 중요하다.

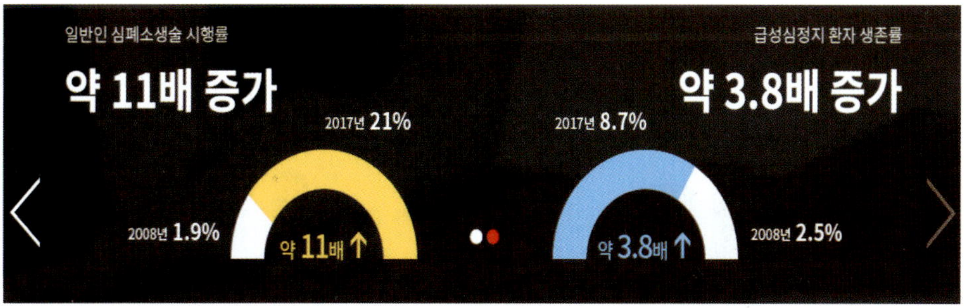

출처: 대한심폐소생협회(2017).

[그림 12-1] 일반인 심폐소생술 시행에 따른 환자 생존율

(2) 영아를 위한 기본 심폐소생술(만 1세 미만)

일반인에 의해 이루어지는 심폐소생술은 크게 연령에 따라 3가지 방법으로 구분되는데 영아는 만 1세 미만을 의미하며, 소아는 만 1세부터 만 8세 미만, 그리고 성인은 만 8세 이상을 의미한다.

신생아나 만 1세 미만 영아의 심정지의 원인은 호흡 부전, 영아돌연사 증후군 등과 같은 질식성 심정지가 성인에 비해 흔하므로 상당 부분 예방이 가능하다. 예를 들어, 영아돌연사 증후군을 예방하기 위해 평소에 영아를 엎드려 재우지 않고 푹신한 침구 등을 사용하지 않도록 한다(대한심폐소생협회, 2011). 또한 영아에게 심정지가 일어났을 경우 신속한 가슴압박을 시행하는 것 또한 중요하므로 영아를 위한 심폐소생술의 순서와 방법을 알고 익혀 응급 상황에 대처하는 것은 중요하다(대한심폐소생협회, 2018).

[표 12-3] 영아 심폐소생술 단계

① 심정지 확인	② 119 구조 요청
• 한쪽 발바닥을 두드리며, "아가야! 괜찮니?"라고 큰 소리로 확인한다. • 반응의 확인: 반응은 없지만 움직임이 있거나 호흡이 있는 경우(눈 깜박임이나 움직임 확인 등)는 심정지가 아니다.	• 주위 사람에게 119에 신고를 요청한다. • 혼자인 경우 직접 119에 신고한다.
그림	그림
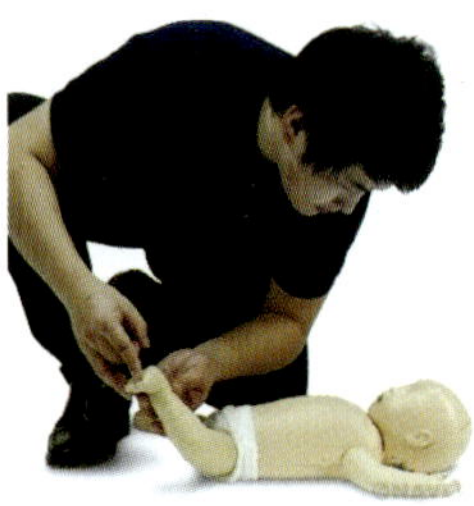	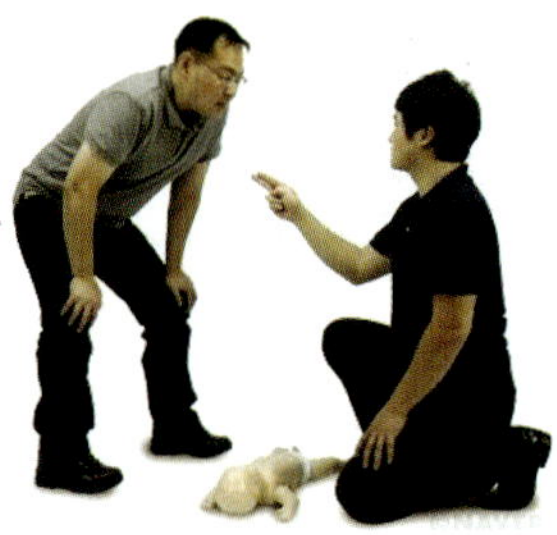

③ 호흡과 맥박 확인

- 호흡이 없거나 비정상 호흡이 있는 영아는 즉시 가슴압박을 시작한다.
- 반응은 없으나 정상 호흡을 하는 영아는 회복 자세로 눕히고 입안의 이물질을 확인한다.

그림

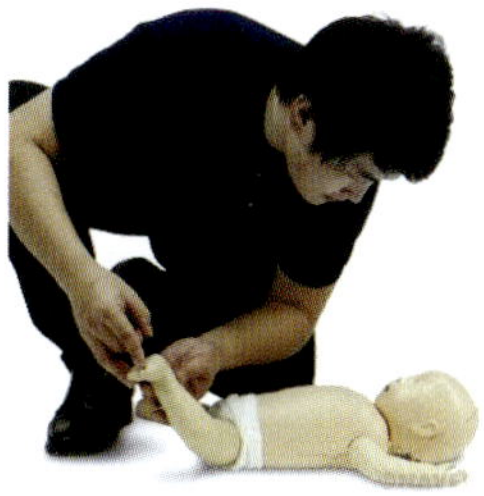

④ 가슴압박 30회 시행

- 압박 위치: 양쪽 젖꼭지를 잇는 선 바로 아랫부분
- 압박 방법
  - 손가락 2개(검지와 중지 혹은 중지와 약지)를 모아 압박점에 놓기
  - 두 개의 손가락을 곧게 펴서 가슴 두께의 최소 1/3 이상(4cm 이상) 들어가도록 강하게 압박
  - 1분에 100~120회의 속도로 빠르게 압박하되 압박 직후 압박된 가슴은 원래 상태로 완전히 이완되도록 함

그림

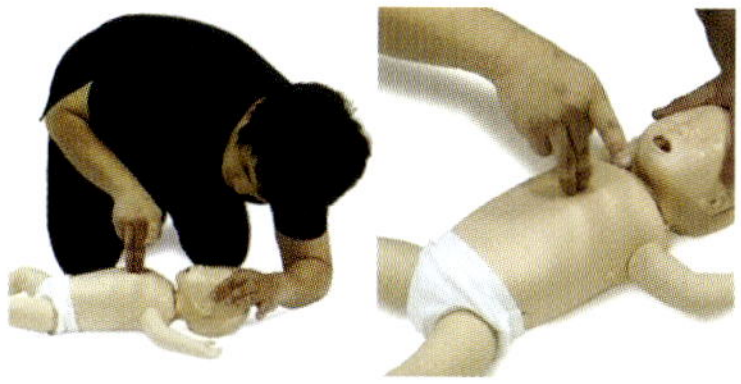

⑤ 인공호흡 2회 시행

- 한 손으로 머리를 기울이고, 한 손으로는 턱을 들어 올려 기도를 개방한다.
- 한 손으로 영아의 코를 막고 입을 벌려 입에 완전히 밀착시킨다.
- 보통 호흡으로 1초 동안 아기 가슴이 상승되는 것이 눈에 보일 정도로 불어넣는다.
- 불어넣은 후 입을 떼고 코를 막은 손가락을 놓아 숨을 쉬게 한다.

그림

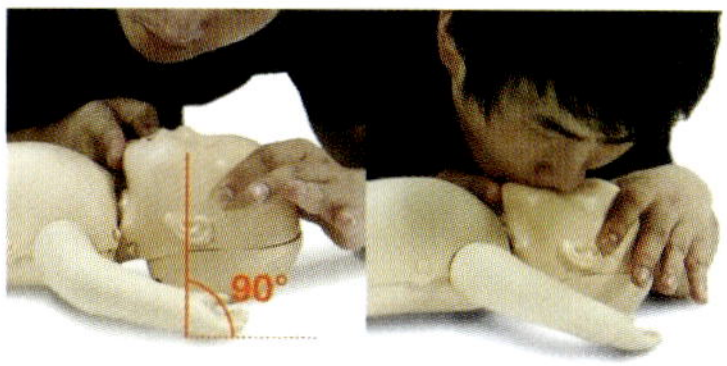

⑥ 가슴압박과 인공호흡의 반복

- 가슴압박(30회)과 인공호흡(2회)을 반복해서 시행한다.
- 영아가 소리를 내거나 움직이면 심폐소생술을 멈추고 확인한다.
- 회복이 확인되면 회복 자세를 취해 기도가 막히지 않도록 한다.

그림

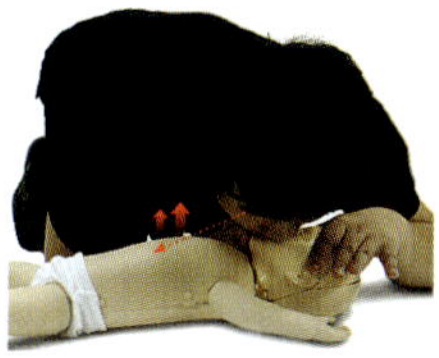

출처: 서울대학교병원.

> **여기서 잠깐!**
>
> - 영아용 심폐소생술 방법을 소개한 '소중한 생명! 영아 심폐소생술로 지켜요.' 동영상을 다운로드해 참고한다.
> - 내려 받기: 어린이집안전공제회 〉 자료실 〉 예방자료실 〉 179번 [애니메이션] 영아 심폐소생술(3분 31초) 다운로드

(3) 소아 심폐소생술(만 1~8세 미만)

만 1세 미만 영아의 심정지는 가장 흔한 원인이 외상이다. 외상을 일으킬 수 있는 원인은 교통사고이므로 평소에 연령에 적합한 소아용 카시트를 착장하고 안전띠 착용을 생활화하는 것을 통해 예방하는 것이 필요하다. 또한 5세 미만 유아의 사망 원인 중 두 번째는 익사이므로, 안전한 구명 장비를 갖추고 수영하도록 하는 것이 필요하다. 특히 만 1세부터 만 8세 미만의 소아를 위한 심폐소생술을 익혀 응급 상황 시 사용하는 것이 중요하다.

소아를 위한 심폐소생술의 순서와 방법은 다음과 같다(대한심폐소생협회, 2011).

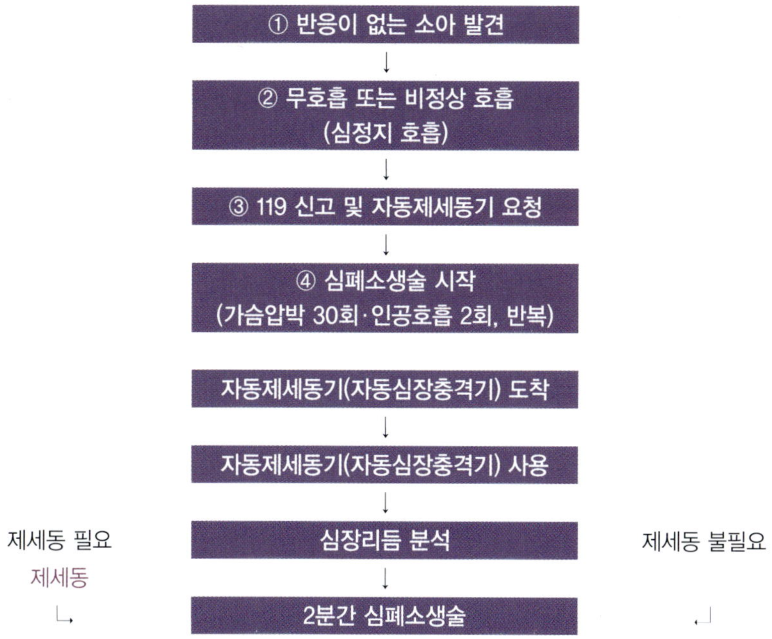

출처: 대한심폐소생협회(2011).

[그림 12-2] 소아 심폐소생술 흐름도

① 반응 없는 소아 발견

- 심정지 상태 확인: 심폐소생술이 필요하다는 판단을 하기 위한 단계이다.
  - 의식이 없는 환자가 숨을 헐떡거리거나 호흡이 없는 경우에 해당한다.
  - 유아에게 "애야 괜찮니?" 혹은 "○○야" 와 같이 이름을 불러 본다.

② 무호흡 또는 비정상 호흡(심정지 호흡)

- 규칙적으로 숨을 쉬는 것을 확인: 외상의 증거만 없다면 옆으로 눕는 회복자세를 취해 주는 것이 기도 유지에 도움을 준다.
- 무호흡 혹은 비정상 호흡 확인: 의식 없이 숨을 쉬지 않거나 헐떡이는 숨(심정지 호흡)만 간신히 쉬는 상태이다.

③ 119 신고 및 자동제세동기(자동심장충격기) 요청

목격자 인원	행동
여럿인 경우	• (정확하게 지목하여) 119 신고와 자동제세동기를 요청
두 명인 경우	• 첫 번째 구조자: 즉시 심폐소생술 시작 • 다른 목격자: 신고하면서 자동제세동기를 준비
한 명인 경우	• 자동제세동기의 위치를 아는 경우 2분간 심폐소생술 실시 → 119 신고한 후 근처 자동제세동기 가져오기 • 자동제세동기의 위치를 모르는 경우 119 신고 후 가슴압박을 시작으로 심폐소생술을 재개

④ 심폐소생술(인공호흡 포함) 실시

행동	그림
• 압박 위치: 양쪽 젖꼭지를 잇는 선 바로 아랫부분 • 압박 방법 – 한 손 혹은 두 손의 손 뒤꿈치 손바닥 아랫부분(손목 쪽)을 이용하여 소아의 가슴 압박점에 놓기 – 가슴 두께의 최소 1/3 이상(5cm 이상) 들어가도록 강하게 압박함 – 1분에 100~120회의 속도로 빠르게 압박하되 압박 직후 압박된 가슴은 원래 상태로 완전히 이완되도록 함	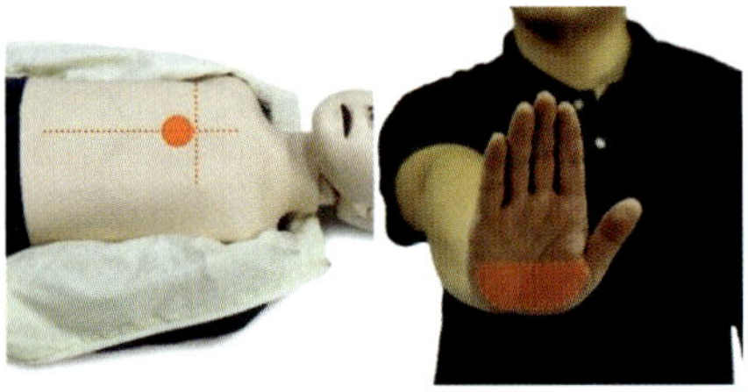 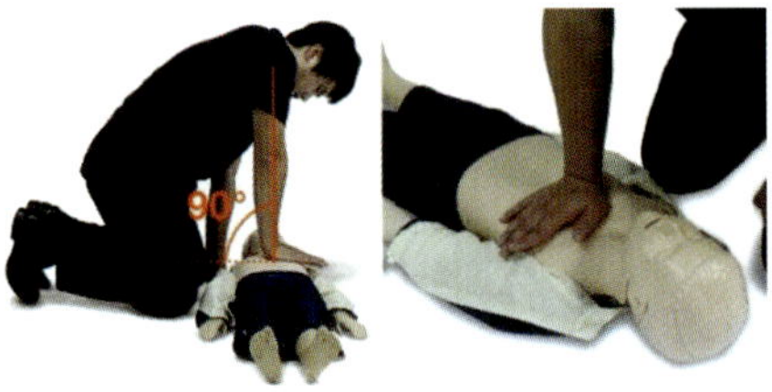

출처: 서울대학교병원.

영아와 소아의 경우 가슴압박과 인공호흡이 함께 제공될 경우 최상의 결과를 얻을 수 있으나, 훈련이 되어 있지 않거나 할 수 없는 상황일 경우 구급대가 도착할 때까지 가슴압박만이라도 계속 실시한다.

(4) 성인 심폐소생술(만 8세 이상)

심폐소생술에서 성인은 만 8세 이상의 대상을 의미한다. 심폐소생술은 일반인들이 응급처치교육을 통해 받은 심폐소생술을 위급한 상황에서 성인에게 사용할 수 있는 기본적인 심폐소생술로서 순서와 방법은 다음과 같다(대한심폐소생협회, 2011; 2018)

[표 12-4] 만 8세 이상 어린이 및 성인 심폐소생술 단계

① 반응의 확인	② 119 구조 요청
• 환자의 양쪽 어깨를 가볍게 두드리며 "괜찮으세요?"라고 질문하면서 반응을 확인한다.	• 반응이 없으면서 정상적인 호흡이 아니면 즉시 도움을 요청한다.
그림	그림
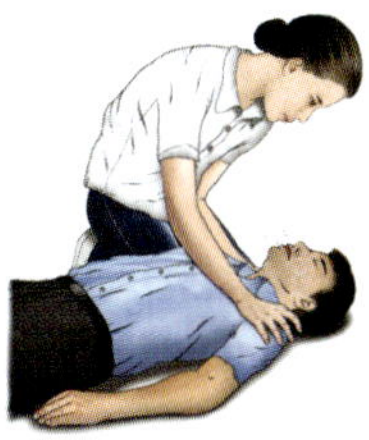	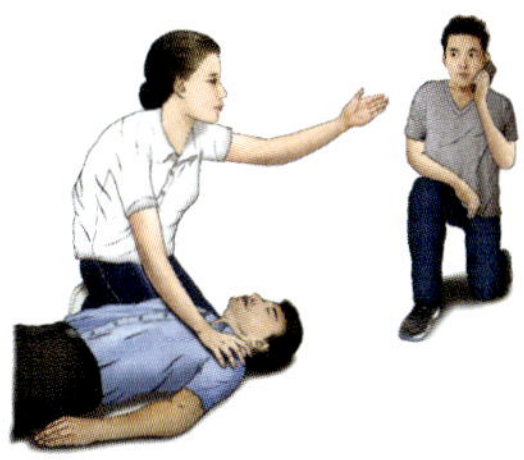

③ 호흡과 맥박 확인

- 호흡을 확인(10초 이내)한다.
- 호흡의 유무 및 비정상 여부를 판별한다. 119 신고 후 응급의료 상담원의 안내에 따라 호흡의 유무 및 비정상 여부를 판별해야 하며, 호흡이 없거나 비정상이라고 판단되면 즉시 가슴압박을 시작한다.
- 맥박을 확인한다(보건의료인에 한함).

그림

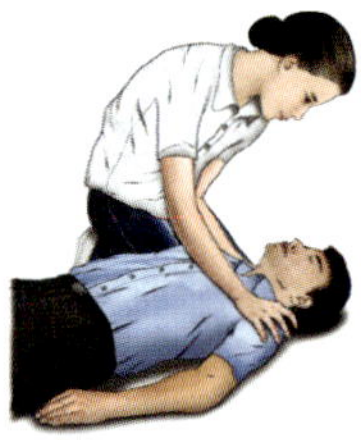

④ 가슴압박

- 압박 위치를 확인한다.
- 최소 15~18초 이내 30회의 가슴압박을 실시한다.
- 압박 깊이는 약 5cm 이내로 한다.
- 자세는 양 팔꿈치를 펴고 어깨와 일직선이 되도록 한다.

그림

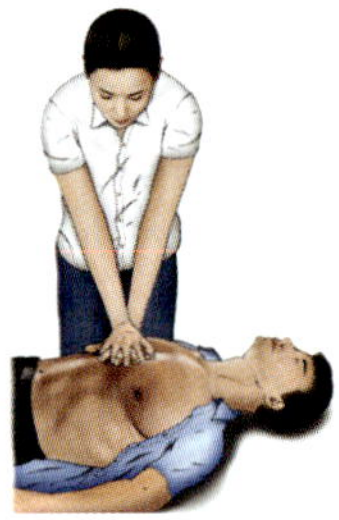

⑤ 인공호흡 2회 시행

- 기도를 개방하고 이마 쪽 손의 엄지와 검지로 환자의 코를 막는다.
- 구조자의 입을 크게 벌려 환자의 입에 완전히 밀착시켜 공기가 새지 않도록 하고 1초에 한 번씩, 두 번 가슴 상승이 관찰될 정도로 숨을 불어넣는다.

그림

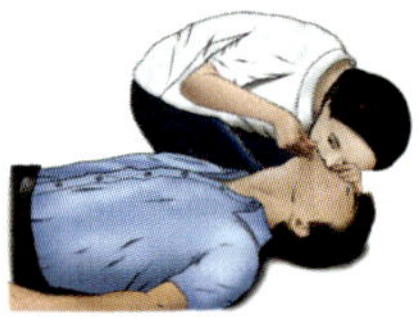

⑥ 심폐소생술 반복

- 가슴압박 30회와 인공호흡 2회를 번갈아 가면서 실시한다.
- 인공호흡 2회를 10초 이내로 실시한다.

그림

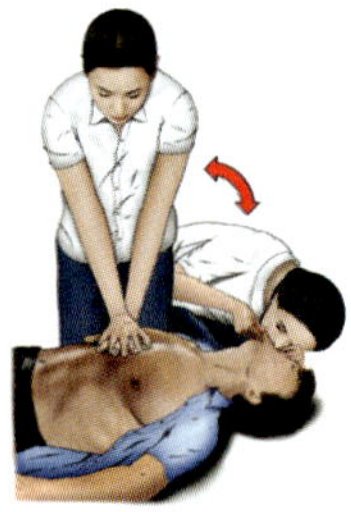

출처: 대한심폐소생협회.

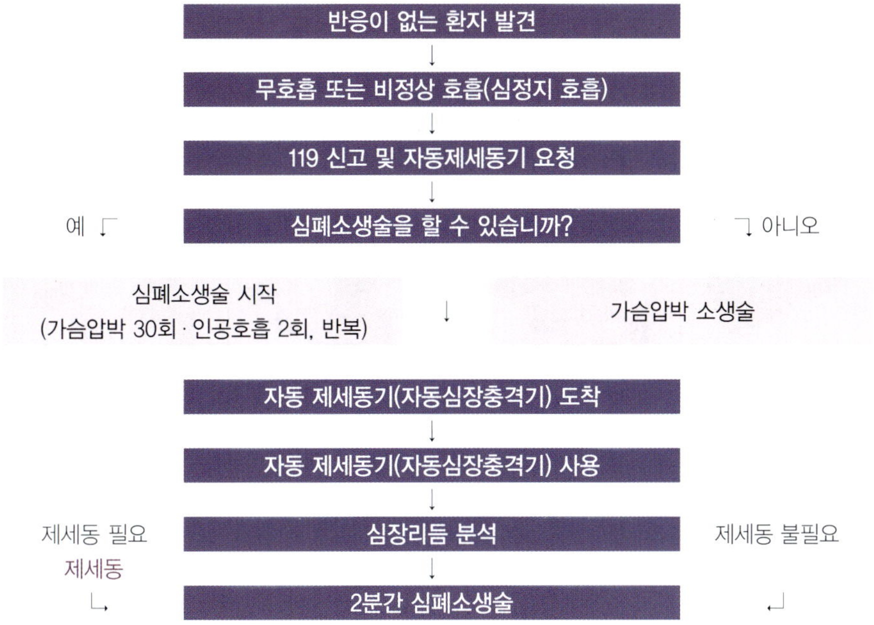

출처: 대한심폐소생협회.

[그림 12-3] 성인 심폐소생술 흐름도

(5) 자동제세동기(자동심장충격기)

자동제세동기(자동심장충격기)는 회사마다 다른 형태와 모양을 하고 있으나 작동 방식은 비슷하여 원칙만 안다면 간단하게 사용할 수 있다. 성인용과 소아용으로 구분된다. 대부분의 자동제세동기는 일반적인 4단계를 거쳐 사용하게 된다(대한심폐소생협회, 2011; 2018).

[표 12-5] 자동제세동기(자동심장충격기) 사용 단계

① 전원을 켠다	② 패드를 붙인다	③ 심장 리듬을 분석한다.	④ 모두 물러나고 제세동을 실시한다.
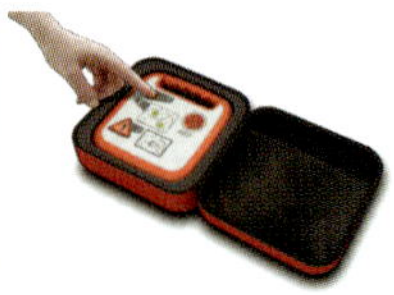	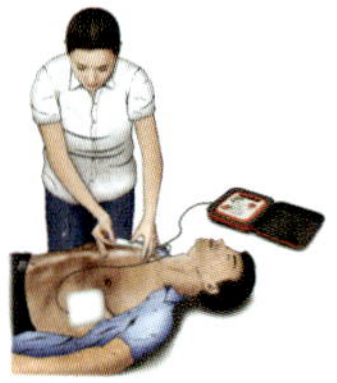	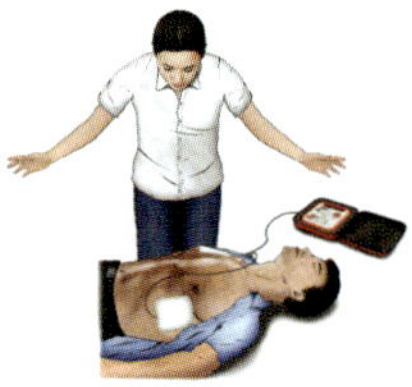	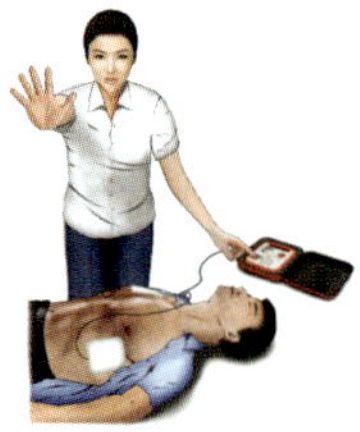

출처: 대한심폐소생협회.

(6) 회복 자세

회복 자세는 정상적인 호흡과 맥박이 있는 환자에게 의식이 없으므로 기도를 확보해 주기 위해 취해 주는 자세이다. 회복 자세 취하기는 다음과 같은 방법으로 실시하면 된다.

[표 12-6] 회복 자세

행동	그림
• 가슴압박과 인공호흡을 반복하던 중 환아가 회복되어 소리를 내거나 움직이면, 호흡이 회복되었는지 먼저 확인한다. • 호흡이 회복되었으면, 환아를 옆으로 돌려 눕혀 기도가 막히는 것을 예방한다(회복 자세). 그 후 계속 움직이고 호흡을 하는지 관찰한다. • 환아의 반응과 정상적인 호흡이 없어지면 심정지가 재발한 것이므로 가슴압박과 인공호흡을 즉시 다시 시작한다.	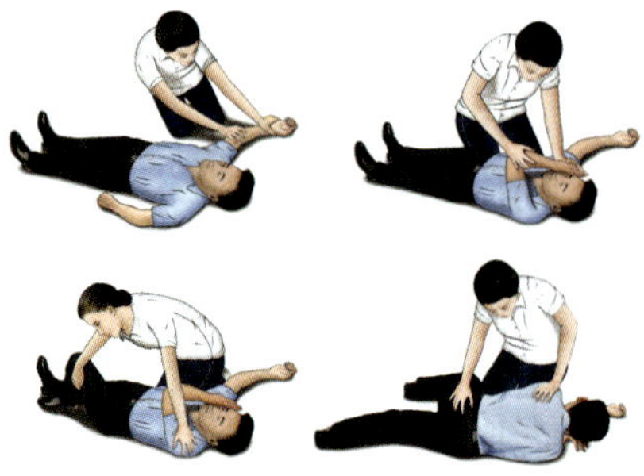

• 다양한 심폐소생술 교육 동영상 보기
– 대한심폐소생협회(http://www.kacpr.org) 접속 〉 자료실〉 심폐소생술 자료실

출처: 대한심폐소생협회.

2) 이물질에 의한 기도 폐쇄

기도 폐쇄는 이물질(음식물, 사탕, 동전, 작은 장난감 등)이 기도로 넘어가서 호흡이 곤란해지고 얼굴이 창백해지면서 목을 감싸고 힘들어하는 반응으로 나타난다. 이때 기침 소리, 청색증, 말하거나 숨쉬기 힘든 호흡 곤란, 자신의 목을 움켜잡는 등의 징후가 관찰된다. 다만, 심각한 기도 폐쇄로 인한 증상을 보이는 만 1세 이상의 영유아는 의식 유무와 상관없이 즉각 119에 신고한 후 응급처치를 바로 실시한다(어린이집안전공제회, 2016; 홍정윤, 2011).

(1) 의식이 있는 유아의 기도 폐쇄

기도 폐쇄가 의심되면 말을 할 수 있는지 호흡을 할 수 있는지 여부를 확인하는 것으로 의식이 있는지를 판단한다. 유아에게 "목에 무엇이 걸렸니?"라고 묻고 기도 폐쇄일 경우에는 하임리히법을 실시한다. 하임리히법은 폐로부터 공기를 밀어내어 인위적으로 기침을 유발하여 외부 물체를 제거하는 것을 의미한다. 하임리히법 실시 단계를 살펴보면 다음과 같다.

- 유아의 등 뒤쪽에 서서 양 겨드랑이 사이로 교사의 팔을 넣어 배를 감싼다.
- 유아의 키가 작은 경우에는 교사가 무릎을 꿇거나 의자에 앉혀서 교사의 가슴이 유아의 등에 닿도록 한다.
- 배꼽과 명치 사이에 주먹을 대고 다른 손으로 주먹을 감싼다.
- 교사는 감싼 주먹으로 머리를 숙인 상태인 유아 뒤에서 유아의 가슴 부분을 위쪽, 안쪽으로 힘차게 밀어 넣는다.
- 5회 시행 후 이물질이 나왔는지 확인한다.
- 이물질이 제거될 때까지 계속 반복한다.

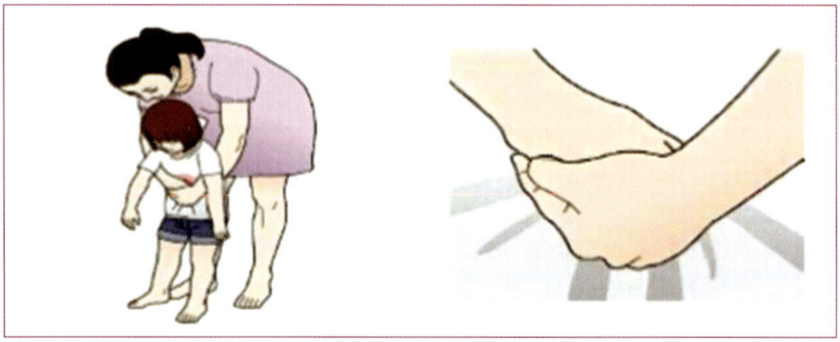

출처: 어린이집안전공제회.

[그림 12-4] 하임리히법

> **여기서 잠깐!**
>
> • 영화 속 하임리히법
>
> – 영화 '미세스 다운 파이어' 속 기도 폐쇄 사례 참고
> (https://www.youtube.com/watch?v=Soxwv0vwA9Y)

(2) 의식이 없는 유아의 기도 폐쇄

- 의식이 없으므로 바로 심폐소생술을 시작한다.
- 인공호흡 전에 입을 열고 이물질 여부를 확인한다.
- 이물질 확인을 위해 유아의 입을 벌릴 때는 수지교차법으로 한다.
- 이물질이 발견되면 입속을 훑어내듯이 제거한다(단, 이물질이 눈으로 확인된 경우에만 실시).

(3) 영아(만 1세 미만)의 기도 폐쇄

영아가 심하게 기침을 하면서 숨을 쉬고 있다면 부분적인 기도 폐쇄가 발생했을 수도 있으니 지속적으로 관찰하며 기침을 계속하도록 한다. 기도가 폐쇄된 경우에는 즉각적으로 다음과 같은 응급처치를 실시한다(제주재난안전본부 사이트).

① 교사의 한 팔 위에 영아의 턱과 얼굴을 고정한 뒤 영아의 머리가 가슴보다 밑에 있도록 하고, 영아를 고정한 교사의 팔을 자신의 허벅지 위에 고정한다. 영아의 양쪽 어깨 사이의 중앙을 손바닥과 손꿈치를 이용하여 5회 힘차게 두드린다.

② 교사의 허벅지에 고정했던 영아를 돌려서 정면이 보이게 한 뒤 다른 한 손으로 영아의 양쪽 젖꼭지를 이은 선 바로 아래 지점을 두 손가락으로 5회 힘차게 누른다.

③ 입안의 이물질이 확인되면 제거한다.

- 이물질이 발견되지 않으면 위의 단계를 반복해서 실시한다.
- 의식이 없으면 영아 심폐소생술을 실시한다.

[표 12-7] 영아 기도 폐쇄 시 응급처치

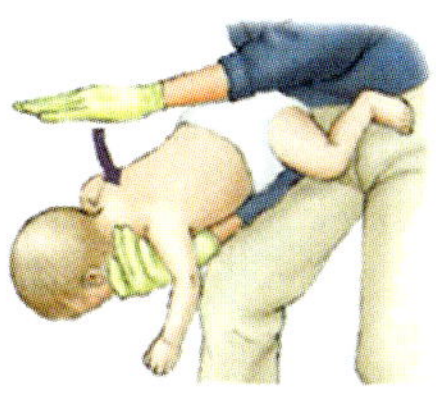	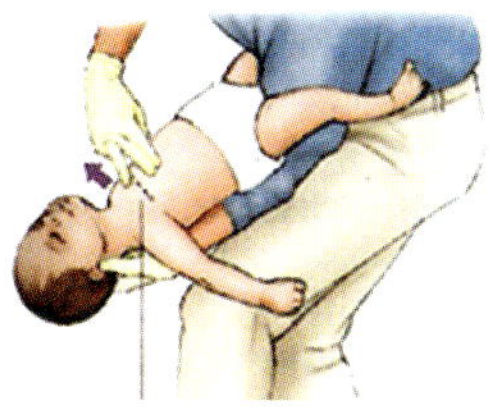	
① 엎어 등 두드리기 5회 실시	② 다시 뒤집어 가슴 밀기 5회	③ 입 안의 이물질 제거

출처: 재난안전대책본부.

3) 영아돌연사 증후군

(1) 개념

영아가 예상하지 못한 상황으로 사망한 경우를 종합적으로 영아돌연사(SUID: SuddenUnexpected Infant Death)라고 한다. 그중 영아돌연사(급사) 증후군

(SIDS: Sudden Infant Death Syndrome)은 임상 기록의 검사, 사망 현장의 검사, 완벽한 부검 실행을 포함하여 철저한 사건 조사 후에도 사망 원인이 밝혀지지 않는 1세 미만 영아의 갑작스러운 사망으로 정의한다(보건복지부, 2019).

출처: 보건복지부(2019). 보육교직원안전교육.

[그림 12-5] 영아돌연사 증후군 예방법

여기서 잠깐!

- 영아돌연사 증후군 예방 동영상
  (어린이집안전공제회 〉 자료실 〉 교육자료실 〉 [애니메이션] 영아돌연사 증후군)

4) 생활 속 응급처치

유아교육기관이나 가정에 일어날 수 있는 응급 상황에 대한 처치법은 다음과 같다(신동주 외, 2015; 손순복 외, 2018; 어린이집안전공제회, 2015; 장영희 외, 2014).

(1) 고열

대부분의 영유아가 열이 나면 힘들어하므로 이에 대응하는 방법을 알고 적절히 대처하는 것이 필요하다(신동주 외, 2015).

- 열이 나면 영유아의 옷을 벗긴다.
- 탈수 증상을 막기 위해 충분한 수분을 공급하여 열을 낮추도록 한다.
- 열이 지속적으로 오르고 내리지 않을 경우 병원에 내원하여 치료를 받는다.
- 응급처치 과정에서 약 복용 여부와 상세 내용(복용한 약과 약의 양 등)을 기록한다.

여기서 잠깐!

• 발열로 인해 찜질을 해야 할 때

미지근한 물을 사용해서 하되 얼음물이나 차가운 물로 몸을 닦아 내는 것은 금물! 알코올로 몸을 닦아 줄 경우 피부에 알코올이 흡수되어 중독, 저혈당 및 혼수의 위험이 있으므로 자재하는 것이 좋다(오연천, 2012).

• 해열제 복용 시

어린이집에서 영유아에게 해열제, 감기약 등을 투약할 경우 미리 부모의 투약 의뢰서 또는 부모의 투약 요청 의사를 확인(유선 등)하고 해당 내용에 대한 증빙 가능 시 투약을 실시한다. 투약 시에는 약품에 기재된 투약 기준(용법, 용량 등)을 반드시 준수하여야 한다.

출처: 보건복지부(2018). 2018 표준보육사업안내.

(2) 찰과상이나 출혈

찰과상이란 거칠거나 딱딱한 면에 피부가 긁혀서 표피나 진피가 일부 떨어져 나간 현상을 의미한다(신동주 외, 2015).

- 가벼운 상처의 경우 다친 부위를 식염수나 깨끗한 수돗물로 세척한다.
- 물기를 제거한 후 거즈로 닦은 다음 상처에 멸균 붕대나 밴드를 붙인다.
- 의료적 처치가 필요한 경우(상처의 깊이, 크기 등을 고려하여 판단)에는 병원에 가서 치료한다.

• 사례 ① : 유아교육기관 내에서 치료

유아교육기관 실외 놀이터에서 친구와 잡기놀이를 하다가 넘어져 무릎에서 피가 나는 경우

• 사례 ② : 외과에 내원하여 전문적인 치료

유아교육기관 실외 놀이터에서 물놀이를 하다가 바닥에 미끄러져 이마가 찢어진 경우

(3) 코피

- 영유아의 고개를 약간 앞으로 숙이게 하여 코피가 콧구멍에서 흘러내리게 한다.
- 코뼈 바로 밑의 코 부분을 두 손가락으로 5~10분간 누른다.
- 코와 뺨 주위에 얼음주머니를 올려 냉찜질을 한다.
- 만약 코피가 20분 이상 지혈되지 않는다면 병원에 데리고 간다.

[표 12-8] 코피가 날 때 응급처치

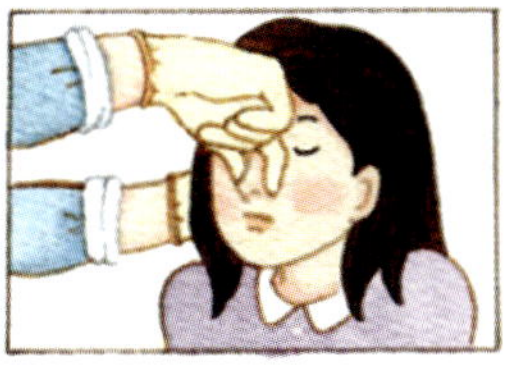		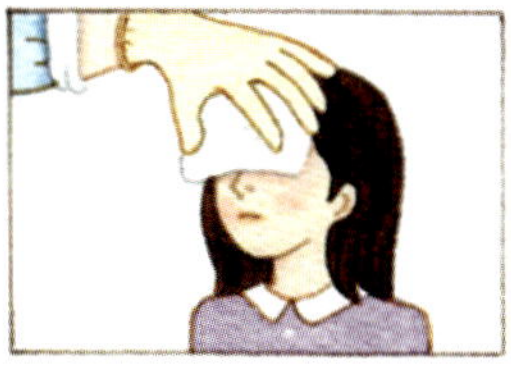
① 엄지와 다른 두 손가락으로 코를 쥐고 5분간 서서히 압박한다.	② 환자의 윗입술과 잇몸 사이에 둥글게 말은 거즈를 넣고 압박한다.	③ 코에 타박상을 입은 경우는 코와 뺨에 얼음주머니를 올려 지혈을 돕는다.

출처: 보건복지가족부, 중앙보육정보센터(2009).

(4) 화상

화상은 국이나 밥과 같은 뜨거운 음식(유아교육기관에의 간식이나 점심), 글루건, 화장실의 온수, 텀블러나 머그잔의 커피가 쏟아지는 경우 등에 의해 발생할 수 있다. 이때 흐르는 물이나 식염수로 화상 부위의 열을 식혀 주며, 화상 부위의 피부가 드러난 경우에는 거즈와 붕대로 부위를 덮어 병원으로 이동한다. 화상 부위가 손이나 발일 경우 손가락이나 발가락 사이에 깨끗한 천이나 거즈를 끼운 후 손과 발을 느슨하게 붕대로 감은 후 병원으로 이동한다.

- **사례 ①** : 가정에서 뜨거운 온수를 틀어서 씻기려다가 영아의 손등이 붉어진 경우
  ··· 찬물로 열을 식힌 후 화상 연고나 화상 거즈를 붙인다.
  (상황에 따라 병원에 내원하여 치료를 받는다.)

- **사례 ②** : 교실 내에서 교사가 텀블러에 커피를 타서 들고 있는데 등원하는 유아가 달려와서 교사에게 안기면서 커피가 유아의 팔에 쏟아져서 피부가 붉어지고 작은 물집이 일부 생긴 경우
  ··· 찬물로 열을 식힌 후 병원으로 즉시 이동한다.

출처: H유치원. 교사 안전교육 자료.

부모교육 자료 :: 가정 내 어린이 화상사고 예방법

▶주방

- 전기밥솥은 바닥에 내려놓지 않습니다.
- 전기포트는 아이 손이 닿지 않는 곳에서 사용합니다.
- 아이가 닿는 곳에서 조리용 전열기구를 사용하지 않습니다.
- 곰국, 육개장 등 뜨거운 국이 담긴 냄비를 욕실이나 베란다 등의 바닥에 두고 식히지 않습니다.
- 프라이팬, 냄비 등의 조리기구는 사용 후 아이 손에 닿지 않는 곳에서 식힙니다.
- 이유식은 식힌 후 그릇에 담습니다.
- 아이를 업고 음식을 조리하지 않습니다.
- 아이를 안고 라면이나 커피 등 뜨거운 음식을 먹지 않습니다.

▶거실 · 방

- 헤어드라이어, 고데기 등을 사용 후 아이 손에 닿지 않는 곳에 둡니다.
- 다리미 사용 후 아이의 손에 닿지 않는 곳에 둡니다.
- 러닝머신은 전기 코드를 빼 둡니다.

▶화장실

- 욕조에서 목욕할 때 뜨거워진 수도꼭지 부분은 마른 수건으로 감싸 둡니다.
- 세면대에서 아이를 씻기지 않습니다.
- 샤워기를 사용하여 아이를 씻기지 않습니다.

▶공통

- 사용하지 않는 콘센트는 안전 덮개로 막아 둡니다.
- 정수기는 아이 손에 닿지 않는 곳에 설치합니다.
- 라이터나 성냥 등은 아이 손이 닿지 않는 곳에 보관합니다.

(5) 물린 경우

① 사람이나 동물에게 물린 경우

- 상처를 세척하고 소독한다.
- 출혈이 있는 경우 소독된 부위를 압박하여 지혈한다.
- 병원을 방문하여 물린 사람(동물)과 상황에 대해 의사에게 설명한다.
- 애완동물의 주인에게 동물의 병력을 확인하여 의사에게 설명한다.
- 야생동물의 경우 물린 장소, 시간, 동물의 특징 등 사고 상황에 대해 이야기한다.

사례 토끼에게 먹이를 주다 손가락을 깨물렸어요

실외 동물사육장

- 어린이집에는 원칙적으로 동물(애완동물, 곤충 등)을 두어서는 안 됨
- 동물을 둘 경우에는 사전에 부모에게 고지하여야 하며, 영유아의 알레르기, 질병, 상해 등을 방지하기 위해 정기적으로 수의사를 통해 면역 조치 등을 받아야 함

사례 강아지가 화났어요

- 주인이 있는 동물의 경우 사후 사건 처리를 위하여 동물 주인의 전화번호를 받아 둠
- 목격자가 있으면 목격자의 진술과 신원을 기록함
- 동물에게 물린 상처는 일반 상처에 비해 감염률이 약 8~9배로 높은 수준임
- 물린 상처는 육안으로 보는 것보다 상처가 깊을 가능성이 크고 타액에 세균이 많기 때문에 반드시 병원에 내원하여 상처의 깊이 등을 진단하도록 함

출처: 어린이집안전공제회(2019).

> **여기서 잠깐!**
>
> 파상풍은 동물에게 물려서 상처가 나거나 자상을 입었을 때, 오염된 바늘로 찔려서 상처를 입었을 때 발생할 수 있습니다. 이를 예방하는 가장 좋은 방법은 파상풍 예방주사를 맞는 것입니다. 파상풍 주사는 모든 영유아에게 권장하는 필수 예방접종으로 접종 시기는 다음과 같습니다.
>
> - 생후 2, 4, 6개월에 3회 기초접종(DTaP: 소아형 파상풍, 디프테리아, 백일해 백신)
> - 생후 15~18개월과 만 4~6세 때 각각 1회 추가접종(DTaP)

출처: 서울대학교병원. 건강칼럼.

② 벌레가 귀에 들어간 경우

- 귓구멍 속에서 돌아 나올 수 있는 정도의 작은 벌레가 아니라면 계속 고막 쪽으로 파고 들어갈 수 있기 때문에 바로 병원으로 간다.
- 밝은 불빛을 비춘다.
- 핀셋이나 면봉으로 벌레를 제거하려고 시도하는 것은 벌레를 자극할 수 있으므로 하지 않는다.

콧구멍에 이물질이 들어갔다면

- 반대편 콧구멍을 막고 세차게 코를 풀도록 함
- 면봉으로 제거하려고 시도할 경우 더 깊이 밀어 넣거나 코피를 유발할 수 있으므로 병원에 가서 안전하게 제거함

출처: 보건복지부(2019); 보건복지가족부, 중앙보육정보센터(2009).

③ 벌에게 쏘인 경우

- 벌침이 박혀 있는 것이 발견되면 플라스틱 카드(예: 신용카드)와 같은 것의 모서리로 긁어 내어 침을 제거한다.
- 쏘인 부위를 심장보다 높게 한 후 냉찜질을 하여 부종을 감소시킨다.

(6) 할큄, 꼬집음사고

유아교육기관에서 특히 영아 간에 할큄, 꼬집음사고가 자주 발생한다. 이러한 사고의 원인은 탐색과 자기방어가 주요 원인 중의 하나이다. 영유아가 어릴수록 언어적인 소통 및 표현이 부족하고 또래 간 관계 조절 능력이나 협상하는 기술 등이 미숙하여 손으로 할퀴거나 꼬집는 등의 행동이 발생한다(어린이집안전공제회, 2019).

할큄, 꼬집음으로 상처가 났다면

- 찰과상 정도는 습윤 밴드 부착으로 수일 내 회복이 가능함
- 살점이 패일 정도의 깊은 상처라면 피부과나 성형외과에 가서 치료를 받는 것이 좋음
- 상처 부위의 세포 손상이 적을수록 식염수 또는 수돗물로 세척하는 것이 바람직함
- 요오드 용액은 얼룩이 남고 쉽게 지워지지 않아 상처를 오히려 자세히 볼 수 없게 되며, 과산화수소수는 소독 시 영유아가 참기 힘들 정도로 아플 수 있음

출처: 어린이집안전공제회(2019).

참고 자료 – 응급처치교육 활동계획안

눈(귀)에 이물질이 들어갔어요	
활동 목표	• 사례에 따른 응급처치 방법을 안다. • 역할극을 통해 직접 처치 방법을 적용해 보는 경험을 갖는다. (신체운동·건강 〉 안전하게 생활하기 〉 안전하게 놀이하기)
활동 자료	각 응급처치 사례별 그림 자료 (눈 손상 시, 눈에 작은 이물질이 들어간 경우, 눈 타박상, 귀에 벌레가 들어갔을 때, 귀에 물이 들어갔을 때)
	〈눈이 손상된 경우(응급처치 방법)〉 • 눈에 이물질이 들어간 경우 절대로 눈을 비비지 않는다. • 세면대에 물을 받아 얼굴을 담그고 눈을 깜박거려 이물질이 나오도록 한다(눈물과 함께 나오도록 한다). • 눈을 다친 경우 머리를 올린 자세로 눈을 감고 안정하도록 하며, 눈의 통증, 시야 흐릿함 등의 이상 증상이 있다면 병원 진료를 받도록 한다. • 눈에 출혈이 있는 경우 눈을 누르지 말고, 압박되지 않도록 종이컵을 눈 위에 엎어 대고 다친 눈을 보호하며, 신속하게 병원으로 이송한다. • 눈에 화학물질이 들어간 경우, 신속하게 흐르는 물에 20분 이상 눈을 깜박거리며 씻어 준 후 병원으로 이송한다. 〈눈에 작은 이물질이 들어간 경우〉 • 눈을 절대 비비지 않도록 한다. • 수돗물, 식염수를 부어 흘려보내도록 한다. • 병원으로 이송한다. 〈공이나 단단한 물건에 눈을 직접 맞았을 경우(눈 타박상)〉 • 눈의 통증, 충혈, 출혈, 골절 등 다양한 증상이 나타날 수 있다. • 뿌옇게 보이거나 붉게 보이는 경우, 물체가 여러 개로 보이는 경우, 한 쪽 부분만 보이는 증상 시 안과를 방문한다. • 가급적 눈을 만지지 않고 병원으로 이송한다. ※ 유의 사항: 얼음 찜질을 하여 부기를 줄여 주며 눈을 압박하지 않도록 한다.

활동 자료	〈귀에 벌레가 들어간 경우〉 • 당황하지 말고 안정을 시킨다. • 어두운 곳에서 손전등을 귀에 비추면 벌레(파리 등)가 나온다. • 귓구멍 속에 올리브유나 샐러드유 1~2방울을 떨어뜨려 5분 정도 귀를 막은 후 이비인후과를 방문하여 벌레(바퀴벌레 등)를 꺼낸다. 〈귀에 물이 들어간 경우〉 • 귓구멍에 손가락을 넣었다가 갑자기 빼면 압력에 의해 물이 나온다. • 물이 들어간 귀를 아래로 하여 한 발로 껑충껑충 뛴다. • 따뜻한 수건을 물이 들어 간 귀 쪽에 대고 있으면 물이 흘러나온다. • 계곡에서는 따뜻한 돌 위에 물이 들어간 쪽 귀를 대고 눕는다.
활동 방법	① 귓속에 이물질이 들어갔던 경험에 대해 이야기 나눈다. ② 안전하게 이물질을 제거하는 방법에 대해 이야기한다. ③ 각 사례별로 응급처치 방법을 알아본다. ④ 각 사례별로 직접 응급처치법을 실행해 본다. ⑤ 활동해 본 소감에 대해 서로 이야기 나눈다.

출처: 교육부(2016).

Chapter 13

안전사고처리

유아교육기관에서는 영유아의 안전사고를 예방하기 위하여 안전한 환경을 구성하고 관리해야 한다. 그러나 하루 일과 중 크고 작은 안전사고가 일어나고 그에 따라 사고 발생 후 책임과 보상에 관련된 절차가 이루어진다. 이때 보상의 절차와 법적인 책임 한계 등에 대한 서로 다른 입장을 나타낼 수 있어서 상황에 따라 사고 이후에 사고처리에 대한 절차를 진행하는 것보다 심리적 갈등으로 인한 어려움을 겪기도 한다.

사전에 유아교육기관에서 미연에 사고를 방지하는 것이 중요하며, 발생할 사고에 대해 사전에 체계적인 대비가 필요하다. 이에 따라 신속 정확하게 사고를 파악하고 보상함으로서 갈등의 요소를 줄이고, 교직원이 본연의 직무를 수행할 수 있도록 지원하는 것이 필요하다. 이를 위해 2007년 「학교안전사고 예방 및 보상에 관한 법률」이 제정되어 '학교안전공제회'가 설립되었으며 어린이집은 2009년 말에 '어린이집안전공제회'가 설립되어 영유아 상해와 관련된 업무를 수행하고 있다(채혜선 외, 2014).

1. 안전관리를 위한 원칙과 비상시 대처 방안

우선 사고가 발생하기 전에 안전하게 유아교육기관을 관리하는 것이 중요하며, 이때 안전관리를 위한 원칙이 필요하다. 2019년도 어린이집 안전관리를 위해 보육사업안내에 제시된 안전관리의 원칙은 다음과 같다(보건복지부, 2019).

- 원장 등 보육교직원은 업무를 수행함에 있어 영유아의 생명·안전보호 및 위험 방지를 위하여 주의의무를 다하여야 한다.
- 어린이집 원장은 보육교직원 및 부모와 함께 영유아의 안전사고 예방을 위해 성실하게 노력하고 안전교육을 실시하여야 한다.

- 어린이집은 인근 소방서, 경찰서, 가스와 유류 등의 안전 상태를 점검하는 유관기관에 의해 정기점검을 실시하고 비상연락 체계를 구축해야 하며, 자체적으로 정기적인 시설 안전점검을 실시하고 기록·관리하여야 한다.
- 어린이집 보육교직원은 영유아의 실내외 활동 시 안전을 위해 영유아를 보호·감독해야 하며, 원장은 영유아에 대한 물리적 환경과 인적 환경에 대한 안전 확보를 위해 시설 및 환경을 조성하고 관리해야 한다.
- 어린이집 내 'CCTV 등' 설치 운영과 관련된 사항은 어린이집 영상정보처리기기 설치운영 가이드라인에 따른다.

유아교육기관 내에서 발생하는 화재나 각종 사고 등의 비상시 대처 방안을 살펴보면 다음과 같다(중앙육아종합지원센터, 2016). 영유아교사는 평소에 다음의 내용을 숙지하여 비상사태가 발생할 경우 신속 정확하게 대처할 수 있도록 한다.

- 침착하게 대처한다.
- 총지휘자(원장)에게 보고한다.
- 119 등 필요한 기관에 도움을 요청한다.
- 비상 대피로를 확보한다.
- 교직원은 비상시 역할 분담에 따라 행동한다.
- 원아를 신속하게 인솔해서 안전 지역으로 대피시킨다.
- 남은 원아가 있는지 반드시 확인한다.
- 필요한 응급조치를 취한다.
- 보호자에게 연락한다.
- 영유아들을 안정시킨다.

2. 학교안전공제회

유치원에서 사고가 발생할 경우는 학교안전공제회를 통해 신고 및 보상을 처리하고 있다.

1) 학교안전공제회의 설립 목적

학교안전공제회의 설립 및 운영 목적은 「학교안전사고 예방 및 보상에 관한 법률」 제11조에 근거하여 학생·교직원 및 교육 활동 참여자가 학교안전사고로 입은 피해를 신속·적정하게 보상하는 데 있다. 학교안전공제회에서는 가입 대상과 피공제자, 보상사고 등의 범위를 다음과 같이 제시하고 있다.

- 가입 대상
  - 가입자(의무 가입자): 유치원, 초·중·고등학교, 학력 인정 평생교육시설
  - 임의 가입자: 「초·중등교육법」 제60조의2에 의한 외국인 학교
- 피공제자: 학생, 교직원, 교육 활동 참여자
- 보상사고: 교육 활동 중 발생한 피공제자의 생명·신체 피해사고

2) 학교안전공제회의 보상

학교안전공제회에서 보상을 위해 제시한 교육 활동, 질병의 범위, 보상의 범위, 절차 등에 대해 살펴보자.

(1) 보상 개념

유아교육기관에서 발생하는 사고의 대부분은 교육 활동이나 질병이 차지하고 있으므로 학교안전공제회에서 제시한 교육 활동과 질병의 개념 범위를 살펴보면 다음과 같다.

① 교육 활동

- 학교의 교육 과정 또는 학교장이 정하는 교육 계획 및 교육 방침에 의한 활동(학교 내외부) ⇒ 특별 활동, 재량 활동, 과외 활동, 수련 활동, 수학여행, 현장 체험 활동, 체육대회 등
- 학교장이 인정하는 각종 행사 또는 대회 등에 참가하여 행하는 활동
- 통상적인 경로 및 방법에 의한 등·하교 시간
- 휴식 시간 및 교육 활동 전후의 통상적인 학교 체류 시간
- 학교장 지시에 의하여 학교에 있는 시간
- 학교장 인정 직업 체험, 직장 견학 및 현장 실습 등의 시간
- 기숙사에서 생활하는 시간
- 집합 및 해산 장소와 거주지 간의 합리적 경로와 방법에 의한 왕복 시간

② 질병

- 학교장의 관리, 감독 업무가 원인이 되어 발생하는 질병
- 학교급식, 가스 등에 의한 중독
- 일사병
- 이물질 섭취 등에 의한 질병
- 이물질과의 접촉에 의한 피부염
- 외부 충격 및 부상이 원인이 되어 발생한 질병

(2) 보상 범위

- 교육 활동 및 학교시설물 관리 업무 관련 사고로 인한 제3자의 인적·물적 피해
- 교육 활동 및 학교시설물 관리 업무 관련 사고로 인한 교직원·교육 활동 참여자의 차량 파손 피해

- 학교 관리 아래 학생 휴대품의 분실·파손 피해
- 학교급식 운영과 관련하여 학교장에게 부과된 과태료
- 어린이 놀이시설물 하자로 인한 배상책임사고

  ※ 「어린이 놀이시설 안전관리법」 제21조에 따른 보험 가입 의무 갈음

「어린이 놀이시설 안전관리법」 제21조(보험 가입 의무)

- 관리 주체 및 안전검사기관은 어린이 놀이시설의 사고로 인하여 어린이의 생명·신체 또는 재산상의 손해를 발생하게 하는 경우 그 손해에 대한 배상을 보장하기 위하여 보험에 가입하여야 한다.
- 제1항에 따른 보험의 종류, 가입 시기, 보상 한도액, 가입 절차와 그 밖에 필요한 사항은 대통령령으로 정한다.

(3) 보상 한도

인적, 물적, 급식 과태료 등으로 구분하여 보상 한도를 살펴보면 다음과 같다.

- 인적 손해: 1인당 최고 1.5억 원 / 1건 사고당 20억 원
- 물적 손해: 1건 사고당 1억 원
- 급식 과태료: 1건 사고당 500만 원(단, 자기 부담금 10% 공제)
- 휴대폰 파손, 분실: 1개 학교당 연 2,000만 원

(4) 보상 절차

보상 절차를 살펴보면 다음과 같다.

[표 13-1] 학교안전공제회 보상 절차

단계	내용
❶ 사고 발생	• 유치원 안전사고 발생
❷ 사고 통지	• 유치원에서 학교안전공제회로 바로 통지 공제급여관리시스템 www.schoolsafe.or.kr
❸ 급여 청구	• 유치원장, 학부모 증빙 자료 학교안전공제회 제출 청구서, 각종 증빙 서류(진료비 영수증, 진단서 등 일체)
❹ 결정	• 학교안전공제회에서 청구인 공제급여 지급, 결과 통지 청구서 접수 14일 이내 공제급여 지급
❺ 심사/재심사	• 심사 청구: 공제급여 결정 불복 시, 90일(결정을 안 날부터) 이내 • 재심사 청구: 심사 청구 결정 불복 시, 90일(결정서 송달 시) 이내

[표 13-2] 학교안전공제회 사고 발생 통지서 양식

[별지1]

학교	학교 (전화 : FAX:)				
	주소:				
작성자	성명		직위		연락처
확인자	교감		학교장		

• 사고자(피해자) 인적 사항

성명		연령	
소속(직업)		연락처	

• 사고 원인 제공자

구분 (학생, 교직원, 교육 활동 참여자 등)	성명	소속 (학생의 경우 학년/반 표기)	비고

• 사고 현황

사고 일시		년 월 일 요일 / 시 분			
사고 시간				사고 장소	
사고 정도				사고 원인	
사고 내용	사고 구분	( ) 대인사고 ( ) 대물사고 ( ) 급식 과태료			
	대인사고	사고 형태		사고 부위	
	대물사고	피해 내역		추정 손해액	원
	급식 과태료	과태료 부과 사유		부과액	원

• 사고 개요(육하원칙에 따라 상세히 작성)

• 사고 발생후 긴급조치 내용

• 안전교육 및 지도 내용

• 기타 사항

1. 본 사고 통지서는 직인 날인 후 원본은 보관하고 전자 파일은 반드시 본회 기관 메일 또는 전자공문(수신처: 학교안전공제회) 발송의 방법(택1)으로 보내 주시기 바랍니다.
2. 사고 현황과 사고 개요의 구체적인 작성 요령은 붙임 참조

20 년 월 일 학교장 인

학교안전공제회 이사장 귀하

3. 어린이집안전공제회

어린이집에서 사고가 발생할 경우는 어린이집안전공제회를 통해 신고 및 보상을 처리한다.

1) 어린이집안전공제회의 설립 목적과 기능

(1) 설립 목적

어린이집안전공제회는 어린이집 원장을 회원으로 한 상호협동 조직체의 비영리 법인으로 어린이집의 안전사고 예방과 영유아의 생명·신체 또는 재산상의 피해 보상 업무를 담당한다.

(2) 기능

① 「영유아보육법」 제31조의2

어린이집 상호 간의 협동 조직을 통해서 어린이집의 안전사고를 예방하고 어린이집 안전사고로 인하여 생명·신체 또는 재산상의 피해를 입은 영유아 및 보육교직원 등에 대한 보상을 하기 위하여 보건복지부장관의 허가를 받아 어린이집 안전공제사업을 할 수 있다.

- 기능: 공제회 당연 가입 및 보상 범위 확대

② 「영유아보육법」 제31조의2 제3항 및 제4항

- 제3항: 어린이집의 원장은 공제회의 가입자가 된다.
- 제4항: 공제회에 가입한 어린이집의 원장은 공제사업의 수행에 필요한 출자금, 다음 각 호의 공제료 등을 공제회에 납부해야 한다. 다만, 제2호와 제3호의 공제료는 어린이집의 원장이 선택하여 납부할 수 있다.

- 제1호: 영유아의 생명·신체를 보상하기 위한 공제료
- 제2호: 보육교직원 등의 생명·신체를 보상하기 위한 공제료
- 제3호: 어린이집의 재산상 피해를 보상하기 위한 공제료

(3) 사고처리 절차

① 사고 발생 – 사고 발생

② 사고 보고 – 보육통합정보시스템 내 어린이집지원시스템 접속 후 사고 보고서 작성(어린이집안전공제회 사이트의 좌측 메뉴 〉 사고 보고)

③ 청구 서류 확인 – 사고 보고 시 팝업으로 안내된 사고별 청구 서류 확인

④ 청구 서류 제출 – 팩스, E-mail, 우편을 통해 제출

⑤ 공제급여 산정 – 결정 통지(이의가 있는 경우 보상심사위원회 심사 청구)

⑥ 공제회 지급 – 공제급여 수령

⑦ 종결 – 완료

Chapter 14

교육과정에서의 안전교육

영유아 안전교육의 내용은 안전에 대한 지식, 태도, 기능을 길러 주기 위한 구체적인 내용을 선정하여 국가수준 공통교육과정에서 안전교육의 내용을 제시하고 있다. 본 장에서는 2019년 개정된 '2019 개정 누리과정'에 나타난 안전교육의 내용을 살펴보고, 2013년 표준보육과정의 기본생활 영역에서 다루어지는 안전 관련 내용과 2020년 표준보육과정 안전교육(2020년 표준보육과정 공청회 자료) 내용을 살펴보았다.

또한 교육부에서 발달 단계별 교육이 이루어지도록 마련한 학교안전교육 7대 표준안 안전교육 내용과 이수 시간, 「아동복지법」에 적용되는 안전에 관련한 법규를 구체적으로 살펴보고자 한다.

1. 표준보육과정의 영역별 안전교육

영유아의 교육 과정에서 다루어지는 안전관리 내용은 표준보육과정(보건복지부, 2013)으로 0~1세 보육과정과 2세 보육과정으로 구성되어 있다. 2020년부터 적용되는 표준보육과정 안전교육(2020년 표준보육과정 공청회 자료) 내용을 알아보고, 3~5세 안전교육 내용은 2019년 개정된 교육부와 보건복지부 공통수준의 누리과정으로 살펴보았다.

1) 2013 표준보육과정 안전교육

[표 14-1] 2013년 표준보육과정의 연령별 안전교육(0~2세)

<table>
<tr><th rowspan="2">내용 범주</th><th colspan="5">0~1세 보육과정(기본생활 영역)</th><th colspan="3">2세 보육과정(기본생활 영역)</th></tr>
<tr><th>내용</th><th>1수준</th><th>2수준</th><th>3수준</th><th>4수준</th><th>내용</th><th>1수준</th><th>2수준</th></tr>
<tr><td rowspan="4">건강하게 생활하기</td><td rowspan="3">몸을 깨끗이 하기</td><td colspan="4">몸이 깨끗해졌을 때 기분이 좋음을 안다.</td><td rowspan="3">몸을 깨끗이 하기</td><td colspan="2" rowspan="2">스스로 손과 몸 씻기를 시도한다.</td></tr>
<tr><td colspan="4">도움을 받아 손을 씻는다.</td></tr>
<tr><td></td><td colspan="3">도움을 받아 이를 닦는다.</td><td colspan="2">스스로 이 닦기를 시도한다.</td></tr>
<tr><td></td><td colspan="4"></td><td>질병에 대해 알기</td><td colspan="2">질병의 위험을 안다.</td></tr>
<tr><td rowspan="5">안전하게 생활하기</td><td rowspan="3">안전하게 지내기</td><td colspan="3">안전한 상황에서 놀이한다.</td><td>놀잇감을 안전하게 사용한다.</td><td rowspan="2">안전하게 놀이하기</td><td colspan="2">놀이기구나 놀잇감을 안전하게 사용한다</td></tr>
<tr><td colspan="4">안전한 장소에서 놀이한다.</td><td colspan="2">안전한 장소에서 놀이한다.</td></tr>
<tr><td colspan="4">차량 승하차 시 안전 장구를 착용한다.</td><td>교통안전 알기</td><td>교통수단의 위험을 안다.</td><td>교통수단의 위험을 알고 조심한다.</td></tr>
<tr><td rowspan="2">위험한 상황에 반응하기</td><td rowspan="2"></td><td rowspan="2">위험하다는 말에 반응을 보인다.</td><td colspan="2" rowspan="2">위험하다고 알려주면 주의한다.</td><td rowspan="2">위험한 상황 알기</td><td>위험한 상황과 위험한 것을 안다.</td><td>위험한 상황과 위험한 것을 알고 조심한다.</td></tr>
<tr><td colspan="2">위험한 상황 시 어른의 지시에 따른다.</td></tr>
</table>

출처: 보건복지부(2013). 어린이집 표준보육과정 0~2세 영아보육프로그램의 이해.

2) 2020 개정 표준보육과정(안) 안전교육

(1) 0~1세 보육과정의 영역별 안전교육

	0~1세 영역별 목표와 내용
목표	• 건강하고 안전한 일상생활을 경험한다. 1) 건강한 일상생활을 경험한다. 2) 안전한 일상생활을 경험한다.
내용 범주	내용
건강하게 생활하기	• 도움을 받아 몸을 깨끗이 한다. • 음식을 즐겁게 먹는다. • 하루 일과를 편안하게 경험한다. • 배변의사를 표현한다.
안전하게 생활하기	• 안전한 상황에서 놀이하고 생활한다. • 안전한 상황에서 교통수단을 이용해 본다. • 위험하다는 말에 주의한다.

출처: 보건복지부, 한국보육진흥원, 육아정책연구소(2020).

(2) 2세 보육과정의 영역별 안전교육

	2세 영역별 목표와 내용
목표	• 건강하고 안전한 생활습관의 기초를 형성한다. 1) 건강한 생활습관의 기초를 형성한다. 2) 안전한 생활습관의 기초를 형성한다.
내용 범주	내용
건강하게 생활하기	• 자신의 몸을 깨끗이 해 본다. • 음식에 관심을 가지고 즐겁게 먹는다. • 하루 일과를 즐겁게 경험한다. • 건강한 배변습관을 갖는다.
안전하게 생활하기	• 일상에서 안전하게 놀이하고 생활한다. • 교통수단을 안전하게 이용해 본다. • 위험한 상황에 대처하는 방법을 경험한다.

출처: 보건복지부, 한국보육진흥원, 육아정책연구소(2020).

2. 2019 개정 누리과정과 안전교육

2019년 7월에 고시하고 전면 개정된 교육부 개정 누리과정은 유치원과 어린이집에 다니는 3~5세 유아에게 공통으로 적용되는 교육 과정이며 연령별로 나누어 제시하지 않고 일반적인 기준을 제시하고 있다. 국가수준의 공통교육과정으로 신체운동·건강, 의사소통, 사회관계, 예술경험, 자연탐구의 5개의 영역으로 구성되어 있다. 누리과정에서의 안전 관련 교육 내용은 신체운동·건강 영역에 포함되어 있다. 내용 범주로는 건강하게 생활하기, 안전하게 생활하기로 구성되어 있으며 안전교육 관련 세부 내용은 다음과 같다.

2019 개정 누리과정 신체운동·건강 영역의 안전교육 목표와 내용

목표	• 실내외에서 신체활동을 즐기고 건강하고 안전한 생활을 한다. 1) 신체활동을 즐겁게 참여한다. 2) 건강한 생활습관을 기른다. 3) 안전한 생활습관을 기른다.
내용 범주	내용
건강하게 생활하기	• 자신의 몸과 주변을 깨끗이 한다.
	• 몸에 좋은 음식에 관심을 가지고 바른 태도로 즐겁게 먹는다.
	• 하루 일과에서 적당한 휴식을 취한다.
	• 질병을 예방하는 방법을 알고 실천한다.
안전하게 생활하기	• 일상에서 안전하게 놀이하고 생활한다.
	• TV, 컴퓨터, 스마트폰 등을 바르게 사용한다.
	• 교통안전 규칙을 지킨다.
	• 안전사고, 화재, 재난, 학대, 유괴 등에 대처하는 방법을 경험한다.

출처: 교육부(2019).

누리과정에서 '건강하게 생활하기'는 유아가 스스로 몸과 주변을 깨끗이 하고, 즐겁게 식사하며, 자신의 신체 리듬에 맞게 휴식을 취하고, 질병을 예방하는 다양한 방법을 실천하는 내용이다.

내용	내용 이해
자신의 몸과 주변을 깨끗이 한다.	유아가 손을 씻고 이를 닦는 등 몸을 깨끗이 하는 적절한 방법을 알고 실천하며, 자기 주변을 깨끗하게 정리정돈하는 내용이다.
몸에 좋은 음식에 관심을 가지고 바른 태도로 즐겁게 먹는다.	유아가 몸을 건강하게 하는 음식에 관심을 가지고, 음식을 소중히 여기며, 제자리에 앉아서 골고루 즐겁게 먹는 내용이다.
하루 일과에서 적당한 휴식을 취한다.	유아가 피곤하거나, 몸이 아프거나, 몸을 많이 움직여서 쉬고 싶을 때, 적절한 휴식을 취하는 내용이다.
질병을 예방하는 방법을 알고 실천한다.	유아가 질병의 위험으로부터 건강을 유지할 수 있는 다양한 생활 방식(몸을 청결히 하기, 날씨와 상황에 알맞은 옷 입기, 찬 음식 적당히 먹기, 정해진 시간에 자고 일어나기, 따뜻한 물 마시기 등)을 경험하는 내용이다.

출처: 교육부(2019).

누리과정에서 '안전하게 생활하기' 내용은 유아가 안전하게 놀이하고 생활하며, 자주 접하는 TV, 컴퓨터, 스마트폰을 바르게 사용하고, 안전하게 다닐 수 있도록 교통안전 규칙을 지키며, 안전사고, 화재, 재난, 학대, 유괴 등의 위험한 일이 발생하였을 때 도움을 요청하거나 대처할 수 있는 방법을 경험하는 내용이다.

내용	내용 이해
일상에서 안전하게 놀이하고 생활한다.	유아가 일상에서 위험한 장소, 상황, 도구 등을 알고 안전한 놀이 방법과 놀이 규칙을 지키며 놀이하고 생활하는 내용이다.
TV, 컴퓨터, 스마트폰 등을 바르게 사용한다.	유아가 일상에서 자주 접하는 TV, 컴퓨터, 스마트폰 등을 필요한 상황에서 적절하게 사용하며, 바른 자세로 이용하는 내용이다.
교통안전 규칙을 지킨다.	유아가 안전한 보행 및 도로 횡단, 교통기관의 안전한 이용 등 교통안전 규칙을 알고 실천하는 내용이다.
안전사고, 화재, 재난, 학대, 유괴 등에 대처하는 방법을 경험한다.	유아가 안전사고, 화재, 재난, 학대, 유괴 등의 위험에 처한 상황을 알고, 주변에 도움을 요청하는 방법을 배우며, 평소 훈련에 따라 대피하는 연습을 하는 등의 안전교육과 관련된 내용이다.

출처: 교육부(2019).

[표 14-2] 개정 전 3-5세 연령별 누리과정(2015)과 2019 개정 누리과정 비교

<table>
<tr><th rowspan="2">내용 범주</th><th rowspan="2">내용</th><th colspan="3">세부 내용</th><th rowspan="2">내용 범주</th><th rowspan="2">내용</th></tr>
<tr><th>3세</th><th>4세</th><th>5세</th></tr>
<tr><td rowspan="10">건강하게 생활하기</td><td rowspan="2">몸과 주변을 깨끗이 하기</td><td>손과 이를 깨끗이 하는 방법을 알고 실천 한다.</td><td>손과 이를 깨끗이 하는 방법을 알고 실천 한다.</td><td>스스로 몸을 깨끗이 하는 습관을 기른다.</td><td rowspan="10">건강히게 생활하기</td><td rowspan="2">자신의 몸과 주변을 깨끗이 한다.</td></tr>
<tr><td>주변을 깨끗이 한다.</td><td>주변을 깨끗이 하는 습관을 기른다.</td><td>주변을 깨끗이 하는 습관을 기른다.</td></tr>
<tr><td rowspan="3">바른 식생활 하기</td><td>음식을 골고루 먹는다.</td><td>음식을 골고루 먹는다.</td><td>적당량의 음식을 골고루 먹는다.</td><td rowspan="3">몸에 좋은 음식에 관심을 가지고 바른 태도로 즐겁게 먹는다.</td></tr>
<tr><td>몸에 좋은 음식에 관심을 갖는다.</td><td>몸에 좋은 음식을 알아본다.</td><td>몸에 좋은 음식을 선택할 수 있다.</td></tr>
<tr><td>바른 태도로 식사한다.</td><td>음식을 소중히 여기고 식사 예절을 지킨디.</td><td>음식을 소중히 여기고 식사 예절을 지킨디.</td></tr>
<tr><td rowspan="3">건강한 일상생활 하기</td><td>규칙적으로 잠을 자고, 적당한 휴식을 취한다.</td><td>규칙적으로 잠을 자고, 적당한 휴식을 취한다.</td><td>규칙적으로 잠을 자고, 적당한 휴식을 취한다.</td><td rowspan="3">하루 일과에서 적당한 휴식을 취한다.</td></tr>
<tr><td>하루 일과에 즐겁게 참여한다.</td><td>하루 일과에 즐겁게 참여한다.</td><td>하루 일과에 즐겁게 참여한다.</td></tr>
<tr><td>스스로 화장실에서 배변한다.</td><td>바른 배변습관을 가진다.</td><td>규칙적인 배변습관을 가진다.</td></tr>
<tr><td rowspan="2">질병 예방하기</td><td>질병의 위험을 알고 주의한다.</td><td>질병을 예방하는 방법을 알고 실천한다.</td><td>질병을 예방하는 방법을 알고 실천한다.</td><td rowspan="2">질병을 예방하는 방법을 알고 실천한다.</td></tr>
<tr><td>날씨에 맞게 옷을 입는다.</td><td>날씨와 상황에 알맞게 옷을 입는다.</td><td>날씨와 상황에 알맞게 옷을 입는다.</td></tr>
</table>

<table>
<thead>
<tr><th rowspan="2">내용 범주</th><th rowspan="2">내용</th><th colspan="3">세부 내용</th><th rowspan="2">내용 범주</th><th rowspan="2">내용</th></tr>
<tr><th>3세</th><th>4세</th><th>5세</th></tr>
</thead>
<tbody>
<tr><td rowspan="7">안전하게 생활하기</td><td rowspan="3">안전하게 놀이하기</td><td>놀이기구나 놀잇감, 도구를 안전하게 사용한다.</td><td>놀이기구나 놀잇감, 도구를 안전하게 사용한다.</td><td>놀이기구나 놀잇감, 도구의 바른 사용법을 알고 안전하게 사용한다.</td><td rowspan="7">안전하게 생활하기</td><td rowspan="2">일상에서 안전하게 놀이하고 생활한다.</td></tr>
<tr><td>안전한 놀이 장소를 안다.</td><td>안전한 장소를 알고 안전하게 놀이한다.</td><td>안전한 장소를 알고 안전하게 놀이한다.</td></tr>
<tr><td>TV, 인터넷, 통신기기 등을 바르게 사용한다.</td><td>TV, 인터넷, 통신기기 등의 위해성을 알고 바르게 사용한다.</td><td>TV, 인터넷, 통신기기 등의 위해성을 알고 바르게 사용한다.</td><td>TV, 컴퓨터, 스마트폰 등을 바르게 사용한다.</td></tr>
<tr><td rowspan="2">교통안전 규칙 지키기</td><td>교통안전 규칙을 안다.</td><td>교통안전 규칙을 알고 지킨다.</td><td>교통안전 규칙을 알고 지킨다.</td><td rowspan="2">교통안전 규칙을 지킨다.</td></tr>
<tr><td>교통수단을 안전하게 이용한다.</td><td>교통수단을 안전하게 이용한다.</td><td>교통수단을 안전하게 이용한다.</td></tr>
<tr><td rowspan="2">비상시 적절히 대처하기</td><td>학대, 성폭력, 실종, 유괴 상황을 알고 도움을 요청한다.</td><td>학대, 성폭력, 실종, 유괴 상황 시 도움을 요청하는 방법을 알고 행동한다.</td><td>학대, 성폭력, 실종, 유괴 상황 시 도움을 요청하는 방법을 알고 행동한다.</td><td rowspan="2">안전사고, 화재, 재난, 학대, 유괴 등에 대처하는 방법을 경험한다.</td></tr>
<tr><td>재난 및 사고 등 비상시 적절하게 대처하는 방법을 안다.</td><td>재난 및 사고 등 비상시 적절하게 대처하는 방법을 알고 행동한다.</td><td>재난 및 사고 등 비상시 적절하게 대처하는 방법을 알고 행동한다.</td></tr>
</tbody>
</table>

출처: 교육부(2019).

3. 「아동복지법」과 학교안전교육 7대 표준안

유아교육기관에서 안전교육의 법적 근거는 「아동복지법」, 「영유아보육법」, 「유아교육법」으로 이에 따라 교육기준을 정하고 있다. 또한 교육부가 마련하여 현재 유치원에서 시행하고 있는 '학교안전교육 7대 표준안'에는 생활안전 13시간, 교통안전 10시간(지역 특성에 따라 11시간) 등 각 교육 영역의 이수 시간을 제시하고 있어 이를 지켜야 하며 이 밖에도 다양한 교육 내용을 포함하고 있다. 유치원 안전교육 시간(총 51시간) 및 횟수 등 자세한 내용을 살펴보면 다음과 같다.

[표 14-3] 「아동복지법」과 학교안전교육 7대 표준안 비교

	아동복지법(제31조, 시행령 28조 제1항)			학교안전교육 7대 표준안	
구분	실시 주기 (총시간)	교육 내용		교육 내용	구분
교통 안전교육	2개월에 1회 이상 (연간 10시간 이상)	1. 차도, 보도 및 신호등의 의미 알기 2. 안전한 도로 횡단법 3. 안전한 통학버스 이용법 4. 날씨와 보행안전 5. 어른과 손잡고 걷기	1. 표지판 및 신호등의 의미 등 교통안전 규칙 알고 지키기 2. 안전한 도로 횡단법 알기 3. 어른과 손잡고 걷기 4. 교통수단(자전거, 통학버스 등)을 안전하게 이용하기	1. 표지판 및 신호등의 의미 등 교통안전 규칙 알고 지키기 2. 안전한 도로 횡단법 알기 3. 어른과 손잡고 걷기 4. 교통수단(자전거, 통학버스 등) 안전하게 이용하기	①교통 안전
미세먼지, 황사안전			학교보건법 시행규칙 개정(2018. 3. 27. 시행)		
재난 대비 안전교육	6개월에 1회 이상 (연간 6시간 이상)	1. 화재의 원인과 예방법 2. 뜨거운 물건 이해하기 3. 옷에 불이 붙었을 때 대처법 4. 화재 시 대처법 5. 자연재난의 개념과 안전한 행동 알기	1. 화재의 원인과 예방법 알기 2. 화재 발생 시 유의사항 및 대처법 알기 3. 각종 자연재난 및 사고 적절하게 대처하는 방법 알기 4. 각종 재난 유형별 대비 훈련 실시	1. 화재의 원인과 예방법 알기 2. 화재 발생 시 유의사항 및 대처법 알기 3. 각종 자연재난 및 사고 적절하게 대처하는 방법 알기 4. 각종 재난 유형별 대비 훈련 실시	②재난 안전교육

	아동복지법(제31조, 시행령 28조 제1항)			학교안전교육 7대 표준안	
구분	실시 주기(총시간)	교육 내용		교육 내용	구분
감염병 및 약물의 오용 남용 예방 등 보건위생 관리교육	3개월에 1회 이상 (연간 10시간 이상)	1. 감염병 예방을 위한 개인위생 실천 습관 2. 예방접종의 이해 3. 몸에 해로운 약물 위험성 알기 4. 생활 주변의 해로운 약물 · 화학제품 그림으로 구별하기 5. 모르면 먼저 어른에게 물어보기 6. 가정용 화학제품 만지거나 먹지 않기 7. 어린이 약도 함부로 많이 먹지 않기	1. 감염병 예방을 위한 개인위생 실천 습관 2. 예방접종의 이해 3. 몸에 해로운 약물 위험성 알기 4. 생활 주변의 해로운 약물 · 화학제품 그림으로 구별하기(만지거나 먹지 않기) 5. 모르면 먼저 어른에게 물어보기 6. 가정용 화학제품 만지거나 먹지 않기 7. 어린이 약도 함부로 많이 먹지 않기	1. 올바른 약물 사용법 알기 2. 생활주변의 해로운 약물 · 화학제품 만지거나 먹지 않기	③약물 사이버 중독 예방 교육
성폭력 및 아동학대 예방교육	6개월에 1회 이상 (연간 8시간 이상)	1. 내 몸의 소중함 2. 내 몸의 정확한 명칭 3. 좋은 느낌과 싫은 느낌 4. 성폭력 예방법과 대처법	1. 내 몸의 소중함과 정확한 명칭 2. 좋은 느낌과 싫은 느낌 알기 3. 성폭력 예방 및 대처 방법 알기 4. 나와 내 주변 사람(가족, 친구 등)의 소중함을 알고 사이좋게 지내기	1. 내 몸의 소중함과 정확한 명칭 2. 좋은 느낌과 싫은 느낌 알기 3. 성폭력 예방 및 대처 방법 알기 4. 나와 내 주변 사람(가족, 친구 등)의 소중함을 알고 사이좋게 지내기 5. 아동학대 신고 및 대처 방법 알기	④폭력 예방 및 신변 보호교육 (성폭력, 아동 학대)
미디어 안전				3. TV, 인터넷, 통신기기(스마트폰 등) 등의 중독 위해성을 알고 바르게 사용하기	

	아동복지법(제31조, 시행령 28조 제1항)			학교안전교육 7대 표준안	
구분	실시 주기(총시간)	교육 내용		교육 내용	구분
⑤실종 유괴의 예방 방지교육		1. 길을 잃을 수 있는 상황 이해하기 2. 미아 및 유괴 발생 시 대처방법 3. 유괴범에 대한 개념 4. 유인 · 유괴 행동에 대한 이해 및 유괴 예방법		1. 교실,가정, 등하굣길에서 안전하게 생활하기 2. 안전한 장소를 알고 안전하게 놀이하기 3. 놀이기구나 놀잇감, 도구의 바른 사용법을 알고 안전하게 사용하기 4. 실종, 유괴, 미아 상황 알고 도움 요청하기	⑤생활 안전 (실종 유괴 미아 상황 알고 도움 요청하기 포함)
응급처치-취침				1. 응급 상황 알기 및 도움 요청하기 2. 119 신고와 주변에 알리기 3. 손 씻기와 소독하기 등 청결 유지하기 (건강하게 생활하기) 4. 상황별 응급처치 방법 알기	⑥응급 처치교육
				1. 일터 안전의 중요성 및 안전을 위해 지켜야 할 일 알기 2. 일터 안전시설 현장 체험하기	⑦직업 안전교육

출처: 교육부(2016).

1) 「아동복지법」

「아동복지법」은 「영유아보육법」보다 상위법이며 「아동복지법」 제31조에 아동복지 시설의 장 및 「영유아보육법」에 따른 어린이집 원장 및 「유아교육법」에 따른 유치원장은 대상 아동의 연령을 고려하고 「아동복지법」의 안전교육기준을 준수하여 교육 계획을 수립하며 교육하여야 한다.

[표 14-4] 「아동복지법 시행령」 제28조 제1항

구분	성폭력 및 아동학대 예방교육	실종 · 유괴의 예방 · 방지교육	감염병 및 약물의 오용 · 남용 예방 등 보건위생관리교육	재난 대비 안전교육	교통 안전교육
실시 주기 (총시간)	6개월에 1회 이상 (연간 8시간 이상)	3개월에 1회 이상 (연간 10시간 이상)	3개월에 1회 이상 (연간 10시간 이상)	6개월에 1회 이상 (연간 6시간 이상)	2개월에 1회 이상 (연간 10시간 이상)
교육 내용	1. 내 몸의 소중함 2. 내 몸의 정확한 명칭 3. 좋은 느낌과 싫은 느낌 4. 성폭력 예방법과 대처법	1. 길을 잃을 수 있는 상황 이해하기 2. 미아 및 유괴 발생 시 대처방법 3. 유괴범에 대한 개념 4. 유인 · 유괴 행동에 대한 이해 및 유괴 예방법	1. 감염병 예방을 위한 개인위생 실천 습관 2. 예방접종의 이해 3. 몸에 해로운 약물 위험성 알기 4. 생활 주변의 해로운 약물 · 화학제품 그림으로 구별하기 5. 모르면 먼저 어른에게 물어보기 6. 가정용 화학제품 만지거나 먹지 않기 7. 어린이 약도 함부로 많이 먹지 않기	1. 화재의 원인과 예방법 2. 뜨거운 물건 이해하기 3. 옷에 불이 붙었을 때 대처법 4. 화재 시 대처법 5. 자연재난의 개념과 안전한 행동 알기	1. 차도, 보도 및 신호등의 의미 알기 2. 안전한 도로 횡단법 3. 안전한 통학버스 이용법 4. 날씨와 보행안전 5. 어른과 손잡고 걷기
교육 방법	1. 전문가 또는 담당자 강의 2. 장소 · 상황별 역할극 실시 3. 시청각 교육 4. 사례 분석	1. 전문가 또는 담당자 강의 2. 장소 · 상황별 역할극 실시 3. 시청각 교육 4. 사례 분석	1. 전문가 또는 담당자 강의 2. 시청각 교육 3. 사례 분석	1. 전문가 또는 담당자 강의 2. 시청각 교육 3. 실습교육 또는 현장학습 4. 사례 분석	1. 전문가 또는 담당자 강의 2. 시청각 교육 3. 실습교육 또는 현장학습 4. 일상생활을 통한 반복 지도 및 부모 교육

2) 학교안전교육 7대 표준안

학교안전교육 7대 영역은 「학교안전사고 예방 및 보상에 관한 법률 시행규칙」 제2조 제1항에 의한 학교안전사고 예방 계획을 수립하고 시행해야 한다. 세부 내용을 살펴보면 다음과 같다.

① 학교안전교육 7대 표준안 내용 체계

- 생활 안전교육, 교통 안전교육, 폭력 예방 및 신변 보호교육, 약물 및 사이버 중독 예방교육, 재난 안전교육, 직업 안전교육, 응급처치교육으로 교육 영역의 51시간 이수 시간을 지켜야 한다.
- 미세먼지 대응 교육 내용을 추가(2017. 6.)하였다.

② 교직원 안전교육은 3년 동안 15시간 이상 이수 필수

- 3년 미만의 계약 체결 종사자는 매 학기 2시간 이상 교육을 이수해야 한다.
- 교육 활동 참여자는 매 학년도 1회 이상의 안전교육을 이수해야 한다.

③ 성폭력 및 성희롱 예방교육

- 연 1회, 1시간 이상 실시해야 한다.
- 교육 이수 증빙 자료(이수증, 참석자 등록부, 교육 실시 사진 등)는 최소 3년간 보관한다.
- 성폭력 예방교육 실적은 다음 해 2월 말까지 예방교육통합관리 시스템(http://shp.mogef.go.kr)에 입력해야 한다.

④ 아동학대 예방 및 신고의무자 교육(「아동복지법」 제26조, 제29조의3~5)

- 연 1회(3월 중), 1시간 이상 실시한다.
- 교육 이수 증빙 자료(이수증, 교육 계획 및 참석자 등록부, 교육 실시 사진 등)는 보관한다.

- 아동권리보호 자가 체크 리스트(교육부 https://www.moe.go.kr 〉 정책정보 공표 〉 유아교육)를 활용해 주기적으로 자기행동 평가를 실시한다.

한교안전교육 실시 기준 등에 관한 고시: 학년별 학생 안전교육의 시간 및 횟수(유치원)

1. 학교안전교육 실시 시간의 단위는 유치원은 교육과정 고시에 따른 단위 활동이며, 초 중등학교는 교육과정 고시에 따른 차시이다.
2. 학교급별 제시하는 안전교육 시간은 학년별(유치원은 연령별) 실시해야 할 시간을 말하며, 횟수는 영역별 안전교육 시간을 학기당 제시된 횟수 이상으로 분산·실시해야 한다.
3. 학교(유치원 포함) 운영 성격 및 지역적 특성에 따라 총 이수 시간의 범위 내에서 안전 영역별 이수 시간을 자율적으로 조정·운영(20% 범위 내, 소수점은 올림 처리)할 수 있다.
4. 재난 안전교육은 재난 대 훈련을 포함하여 실시하여야 하며, 각종 재난 유형별 대비 훈련을 달리하여 매 학년도 2종류 이상을 포함하여 운영하여야 한다.
5. 단위 활동 및 1시간(차시) 수업 시간은 교육 과정을 따르되, 기후 및 계절, 학생의 발달 정도, 학습 내용의 성격, 학교 실정 등을 고려하여 탄력적으로 편성, 운영할 수 있다.

학교안전사고 예방에 관한 법률 및 시행령에 따라 안전교육 이수 의무화

1. 학교[유치원(사립 포함), 초, 중, 고, 특수]에 근무하는 교직원은 ① 교원, 직원(일반직, 사립학교직원, 교육공무직원[무기계약직])은 안전교육 7대 영역 중 3개 영역을 포함한 3년 마다 15시간 이상 연수 이수 ② 3년 미만의 근로계약자(기간제 교사, 강사 등)는 매 학기 2시간 이상, 안전교육 7대 영역과 관련된 교육(자체 계획 수립 후 실시) ③ 6개월 미만의 근로계약자(기간제 교사, 강사 등)는 학교 자율 실시(별도 기준 없음), 안전교육 7대 영역과 관련된 교육(자체 계획 수립 후 실시) ④교육활동 참여자(조리직원 및 용역직원, 배움터지킴이, 녹색어머니회 회원 등)는 연 1회 이상, 안전교육 7대 영역과 관련된 교육(자체 계획 수립 후 실시) 교육행정기관에 근무하는 직원(일반직 및 교육전문직)은 안전교육 7대 영역 중 3개 영역을 포함한 3년마다 15시간 이상 연수를 이수해야 한다.

[표 14-5] 7대 안전교육 표준안(유치원)

구분	생활 안전교육	교통 안전교육	폭력 예방 및 신변 보호교육	약물 및 사이버 중독 예방교육	재난 안전교육	직업 안전교육	응급처치 교육
교육 내용	1. 교실, 가정, 등하굣길에서 안전하게 생활하기 2. 안전한 장소를 알고 안전하게 놀이하기 3. 놀이기구나 놀잇감, 도구의 바른 사용법을 알고 안전하게 사용하기 4. 실종, 유괴, 미아 상황 알고 도움 요청하기	1. 표지판 및 신호등의 의미 등 교통안전 규칙 알고 지키기 2. 안전한 도로 횡단법 알기 3. 어른과 손 잡고 걷기 4. 교통수단(자전거, 통학버스 등) 안전하게 이용하기	1. 내 몸의 소중함과 정확한 명칭 2. 좋은 느낌과 싫은 느낌 알기 3. 성폭력 예방 및 대처 방법 알기 4. 나와 내 주변 사람(가족, 친구 등)의 소중함을 알고 사이좋게 지내기 5. 아동학대 신고 및 대처 방법 알기	1. 올바른 약물 사용법 알기 2. 생활 주변의 해로운 약물 · 화학제품 만지거나 먹지 않기 3. TV, 인터넷, 통신기기(스마트폰 등) 등의 중독 위해성을 알고 바르게 사용하기	1. 화재의 원인과 예방법 알기 2. 화재 발생 시 유의 사항 및 대처법 알기 3. 각종 자연재난 및 사고 적절하게 대처하는 방법 알기 4. 각종 재난 유형별 대비 훈련 실시	1. 일터 안전의 중요성 및 안전을 위해 지켜야 할 일 알기 2. 일터 안전 시설 현장 체험하기	1. 응급 상황 알기 및 도움 요청하기 2. 119 신고와 주변에 알리기 3. 손 씻기와 소독하기 등 청결 유지하기 4. 상황별 응급처치 방법 알기
교육 시간	13	10	8	10	6	2	2
횟수	학기당 2회	학기당 3회	학기당 2회	학기당 2회	학기당 2회	학기당 1회	학기당 1회
교육 방법	• 학생의 발달 수준을 고려한 전문가 또는 교원 설명 • 학생 참여 수업 방법 연계 적용(예시: 역할극, 프로젝트 학습, 플립러닝 등) • 교내외 체험교육 또는 현장학습 • 일상생활을 통한 반복 지도 및 부모교육 연계						

출처: 교육부(2016). 한교안전교육 실시 기준 등에 관한 고시(유치원).

참고 문헌

경기도교육청(2016). 재난안전 체험형 안전교육(유아용) 교수학습 자료. 경기도교육청.
경기도교육청(2017). 나.침.반. 체험형 안전교육 프로그램. 경기도교육청.
경기도교육청(2017). 유치원 경기도안전교육과정. 경기도교육청.
경기도수원교육지원청(2016). 유치원 안전교육 장학자료. 경기도 수원교육지원청.
경찰청(2015). 2015 사고통계.
경찰청(2018). 2018 사고통계.
교육부(2016). 학교안전 7대 표준안(유치원) 교사용 지도서1.
교육부(2016). 한교안전교육 실시 기준 등에 관한 고시(유치원).
교육부(2016). 학교안전교육 7대 표준안. 세종: 교육부.
교육부(2017). 학교현장 재난유형별 교육훈련 매뉴얼. 교육부.
교육부(2019). 3-5세 2019 개정 누리과정 해설서.
교육인적자원부(2007). 유아를 위한 전자미디어교육 활동 자료.
구경선, 김태임, 서영희, 홍은숙(2019). 아동안전관리. 정민사.
국제아동인권센터(2011). 유아교사를 위한 인권교육프로그램.
권덕수, 김애란, 김지영, 우민정, 한진원(2014). 아동안전관리. 정민사.
권덕수, 김애란, 김지영, 우민정, 한진원(2015). 아동안전관리. 정민사.
김보라(2018). 유아의 미디어 이용시간 실태와 자기조절력 및 문제행동과의 관계. 연세대학교 교육대학원 석사학위청구논문.
김성희(2000). 유아안전교육. 창지사.
김세영, 김수희, 박미선, 박효진(2018). 아동안전관리. 양서원.
김승권(2007). 한국 아동권리의 현황과 권리수준 제고방안, 한국보건사회연구원, 보건복지포럼 2007년 6월호.
김영실, 윤진주, 김정주(2017). 영유아 안전관리. 공동체.
김일옥, 이정은, 박현정(2013). 아동안전관리. 양서원.
김창범(2018). 유치원교사의 소방안전의식 영향요인에 관한 연구. 강원대학교 산업과학대학원 소방방재학 석사학위논문.
도로교통공단(2018). 2018 어린이교통사고 통계자료분석.
문교부(1981). 국민교육현장 이념구현을 위한 장학자료. 서울: 문교부.
박용순(2001). 보육시설의 안전관리 실태 및 대책. 청주대학교 행정대학원 석사학위논문.
박은혜, 조혜선, 이성희, 황보영(2011). 영유아 안전교육. 서울: 파란마음.
보건복지가족부, 중앙보육정보센터(2009). 보육시설 응급처치 매뉴얼.
보건복지부(2012). 제3차 어린이집 표준보육과정 교사용 지침서.
보건복지부(2013). 어린이집 표준보육과정 0~2세 영아보육프로그램의 이해.
보건복지부(2014. 7. 29.). 다중이용시설 실종예방지침 시행 보도자료.
보건복지부(2017). 2017 표준보육사업안내.
보건복지부(2018). 2018 표준보육사업안내.
보건복지부(2019). 2019 표준보육사업안내.
보건복지부(2020). 2020 표준보육사업안내.
보건복지부, 어린이집안전공제회, 중앙육아종합지원센터(2018). 어린이집 보육교직원 안전교육.
보건복지부, 어린이집안전공제회, 중앙육아종합지원센터(2019). 보육교직원 안전교육.
보건복지부, 한국보건복지인력개발원, 아동안전지원단(2018). 아동안전교육 표준지침서.
보건복지부, 한국보육진흥원, 육아정책연구소(2020). 2020년 개정 표준보육과정(안) 토론회 자료(2020. 1. 31)
서울시교육청(2018). 2018 서울시 교육청 학교미세먼지 종합관리 대책.
서울특별시육아종합지원센터(2016). 서울시 어린이집 안전수칙 매뉴얼.
성남교육지원청(2010). 성남 건강 I(兒)를 위한 유아신체활동 프로그램.
소비자안전국(2011). 어린이 놀이시설(놀이터) 안전 실태 조사.
손혜숙, 전경화, 이석순, 박은미, 박지희(2015). 유아발달. 정민사.
송만영(2014). 영유아안전교육-안전사고사례중심으로-. 교육아카데미.
송창영(2012). 놀이시설 안전관리 이론과 실무. 기문당.
식품의약품안전처(2019). 어린이를 위한 의약정보.
식품의약품안전청(2010). 식품 등의 표시기준(고시 제2010-60호).
신동주(2015). 영유아안전관리. 정민사.
신상미(2014). 어린이의 놀이특징을 적용한 실외 놀이터에 관한 연구.
안전공제회(2018). 어린이집 야외 활동 안전 길라잡이.
어린이집안전공제회(2019). 어린이집 보육교직원 안전교육, 그림책을 활용한 영아 안전교육 프로그램.
어린이집안전공제회, 보건복지부, 중앙육아종합지원센터(2018). 어린이 안전사고 연령 및 유형 분석결과.

오지선(2016). 일상생활에서의 영유아 멀티미디어 사용 양상 및 부모의 생각. 성신여자대학교 대학원 석사학위청구논문.

육아정책연구소(2013). 제3차 어린이집 표준보육과정: 교사용 지침서.

육아정책연구소(2014). 유치원 시설·설비 적정 기준 마련 연구. p. 112.

윤선화, 정윤경, 이경선(2010). 영유아를 위한 안전교육과 안전교육 프로그램. 서울: 한국생활안전연합.

이기숙(2017). 영유아안전교육. 양서원.

국회입법조사처(2014). 어린이 교통 안전교육제도의 현황과 개선방안, 이슈와 논점.

이영환, 고선옥, 김경신, 김정희, 이수재(2016). 아동안전관리. 창지사.

이정림, 도남희, 오유정(2013). 유아의 미디어 매체 노출실태 및 보호대책. 육아정책연구소.

이정수, 김승옥, 류진순, 이경옥(2008). 유아의 인터넷 안전교육 프로그램 개발 및 적용. 한국유아교육학회 정기학술발표논문집, 2008.

인천광역시(2018). 2018 미세먼지 종합관리 대책.

임미혜(1987). 유치원 견학실시에 관한 현황 연구. 이화여자대학교 교육대학원 석사학위청구논문.

정승희(2014). 영유아교육기관에서의 효율적 화재 안전교육 프로그램 개발. 서울과학기술대학교 석사학위논문.

중앙보육정보센터(2008). 보육시설 안전 매뉴얼 연구.

중앙아동보호전문기관(2018). 2017년도 아동학대 통계.

중앙아동보호전문기관(2019). 아동학대예방 교육.

중앙아동보호전문기관(2019). 아동학대예방을 위한 안내서.

지식경제부 기술표준원(2008). 어린이 놀이시설 안전, 이렇게 관리하여야 한다: 주요 어린이 놀이기구 표준 모델. 서울: 지식경제부 기술표준원.

질병관리본부(2016). 전국 예방접종률 통계 보도자료.

질병관리본부(2018). 어린이집, 유치원, 학교 감염병 관리 안내서.

질병관리본부(2019). 2018년 전국어린이예방접종률 현황 발표 보도자료.

채혜선, 임미혜, 김종배, 이순자, 안경일 공저(2014). 아동안전관리. 양서원.

통계청(2018). 사고에 의한 어린이 사망 분석.

한국소비자원(2017). 어린이 안전사고 예방을 위한 가이드라인.

한국소비자원(2018). 생활화학제품 어린이 중독사고.

한국소비자원(2019). 가정 내 운동기구로 인한 어린이 안전사고 다발 보도자료.

한국아동청소년안전교육협회(2016). 학교안전교육. 공동체.
한국정보화진흥원(2017). 스마트폰 과의존 실태조사.
한국체육시설안전기술(2014). 놀이시설 안전교육.
한영신, 이윤나(2016). 식품알레르기의 올바른 이해: 어린이시설에서의 관리 매뉴얼. 어린이급식관리지원센터.
행정안전부(2017). 실외 어린이 놀이시설 안전사고 분석결과.
행정안전부(2018). 어린이 놀이시설 관리주체 안전교육.
행정안전부(2018). 어린이 놀이시설 안전관리 매뉴얼.
행정안전부(2018). 2018년 6월 재난안전상황 분석결과 및 중점관리 대상 재난안전사고.
행정안전부(2018). 2018년 7월 재난안전상황 분석결과 및 중점관리 대상 재난안전사고.
행정안전부(2019). 제4차 국가안전관리 기본계획.
행정안전부 블로그(2018. 03. 14.). 첫 번째도 안전 두 번째도 안전! 어린이 교통사고 예방해요!.
환경부(2016). 바로 알면 보인다. 미세먼지 도대체 뭘까.
환경부, 교육부, 서울시, 서울시교육청(2018). 고농도 미세먼지 대응실무매뉴얼.

Redleaf, R.(1984). Open the door, let's explore: Neighborhood field trips. *Day Care and Early Education, 12*(1), 9-14.

경찰청 https://www.police.go.kr/index.do
교육부 https://www.moe.go.kr/정책정보공표/유아교육
교육부 학교안전정보센터 http://www.schoolsafe.kr
국가법령정보센터 http://www.law.go.kr/lsInfoP.do?lsiSeq=44849#0000.
국가인권위원회 인권교육센터 http://edu.humanrights.go.kr/00_main/main.jsp
국립재난안전연구원 http://ndmi.go.kr
국민안전처 http://www.mpss.go.kr/
국민재난안전포털 http://www.safekorea.go.kr/
국제아동안전기구 세이프키즈코리아(Safe Kids Korea) http://www.safekids.or.kr/
국제아동인권센터 http://www.incrc.org/html/gs_index.php
네이버 https://terms.naver.com/entry.nhn?docId=2099715&cid =51010&categoryId=51010(2020. 01. 18.)
대한산업안전협회 www.safety.or.kr

대한안전교육협회 safetykorea.or.kr
도로교통공단 https://www.koroad.or.kr/kp_web/safeSocial2.do
서울대학교병원 https://terms.naver.com/entry.nhn?docId=2099715&cid=51010&categoryId=51010 (2019. 6. 8. 내려 받기)
식품의약품안전처 식품안전나라 https://www.foodsafetykorea.go.kr
실종아동전문기관 실종예방지침 http://www.missingchild.or.kr/ (2019. 1. 6. 발췌)
아동권리보장원 실종아동전문기관 http://www.missingchild.or.kr/
안실련 홈페이지(어린이 교통공원 자료) http://www.safelife.or.kr/
약바로쓰기운동본부 https://www.youtube.com/watch?v=8XOjU9snVpc (2019. 9. 10 내려 받기)
어린이급식관리지원센터 ccfsm.foodnara.go.kr
어린이안전넷 www.isafe.go.kr
어린이안전학교 www.go119.org (2019. 6. 5. 내려 받기)
어린이집안전공제회 http://www.csia.or.kr
에어코리아 www.airkorea.or.kr
위키백과 https://ko.wikipedia.org/wiki/%EA%B0%90%EC%97%BC%EB%B3%91 (2019. 6. 3. 내려 받기)
질병관리본부 http://www.cdc.go.kr
질병관리본부 국민건강정보포털 http://health.cdc.go.kr/health/Main.do
질병관리본부 모바일 홈페이지 http://m.cdc.go.kr (2019. 12. 27. 내려 받기)
학교안전공제회 http://www.ssif.or.kr
한국생활안전연합 www.safia.org
한국소비자원 http://www.kca.go.kr
행정안전부 어린이놀이시설안전관리시스템 http://www.cpf.go.kr
혁신미래교육 http://www.sen.go.kr/main/services/index/index.action
환경부 http://www.me.go.kr
TAAS 교통사고분석시스템 http://taas.koroad.or.kr/

저/ 자/ 소/ 개

강인숙 • 부천대학교 유아교육과 교수

오윤란 • 부천대학교 유아교육과 겸임교수

황인주 • 정화예술대학교 영유아보육전공 조교수

손명희 • 동남보건대학교 유아교육과 겸임교수

아동안전관리

초판 1쇄 인쇄 2020년 3월 9일
초판 1쇄 발행 2020년 3월 12일

지 은 이 | 강인숙 · 오윤란 · 황인주 · 손명희
펴 낸 이 | 김기섭
편 집 인 | 이윤희
펴 낸 곳 | 창지사 www.changjisa.com
08589 서울시 금천구 가산디지털 1로 83 파트너스타워 1차 9층
전화 (02)719-2211~3
팩스 (02)701-9386
등 록 | 1977년 4월 28일 · 제1-421호

ISBN 978-89-426-1303-8 (93370)

값 22,000원

이 도서의 국립중앙도서관 출판예정도서목록(CIP)은 서지정보유통지원시스템 홈페이지(http://seoji.nl.go.kr)와 국가자료공동목록시스템(http://www.nl.go.kr/kolisnet)에서 이용하실 수 있습니다(CIP제어번호 : CIP2020010188).